역사란 무엇인가

역사란 무엇인가

신봉승의 역사 바로 읽기

신봉승 지음

청아출판사

❋ 작가의 말
역사를 스승으로 섬기며

경건한 마음으로 역사를 읽고, 정성을 다해 그 가르침을 따르며, '말과 행실이 같아진다'라는 하늘의 이치를 깨우치는 데까지 장장 이십 수년이라는 세월이 필요하였는데, 그것이 내 몸에 스며들어 실행되고 있는지를 확인하는 데 또 그만 한 세월이 필요하였다. 나의 역사 읽기는 평생의 업이나 다름이 없다.

나는 학문을 탐구하기 위해서가 아니라 드라마를 재미있고 유익하게 쓰기 위한 방편으로 역사를 읽은 탓에 이 책 저 책을 가릴 겨를이 없었다. 다독과 남독으로 얼룩진 나의 역사 공부는 50대의 황금과도 같았던 10년을 실록 대하 드라마 〈조선왕조 500년〉을 쓰게 되면서 우리 민족의 위대한 유산 《조선왕조실록》에 도전하는 것으로 본격화되었다. 그때만 해도 국역國譯 사업이 진행 중이어서 태반은 한자로 된 원전原典과 씨름해야 하는 고통이 따랐다. 장장 9년간에 걸쳐 《조선왕조실록》의 한 줄 한 줄을 짚어 가면서 완독한 나의 역사 읽기는 아무리 칭찬을 들어도 부족함이 없다고 자부한다.

나의 또 다른 역사 읽기는 행간行間을 읽어서 역사의 뒤안길을 살피는 일이었다. 《조선왕조실록》은 지난 700여 년 동안 단 한 줄도 그 내용이 고쳐진 일이 없다. 처음에 쓰인 기사가 그대로 보존되고 있는데도 그 내용을 두고 후대의 사람들이 이러니저러니 말이 많은 것은 《조선왕조실록》의 전체 흐름을 파악하지 못하였거나, 설혹 읽었다고 하더라도 문자로만 읽는 우를 범했기 때문이다. 역사는 단편적인 사건 위주로 읽으면 단편적인 지식이 되고, 도도한 흐름으로 읽었을 때만이 비로소 역사라는 큰 강물을 만날 수 있게 된다.

나는 역사를 스승으로 섬기며 평생을 살아왔기에 역사 드라마, 역사 소설, 역사 에세이 등 역사에 관한 글이라면 분야를 가리지 않고 말그대로 줄기차게 써 왔다. 그것이 나의 스승인 역사에 대한 보답이라고 믿었기 때문이다.

역사가 행간으로 읽히고, 교훈으로 읽히면 지식으로서의 역사가 아니라 삶의 역사로 다가온다. 그러한 나의 역사 읽기 경험이 독자 여러분에게도 정확히 전달되었으면 하는 것이 평생의 염원인 '정사正史의 대중화'를 매듭짓는 일이 아닐까 하는 과분한 생각에도 젖어 본다.

이 책에 담긴 칼럼 중에는 20여 년 전의 것이 있는가 하면 인터넷 상에 떠도는 최근의 것도 있다. 독자 여러분이 아름답고 푸른 역사의 강물이 바로 이 책 근처를 흘러가고 있다고 조금이라도 느낀다면 얼마나 다행일지 모르겠다.

2011년 8월
辛奉承

✱ 차례

작가의 말 역사를 스승으로 섬기며

제 1 장 역사란 무엇인가

아놀드 토인비의 손짓 • 13
사마천의 분노 • 17
행간으로 읽는 역사 • 22
판결문으로 읽는 역사 • 26
식민사관의 씨앗 • 30
식민사관의 폐해 • 36
일본 총리의 파렴치 • 41
시바 료타로의 편견 • 45
《친일인명사전》이 역사를 비튼다 • 56
식자들의 반란 • 62
국사가 어디 의붓자식인가 • 68
국사는 교육만으로 끝나지 않는다 • 73
역사의 기록과 보존 • 79
역사, 정당의 노리개가 아니다 • 84
경술국치 1백 년 • 89

제 2 장 역사 읽기의 매력과 함정

건국 대통령의 동상 • 97
여덟 사람의 총리대신 • 101
역사 읽기의 매력과 함정 • 105
정조의 어찰 • 110
여장부 원경왕후 • 114
원각사를 아시나요 • 119
이방자 여사의 한국어 • 124
남명 선생이여 환생하시라 • 128
임금님의 호루라기 • 133
갑신정변의 스승 • 137
임금의 그리움을 화폭에 담아 • 145
강화도령 이원범 • 149
저는 기생 초월입니다 • 154
환상의 여류 시인 • 159
죽어서 천 년을 사는 법 • 163

제 3 장 아름다운 우리 역사 이야기

첫눈 오는 날이 만우절 • 171
코끼리 소동 • 175
에누리와 통금시간 • 180

길이 없으니 유통이 막힌다 • 185
압구정동 엘레지 • 190
섹스 스캔들 • 195
내시들의 미인 아내 • 201
세자빈을 두 번 내친 성군 세종 • 205
우리 무술 십팔기 • 209
세계 최고의 조선시계 • 214
귀화 일본인, 김충선 • 219
돌아온 《조선왕조실록》 • 225
용알뜨기와 새해맞이 • 229
아름다운 이름, 청백리 • 233
책 속에 길이 있다 • 238

제 4 장 역사, 사실과 픽션 사이

역사 드라마가 막 가고 있다 • 245
역사 드라마와 시대정신 • 259
사실과 픽션의 한계 • 264
신 칭과 법도 • 268
일본의 공영방송 • 272
두 편의 드라마 • 276
신윤복은 여자가 아니다 • 282
조선의 굴욕외교와 그 원천 • 287
마음의 고향은 폐허가 되고 • 292
〈괴물〉과 〈시간〉 • 297

성기를 잘라 낸 사람들 • 301
역사와 역사 소설 • 306
역사를 흘러가게 하는 동력 • 313
쪽대본 시비 • 317
방송국이 네 개나 더 생긴다는데 • 321

제 5 장 역사 속에 길이 있다

1만 번 독서론 • 327
아름다운 사교육 • 331
허상에 허덕이는 지식인들 • 335
글로벌이라는 함정 • 339
국가와 존경받는 기업 • 344
우리가 사는 형편도 없는 나라 • 347
스물두 살의 지성 • 352
초등학교에서의 한자 교육 • 356
배려의 문화 • 359
대학생들의 자살 • 362
분사와 순국 • 365
미완의 픽션이 된 국민장 • 369
공정한 사회로 가는 길 • 373
40대 총리론 • 377
아름다운 노년이고 싶다 • 380

역사란
무엇인가

제 1 장

역사란
무엇인가

역사는 직필을 귀하게 여깁니다. 지금 춘추관의 사초를 거두어 놓고 각자가 이름을 사초에 쓰도록 했는데, 사초는 국사의 일만 기록한 것이 아니라 사대부의 선악도 모두 기록한 것입니다. 이러한 사초에 이름을 쓰게 하면 사람들이 모두 두려워하여 직필을 하지 못할 것입니다.

《예종실록》, 예종 1년(1469) 4월 11일 자

직필을 남기기 위한 사관들의 노심초사를 읽을 수가 있는 기사이다. 국가 문서의 중요성을 이같이 하고 있었기에 《조선왕조실록》은 군왕의 게으름을 뉘우치게 하고, 잘못된 정치를 적나라하게 적은 내용으로 가득할 수밖에 없다.

아놀드 토인비의 손짓

사람에게는 자신의 운명을 바꿀 기회가 몇 번은 반드시 찾아온다고들 한다. 그런 순간을 포착하는 것도 대개는 하늘의 소관이라고 일컬어지는 것이 보통이지만, 그래도 당사자의 결단이 없이는 불가능한 일이다.

1950년대가 저물 무렵, 나는 고향 강릉에서 정말로 잘나가는 초등학교 교사였다. 문학에 깊이 병들어 서울에 올라가겠다며 학교에 사직원을 냈더니 나를 아껴 주시던 교장 선생님께서 대경실색을 하셨다.

"평생이 보장된 직장을 버리고 서울에 가서 뭘 하게?"

"시인이 되려 합니다."

순간 교장 선생님을 비롯한 교감 선생님, 동료 교사들은 아연실색

입을 열지 못했다. 지금도 그렇지만 시인으로 입에 풀칠하기가 어려웠던, 정말 가난했던 시절이었다. 국민소득GNP 60달러에도 못 미치는, 세계에서 가장 빈곤한 나라의 서울에 나는 그렇게 첫발을 내디뎠다.

스물다섯 살 늦깎이 대학생이 된 내가 대학 강의실에서 받은 첫날의 충격은 여든 살을 바라보는 지금에 이르기까지 생생하게 살아 있다. 아니, 살아 있을 뿐만 아니라 내 인생의 좌표가 되어 꿈틀거리고 있다.

대학에서의 첫 수업은 '문화사文化史'로, 담당 교수는 경제학자 조동필 박사였다. 교수님은 두툼한 원서를 한 권 들고 강단에 올라서며 20여 명의 국문과 신입생들을 비웃음이 담긴 얼굴로 잠시 살펴보셨다. 그러고는 주먹만 한 글씨로 흑판에 이렇게 적었다. 'Challenge and Response(도전과 응전)'. 우리를 향해 돌아선 교수님은 여기에 대해 아는 게 있으면 말해 보라고 말씀하였다. 20대 초반을 전쟁터에서 보낸 우리들은 꿀 먹은 벙어리가 되어 교수님을 멍청하게 쳐다만 보았다. 교수님은 다시 돌아서더니 이번에는 'A STUDY OF HISTORY(역사의 연구)'라고 대문자로 적으시고 아까와 똑같이 이걸 아는 사람은 설명해 보라고 재차 주문을 하셨다. 무지몽매한 우리들은 역시 멍청하게 앉아 있을 뿐이었다. 교수님은 다시 돌아서더니 'A. Toynbee(A. 토인비)'라고 적고 "이건 알겠지!"라며 약간 노기가 섞인 목소리로 물으셨다. 역시 우리는 아무 말도 못한 채 벙어리처럼 앉아 있었다. 그 순간 교수님의 노성일갈이 터져 나왔다.

"야, 이 자식들아 나가 죽어라!"

그리고 교수님은 강의실을 박차고 나가셨다. 우리는 황당했다. 청운의 꿈은 고사하고, 비싼 등록금을 내고 대학이라는 곳에 왔는데, 첫 시간에 당한 이 수모는……, 아니 전란을 빙자하여 놀고 먹은 데 대한 이 호된 응징은 비수와 같은 칼날이 되어 나의 청춘을 난도질했다.

조동필 교수의 문화사 열강은 다음 시간부터 시작되었다. 이미 한 번 당한 처지여서 강의 내용은 금과옥조가 되어 우리들의 가슴을 휘어잡았다. 20세기가 배출한 세계 최고의 석학 아놀드 토인비의 역저 《역사의 연구》 중에서도 백미로 꼽히는 〈도전과 응전〉의 내용은 당시의 우리들에게 학문이 무엇이고, 문명이 무엇이며, 인생이 무엇이냐는 명제를 완전히 새로 느끼게 하는 충격이었다.

세계 고대문명의 4대 발상지를 말할 때면 '황허 유역의 중국문명'이 거론된다. 남쪽에 있는 비옥한 땅인 양쯔 강 유역에서는 문명이 싹트지 않았는데 왜 하필이면 일기가 불순하고 토지가 척박한 황허 강 유역에서 문명이 싹텄느냐 하는 이 불가사의를 아놀드 토인비는 '도전과 응전'의 논리로 풀어냄으로써 《역사의 연구》를 20세기 최고의 명저로 자리매김시켰다.

일기가 온화하고 땅이 비옥한 양쯔 강 유역의 농민들은 '도전'해 오는 고통이 없기에 매양 편하게만 살았다. 씨만 뿌리면 농사는 저절로 되었으니까. 그러나 황허 유역에 사는 농민들은 '가뭄', '홍수', '메뚜기 떼의 습격' 등 무수한 '도전' 때문에 지혜로운 '응전'이 없고서는 살아남을 방도가 없었다. 유실된 농토를 다시 분할하기 위해 기하학의 원리를 터득해야 했고, 천문에 관한 지식이 없이는 불순한 일기를 예측하기 어려웠다. 황허 유역의 농민들은 살아남기 위해 자연으로부터의 '도전'에 슬기롭게 '응전'하는 것으로 삶의 질을 높여 나갔다. 아놀드 토인비는 이런 과정이 세계 고대문명의 발상으로 이어졌다는 사실을 규명하면서 일약 세계적인 문명비평가로서 존경을 한 몸에 받게 되었다.

〈도전과 응전〉의 이론은 고대문명의 발상으로만 연결되는 것은 아니다. '도전'과 '응전'의 원리는 모든 유형의 인간에게 고르게 적용된다. 정치가, 기업가 그리고 우리 예술가 들에게도 철저하게 적용된다. 인간사에는 천지자연으로부터 혹은 사회 여건으로부터 호된 고통挑戰(도전)이 따르게 마련이다. 그 고통에 대한 슬기로운 대응應戰(응전)이 있고서만 우리는 소기의 목적을 달성할 수 있다. 아놀드 토인비의 〈도전과 응전〉의 논리는 내 젊음의 향배를 정하는 따뜻한 손짓으로 다가왔고, 훗날 내 역사 탐구가 '행간' 읽기로 굳건하게 자리 잡게 하는 모태가 되었다.

사마천의 분노

 '역사'라는 어휘는 우리에게 상당한 친근감을 준다. 구체적이지는 않아도 역사에 관한 지식을 조금씩은 가지고 있다고 믿기 때문이다. 또 다른 각도에서 살펴보면 인간이 역사의 주체라는 잠재의식이 작용하고 있기 때문인지도 모른다. 그러나 미국을 대표하는 역사 소설가로 퓰리처상을 수상한 바 있는 거스리 주니어 Guthrie, Jr.가 지적한 대로 '뜻밖에도 역사는 많이 알려지지 않았으며, 또 뜻밖으로 역사 교육은 부실하게 진행되고 있다'는 것도 사실이다.

 우리나라의 사회 지도층이나 지식인 들이 우리의 역사를 비하하고 비방하는 것을 무슨 자랑처럼 여기고 있음을 자주 접하게 된다. 그러한 풍조가 지식인들로 하여금 명리에만 급급하게 하였고, 심하면 정치 권력의 시녀 노릇을 자청하게까지 했다. 역사인식이 부족할 때 반드시 일어나는 현상이다.

역사를 화제로 삼을 때면 누구나 할 것 없이 대개는 사마천司馬遷의 《사기史記》를 떠올린다. 그러면서도 사마천이나 《사기》에 대해서는 별로 아는 것이 없다. 역사 기술의 핵심이 그곳에 있는데도 말이다.

사마천의 역저 《사기》는 세계 최초의 역사책이라고 평가되는 그리스의 헤로도토스Herodotos가 저술한 《역사》보다 약 3백여 년이 늦은 기원전 97년경에 쓰인 것으로 알려져 있다. 사마천은 후일 친구인 임안任安에게 보낸 편지에서 《사기》를 쓰게 된 까닭을 이렇게 피력했다.

> 분노 속에 처박힌 것 같은 지금, 내가 참고 살아 있는 까닭은 젊은 날 마음속에 맹세한 것을 완성하지 못함이 원통해서이며, 이대로 죽어 버리면 내 문장이 후세에 남지 못하게 될 것을 안타깝게 여기기 때문이다.

무엇이 사마천을 이토록 분노하게 하였는가?

사마천은 중국 전한前漢 때의 사람이다. 자는 자장子長으로 태사공太史公이라고 존칭되었으나 그의 생몰년도에 대해서는 정확하게 전해지지 않는다. 조정의 기록이나 천문을 맡아 보던 담談의 아들로 태어난 사마천은 후일 마오링茂陵, 西安市 北面으로 적을 옮겼다. 어렸을 때부터 고문古文으로 전적을 배웠으며, 전국의 사적을 답사하며 견문을 넓힌 것은 헤로도토스의 경우와도 흡사하다.

기원전 110년 사마담은 한 무제武帝가 주관하는 태산泰山(타이산)에서의 봉선의식에 참석을 허락받지 못한 것을 괴로워하다 결국은 분사憤死하였는데, 죽기 전에 아들 천에게 고대부터 당시에 이르는 역사를 저술할 것을 당부하였다고 전한다.

기원전 108년 아버지의 뒤를 이어 태사령에 임명된 젊은 사마천은 우선 달력의 개정에 착수하여, 기원전 104년에 공손경公孫卿 호수壺遂와 더불어 '태초력太初曆'을 완성하였다. 그 후 한나라의 장군 이릉李陵이 흉노와의 전쟁에서 패전하여 포로가 되는 사건이 일어나자 한 무제는 격노했고, 신하들도 이릉의 단죄를 청했다. 그의 어머니를 포함해 가족까지 사형에 처하자는 의견이 분분할 때, 오직 사마천만이 황제의 면전에서 이릉의 구명에 나섰다. 이에 격노한 한 무제는 사마천에게 궁형宮刑을 명하였다.

궁형이란 남자의 상징물인 성기를 잘라 내는 거세형을 말한다. 궁형을 당하면 그 수치심을 견디지 못하여 자살하는 것이 보통이지만, 사마천은 역사를 기술해야 한다는 사명감 때문에 죽을 수도 없었다. 그해 3월 한 무제는 다시 태산에서 봉선의식을 거행하게 되었다. 천자의 위엄을 만민에게 알려야 하는 축문을 짓자면 천하의 대문장이 필요함을 절감한 한 무제는 사마천을 중서령으로 기용했다.

중서령이란 비서와 같은 직책으로, 천자의 침실에도 자유롭게 출입할 수가 있었으나, 사마천은 죽기보다 더한 수치심으로 몸을 떨었다. 한 무제가 사마천에게 그와 같은 직책을 주었던 것은 그가 궁형을 받은 몸이라 사내의 구실을 할 수가 없었기에 비빈妃嬪들을 건드릴 수 없을 것이라는 확신이 있었기 때문으로, 당사자인 사마천으로서는 견디기 어려운 수모였음이 분명하다. 그러나 사마천은 굴욕으로 얼룩진 수모를 참아 이기면서《사기》의 집필에 몰두하였다.

"나는 궁형에 항거하여 이 책을 쓴다." 그야말로 피눈물로 쓰인 사서가 아닐 수 없다. 그러한 연유로《사기》의 내용에는 〈열전列傳〉의 분량이 많으며, 대부분이 인간의 오만을 고발하고 그 결과를 적고 있는 경우가 많다. 때문인지 사람들은《사기》를 일러 '고독한 지식인의 혈서血書'라고도 말한다.

권력을 가진 자의 오만이나 재물을 탐욕하는 자의 오만은 역사를 기술하는 사람들에게는 기필코 후세에 전해야 하는 대상이 된다. 다시 반복되어서는 안 될 패덕이기 때문이다. 그리스의 사마천이랄 수 있는 헤로도토스의《역사》는 동서분쟁이라는 관점에서 클라이맥스라고 할 수 있는 페르시아 전쟁이 주된 내용이다. 그는 페르시아가 패망하게 된 원인을 크세르크세스의 오만 때문이라는 결론을 내렸다. 그리고 다음과 같은 뼈아픈 말을 남겼다. "신이 인간의 오만에 대해 보복할 것임을 믿었다."

과거의 일을 적은 역사를 시가詩歌가 아닌 실증적인 학문으로 보는 사마천이나 헤로도토스의 견해를 경건히 받아들이는 것이 역사를 바로 보는 시각임은 말할 나위도 없다. 그럼에도 오만한 자의 행태는 줄어들지 않는 것이 역사와 현실의 괴리이다.

나는 역사학자가 아닌 드라마를 쓰는 작가이기에 오만한 자의 행적을 보면 그것을 드라마로 쓰고 싶은 충동에 젖곤 한다. 그렇다면 우리 시대의 오만한 자의 행적은 내가 아닌 다른 작가에 의해서라도 드라마의 주인공으로 등장하는 날이 있지를 않겠는가. 그때가 되면 그들의 후손은 선조의 오만으로 인해 무수한 수모를 겪을 것이 분명하다.

내가 이런 악담을 문자로 남기는 이유는 그것이 이미 경험한 일이기 때문이다. 실록 대하 드라마 〈조선왕조 500년〉을 쓸 때 등장인물의 후손들 중 몇몇 사람이 내 연구실을 찾아와 선조의 비행과 오만을 축소해 줄 것을 뇌물로 청해 오기도 하고, 때로는 전쟁을 방불케 하는 싸움을 걸어오기도 했던 악몽은 지금도 생생히 기억난다.

헤로도토스는 신이 보복할 것이라고 믿고 있다고 설파하였다. 나는 그 신이 '역사를 관장하는 신'이라고 확신한다. 다만 그 신이 어디에, 어떤 모습으로 존재하는지를 입증하지 못하는 것이 안타까운 일이지만, 역사를 읽노라면 그것을 믿을 수밖에 없는 것을 어찌하랴.

사마천의 분노는 살아 있다. 역사를 이야기할 때 그를 떠올리면서도 우리 주변에 오만한 자의 방자한 숨소리가 거침없이 들린다는 사실은 참으로 한심한 아이러니가 아닐 수 없다. 인간이 저지른 오만은 심판의 대상이기 때문이다. 그 심판은 당자의 사후에라도 반드시 이루어진다는 사실을 역사는 되풀이하여 적고 있다. 역사 앞에서 옷깃을 여미어야 하는 것은 가지런한 삶이 무엇인가를 깨닫는 일과 상통한다.

행간으로 읽는 역사

역사를 적는 사람들을 '사관史官'이라고 한다. 직급은 대개 중급 이하의 관원이었으나, 상사의 비행을 가차 없이 적어야 하고, 때로는 임금의 패덕까지를 직필直筆로 적어야 했던 까닭으로 그들의 자존심은 언제나 하늘을 찌를 듯 높았다.

임금이 두려워할 것은 하늘과 역사입니다. 하늘이란 저 푸르고 높은 것을 가리키는 것이 아니라 바로 '이理'일 뿐이옵니다. 사관은 군주의 선악을 만세에 전하니 두렵지 않습니까.

《정종실록》, 정종 원년 1월 7일 자

역사를 기록하는 사관들은 공정을 기한다는 일념으로 금욕적인 방법을 최선으로 여겼다. 따라서 그 기록을 연구하는 후대의 사가史家들 또한 문자로 밝혀진 외의 것을 살펴서는 아니 된다는 금욕적인 연구 방법을 최선으로 여겼기에, 특히 우리나라의 역사 연구는 단순함과 단조로움에서 헤어나지 못하고 있다.

"그거 기록에 있습니까?"

우리나라 역사학자들이 빠져 있는 자기 함정이다. 모든 것을 기록에만 의지하면 역사는 단조로워질 수밖에 없다. 그런 단조로움만으로는 장강과 같이 도도하게 흘러가는 역사의 큰 물줄기를 따라갈 수가 없다. 그러나 나같이 역사 소설이나 역사 드라마를 쓰는 작가들은 기록된 문자에만 의존해서는 픽션虛構을 구사하기가 어렵게 된다. 이 막막함에서 헤어나기 위해서는 문자와 문자 사이의 빈칸인 '행간'을 읽어 낼 수밖에 없다. 행간을 정확하게 읽기 위해서는 역사학자들과 같은 '금욕적'인 방법에서 벗어나야 하지만, 엄격하게 따지고 보면 그 금욕적인 방법을 뛰어넘지 아니하고는 행간을 읽어 낼 수가 없다.

우리 민족의 큰 자랑인 《조선왕조실록》 등의 역사 기록에 등재된 기사의 내용은 대개가 사람들의 이야기로 구성되어 있다. 실록에 등재된 사람들의 이야기를 살펴보노라면 대개 두 가지 부류로 나뉨을 알 수 있다. 첫째는 자신과 가솔들에게는 불운이 되더라도 양식을 행동으로 옮기면서 국가나 사회의 발전에 공헌한 사람들의 실천의지를 들 수가 있다. 이들의 실천궁행으로 국가가 발전한 것은 말할 나위도 없으며 살아 있는 그들의 후손 또한 오늘에 이르기까지 선조들의 자존감을 자랑으로 여기면서 가문의 긍지로 살려 나가고 있다.

둘째는 자신의 실익만을 챙기다가 공익을 해친 부류들의 참담한 결과를 들 수가 있다. 역사 속에서 우리는 영원할 것만 같았던 한때의 권력이나 영화가 가문의 몰락으로 이어지고, 후대의 자손들이 얼굴을 들고 다닐 수 없을 정도의 패가망신을 짊어질 수밖에 없는 현실을 종종 목격하게 된다. 결국 역사는 이들로 인해 침체될 수밖에 없다. 이 두 가지 특정한 경우에 해당되지 않으면 역사 기록의 대상이 되지를 않았던 탓으로 평범한 사람들은 자신이 곧 역사임을 모르고 살게 된다.

가령 위대한 세종 시대를 제대로 살펴보려면 바로 그 앞 시대인 태종 시대를 정확히 알지 않고서는 불가능하다. 태종은 영광된 다음 시대(세종 시대)를 열어 가기 위해 마치 폭군과도 같은 절대 권력을 행사하였다. 그는 위로 두 사람의 친형님을 죽이고, 아래로 이복동생을 죽이면서 왕위에 오른다. 그리고 맏아들인 양녕대군을 세자의 자리에서 물리치고, 심성이 착한 셋째 아들(세종)을 세자로 삼는다. 민무구, 민무질 등 친처남 네 사람에게 사약을 내리고, 사돈인 심온沈溫(세종의 장인)은 스스로 자진하게 하였으며, 죽마고우 이숙번李叔蕃에게는 "내가 죽고 백 년이 지나지 않거든 도성 밖 100리 안에 발을 들여놓지 못하게 하라!"라는 혹독한 왕명을 내리기까지 하였다.

태종 이방원은 재위 18년, 52세에 세종에게 양위하고 4년간 상왕의 자리에 있으면서 성군 세종의 철저한 후견인으로 자처하였다. 태종이 세종에게 양위한 52세의 춘추는 역사의 행간을 읽지 않고는 해독이 불가능하다. 우리 현대사에서 절대 권력을 휘두른 박정희, 전두환 대통령의 나이와 비교하면 해답이 쉽게 나온다. 그들보다 한참 젊은 나이에 절대 권력의 자리에서 물러나는 용단은 오직 다음 시대를 열어 가기 위한 자기희생이 없이는 불가능하다.

이 용단에 대한 나의 행간 읽기는 단순 명료하다.

천하의 모든 악명은 이 아비가 짊어지고 갈 것이니, 주상은 만세에 성군의 이름을 남기도록 하라!

당대 모든 사료를 살펴 읽어도 태종이 이같이 말했다는 기록은 없다. 그러나 태종 시대의 행간을 살펴보면 쉽사리 알아낼 수 있는 태종의 심회라고 나는 확신한다. 위대한 세종 시대가 태종에 의해 기초가 닦였음은 역사를 행간으로 읽어야 알 수가 있다.

우리네 평범한 사람들의 삶도 살아 있는 역사의 행간 속에 잠겨 있을 뿐, 언제든지 역사의 표면(기록)으로 튀어나올 수 있다는 사실을 명심해야 할 일이다.

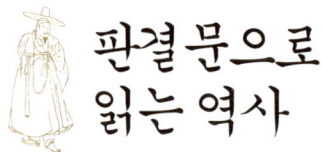
판결문으로
읽는 역사

나는 역사란 '지난 시대의 판결문'이라고 자주 말해 왔다. 재판정에서 주관판사가 낭독하는 판결문에는 절대 권위가 담겨 있다. 판결을 언도하는 판사나 그 판결의 내용에 따라 형무소에서 실형을 살아야 하는 피고인은 똑같은 사람이지만 한쪽은 판결을 언도하고, 다른 한쪽은 그 판결에 따라야 하는 것은 똑같은 생명체에게 주어진 모순이 아닐 수 없다.

역사의 기록도 그렇다. 오래전에 적힌 기사이지만 오늘 읽어도 아무 하자가 없고, 오히려 가슴 서늘해지는 두려움까지 느끼게 하는 기사는 부지기수이다.

명종 10년(1555), 지금부터 506년 전의 일이다. 남명南冥 조식曺植 선생이 어린 임금 명종에게 나라의 미래를 걱정하는 상소를 올렸다.

전하의 국사國事가 이미 잘못되고 나라의 근본이 이미 다하여 천의天意와 인심도 이미 떠났습니다. 비유하자면 마치 백 년 된 큰 나무에 벌레가 속을 갉아먹어 진액이 다 말랐는데, 회오리바람과 사나운 비가 언제 닥쳐올지 전혀 모르는 것과 같이 된 지가 이미 오래입니다.

《명종실록》, 명종 10년 11월 19일 자

물론 5백여 년 전에 쓰인 글이지만 오늘날 지식인 한 사람이 이명박 대통령에게 이와 꼭 같은 글을 올렸다고 하더라도 사정은 달라질 것이 없다. 물론 여러 가지 계수係數는 다를 것이지만, 나라가 처한 천박한 행태는 그때와 달라진 것이 없다는 뜻이다. 역사를 입에 담을 줄 알되 역사인식을 등한시하면 같은 일이 반복될 수밖에 없다.

8백여 년 전쯤 몽골 제국의 상징이나 다름이 없는 칭기즈 칸이 세상을 떠나자, 그의 후계자 오고타이 칸窩闊台(몽골의 태종)이 명재상 야율초재耶律楚材에게 "아버지가 이룩한 대제국을 개혁할 수 있는 좋은 방법이 없겠느냐?"라고 물었다. 야율초재의 대답은 기가 막혔다.

한 가지 이로운 일을 시작하는 것은 한 가지 해로운 일을 줄이는 것만 못하고興一利不若除一害
한 가지 일을 새로 만들어 내는 것은 한 가지 일을 줄이는 것만 같지 못하다生一事不若減一事.

참으로 놀랍지 않은가? 새로운 일을 만드는 것보다 지난날의 폐단을 줄이는 것이 현명한 정치라는 2천여 년 전의 문답은 지금의 대한민국에 적용해도 아무 손색이 없다.

대한민국은 짧은 시일 안에 중화학공업국으로 성공하여 선진국의 원조를 받던 나라에서 개발도상국에게 원조를 주는 나라로 성장하고, OECD의 일원이 되고, G20세계정상회의를 개최할 수 있었다. 여기에 대통령 혹은 관 주도의 경제성장 과정에서 필연적으로 야기된 정경유착政經癒着이 그 발전의 동력이 되었음은 새삼스러울 것이 없다. 그러나 지금의 현실에서 과거의 관행이었던 정경유착의 꼬리를 잘라 내는 것이 국가 발전의 기본이 되어야 하는 것을 모르는 사람은 없다.

그러나 수없이 정권이 바뀌면서도 지난 시대의 대표적인 폐단인 정경유착, 전관예우 등 나라를 골병들게 하는 요건들이 기승을 떨고 있는데도 고치겠다는 말만 있을 뿐 실천해 보이려는 집단은 없다. 어느새 아무도 넘볼 수 없는 거대 관행이 되어 정착했기 때문이다.

그러므로 이명박 대통령은 몽골의 명재상 야율초재의 충언에 귀를 기울일 줄 아는 역사인식을 갖추어야 한다. 4대강 사업과 같이 새로운 사업이 중요한 것이 아니라, 금융감독원에서 벌어지는 금융 마피아의 폐단을 척결하고, 법원 주변에 만연한 전관예우를 혁파하고, 임무를 끝낸 공직자들을 공기업의 임원으로 보내는 낙하산 인사를 철저하게 뿌리 뽑아야 하는 것이 선진화로 가는 길임을 모르는 사람이 없을진대, 새로운 일로 자신의 업적을 삼으려는 것은 되지도 않을 일에 매달리는 시간 낭비나 다름이 없다.

역사는 준엄하고, 언제나 살아 꿈틀거리면서 흐른다. 강폭이 넓어지면 물결이 도도해지는 것은 하늘의 이치이자 역사의 가르침이다. 역사를 교양으로 읽을 줄 알아야 식견識見이 확립되고, 표준標準이 정해지며, 윤리가 살아난다는 것은 역사가 남긴 판결문이나 다름이 없기 때문이다.

식민사관의 씨앗

　무려 10여 년 동안이나 여러 법원의 부장판사를 지내신 분이 '기왕에 식민지살이를 할 것이면 일본에 한 것이 천만다행'이라는 말을 아주 태연히 입에 담는 것을 들으면서 분노의 주먹을 불끈 쥐었던 기억이 아직도 생생하다. 그분의 말씀에서 일본이 학교를 지어 주고, 철도를 놓아 주며, 공장까지 지어 준 것이 고맙고, 그런 환경에서 고등문관 시험에 합격하여 해방된 조국에서 자연스럽게 판사가 되어 젊어서부터 영감 소리를 듣게 된 것을 너무 행복하게 여기고 있는 태도가 보여서 분노는 더할 수밖에 없었다.

　반은 일본 사람이나 다름이 없었던 그때의 지식인들이 지금은 대부분 딴 세상 사람이 되었거나 기력이 쇠잔한 늙은이가 되어 별 영향력을 행사하지 못하지만, 1970년대까지만 해도 그런 부류의 지식인들이 나라의 모든 권력을 장악하고 있었기에 나라는 찾았어도 일본의 식민지에서 아직 벗어나지 못했다는 비아냥거림을 듣기까지 했었다.

일본이 대한제국을 강제로 병합하면서 저지른 만행은 이루 헤아릴 길이 없을 정도로 끔찍하지만, 그중에서도 조선 왕실의 주궁인 경복궁 근정전의 앞마당에 석조로 조선총독부 청사를 지은 것은 그들이 얼마나 무지막지하고 천박한 사람들인가를 여실하게 보여 주고도 남는다. 이런 식이면 프랑스를 점령한 독일의 나치스는 베르사유 궁전에 점령군 사령부를 지어야 하고, 제2차 세계대전 이후에 일본에 진주한 미군은 천황이 머무르는 궁성에 GHQ(점령군 사령부)를 두어야 한다. 그러나 나치스도, 미군도 그런 무도한 짓은 하지 않았다.

1924년 5월, 일본이 경성제국대학교의 관제官制에 따라 법문학부法文學部와 의학부를 설치하고, 5월 10일 예과豫科를 개설함으로써 이른바 경성제국대학교(지금의 서울대학교)가 개교하게 되었다.

조선은 찬란한 역사를 간직하였고, 조선의 사람들은 역사 앞에서 옷깃을 여밀 줄 아는 외경심으로 가득한 민족이었지만, 불행하게도 근대 학문으로서의 역사 연구는 그 시도조차 하지 못하는 시절을 보냈다. 박은식朴殷植, 신채호申采浩 등 역사에 관심을 가진 사람은 있었으나 조선의 역사를 근대적인 학문으로 정립하지 못했다는 뜻이다.

그 결과 경성제국대학교 법문학부에 조선사라는 과목이 개설되었어도 그 강의를 담당할 조선인 학자가 전무한 상태였다. 때문에 조선총독부의 역사편수관이던 이마니시 류今西龍가 경성제국대학교의 역사학 교수로 부임하였고, 이로써 조선인들은 일본인 교수에 의해 근대 학문으로서의 조선사를 배워야 하는 불운을 겪게 되었다. 창피하고 부끄러운 일이지만 이마니시 류와 같은 일본인 학자들이 조선사를 근대적인 학문으로 정립하기 위해 읽은 책들이 있다. 바로《조선왕조실록》,《승정원일기》,《일성록日省錄》,《대동야승大東野乘》,《연려실기술燃藜室記述》등과 같은 조선의 역사를 적은 책이다. 이 같은 책은 일본 땅에 있는 것이 아니라 모두 조선에 있었는데도 조선의 지식인들은 탐구할 궁리도 하지 않았고, 오히려 조선을 침탈한 일본인 학자들이 그를 탐독하여 조선사의 체계를 세우고, 근대 학문으로 정립하였다는 사실은 엄청나게 수치스럽기 그지없다.

아무튼 경성제국대학교 법문학부에 입학하여 일본인 교수 아래에서 조선사를 학문으로 익혀야 했던 조선인 청년들의 참담한 모습을 생각해 보라. 조선의 수재들에게 조선사를 강론하는 이마니시 교수가 조선 민족의 정체성, 조선인의 역사인식 등을 있는 그대로, 정직하게 강론할 까닭이 없다. 일본인인 그로서는 조선과 일본이 합병할 수밖에 없었던 당위성을 강조하는 식민사관植民史觀을 주입하는 것이 당연하다.

조선은 이씨 성을 가진 일부 가문이 다스린 나라이기에 '이씨조선李氏朝鮮'이 되어야 했고, '조선'이라는 말 대신 '이조'라는 말을 쓰게 되고 보니《조선왕조실록》은 '이조실록'으로 비하되고, '조선백자'는 '이조백자'로 비하될 수밖에 없다. 뿐만 아니다. 조선 사람은 셋 이상만 모이면 싸우기 때문에 '사색당쟁四色黨爭'이라는 개념이 생겨났고,

이같이 국론을 통일할 수 있는 능력이 없었기에 일본에 의존하여 새로운 문물을 익혀 갈 수밖에 없다는 소위 '식민사관'이 생겨났다.

경성제국대학교에 입학한 조선인 수재들은 이런 사상을 그대로 공부하고 답습하면서 경성제국대학교를 졸업했다. 바로 그들이 조선총독부의 편수관이나 전문학교의 역사학 교수로 부임하게 되면서 스승 이마니시 류가 입에 담았던 식민사관이 이번에는 젊은 조선인 교수의 입을 통하여 더 넓고 깊게 퍼져 나가는 악순환이 20여 년이나 반복되었다.

"조선은 당파싸움 때문에 망했다." 이만저만 한 망언이 아니다. 각 파당의 이익만을 위해 싸우는 당파싸움은 조선 시대보다 지금이 더 치열하고 유치하다. 오늘날 대한민국 땅에서 벌어지는 한나라당과 민주당의 싸움이 그러하고, 바다 건너 일본 땅에서 벌어지는 민주당과 자민당의 싸움이 또한 그러하다. 세계에서 민주주의가 가장 발달한 미국의 당파싸움도 이만저만이 아니다.

〈조선일보〉의 워싱턴 지국장이 쓴 칼럼 한 구절을 인용해 본다.

> 요즘 미국의 아침 뉴스는 민주당과 공화당의 이견으로 시작하고, 저녁 뉴스는 양쪽 사람들이 벌게진 얼굴로 설전을 벌이는 것으로 끝난다. 경기부양책, 재정적자, 세금, 예산, 건강보험, 이라크-아프가니스탄 전략 등 모든 국정 현안에 사사건건 다 이렇다. 그 양상은 정책 차원이 아니라 당파싸움이라야 옳다. (중략)
> 지금은 민주당의 오바마 대통령이 취임한 지 두 달도 지나지 않았다. 그

런데도 며칠 전 한 공화당 집회에서 유명한 라디오 토크쇼 진행자가 "오바마가 실패하길 바란다."라는 저주를 퍼부었다. 놀라운 것은 군중들의 환호였다. 이미 공화당의 하원의원 한 사람은 "우리는 반군처럼 싸워야 한다."라고 했고, 공화당 전당대회 의장선거에 출마한 어떤 사람은 오바마를 "니그로"라고 부른 노래를 배포하기도 했다.

한국의 사정, 일본의 사정 그리고 미국의 사정이 똑같은데도 당파싸움 때문에 나라가 망한 예는 찾아지지 않는다. 왜 조선만이 당파싸움 때문에 나라가 망했겠는가. 조선의 당파싸움은 학문적 바탕 아래 고도의 이론 대결로 결판을 낸다. 《조선왕조실록》에 등재된, 뜻을 달리하는 상소문은 나라의 미래를 걱정하는 건설적인 내용이 대부분이지만, 때로는 상대 당의 이론을 반박하는 명문들이 수두룩하다. 까닭은 간단하다. 거기에 가담한 사람들은 당대의 학자들이기 때문이다. 상대 당파 학자들의 학문적 업적을 능가하지 않고서는 논리적인 싸움에 끼어들 수가 없다. 그러므로 조선 시대 당파싸움의 한 방편인 상소문 대결에는 학문과 식견이 모자라는 사람들은 처음부터 끼어들 틈이 없었다.

장장 15년 동안이나 계속되었던 이른바 예론禮論 싸움은 국론과 법도를 세우는 치열한 논전이었다. 그리고 그 결론은 언제나 국론으로 자리매김되곤 하였다. 대체 세계 어느 나라의 역사에 이같이 치열한 학문적인 대결이 정부 문서에 등재되어 보호되는 나라가 있었던가.

"조선은 당파싸움 때문에 망했다!" 일본이 심어 놓은 식민사관의 씨앗은 비열한 모함이며, 천박한 죄악이다. 그러므로 지금부터라도 '당쟁黨爭'이라는 말 대신 '정쟁政爭'이라는 정화된 용어를 써야만 그나마 식민사관의 그늘에서 헤어날 수가 있지 않을까.

식민사관의
폐해

일본은 일본을 중심으로 조선, 만주, 중국을 병합하여 새로운 문화권을 만들려는 허황되지만 야심 찬 프로젝트를 운영하였다. 이른바 대동아공영권大東亞共榮圈의 건설이다.

이 꿈은 새로운 것이 아니다. 메이지유신明治維新의 주역들을 길러낸 일본의 선각자 요시다 쇼인吉田松陰은 이미 조선 침략의 주역인 이토 히로부미伊藤博文, 이노우에 가오루井上馨, 야마가타 아리토모山縣有朋 등 어린 제자들에게 귀에 딱지가 앉도록 조선을 정벌하는 이른바 정한론征韓論을 주입시켰다.

조선을 책해 인질과 조공을 바치게 하고, 북쪽으로 만주 땅을 분할하고,

남쪽으로는 대만과 필리핀을 손에 넣어 진취적인 자세를 보여야 한다!

　1931년 만주사변 이후부터 일본은 조선 땅에 대대적인 군수산업공장 건설을 촉진하였다. 모두가 조선을 대륙침략의 병참기지로 삼기 위함이었고, 사범학교의 교육을 강화하여 군수산업에 필요한 인재를 양성하는 데도 열을 올렸다. 서울과 평양, 함흥과 대구, 안동 등지에 사범학교를 세우고 졸업과 동시에 판임관判任官으로 임명하여 일선 학교에 배치하였다. 식민지 시대에 머리 좋은 학생들이 모두 사범학교 출신이라는 사실은 학비가 면제되고 분에 넘치는 예우를 하였기 때문으로, 그 효과는 해방 후에도 얼마간 유효하였다.

　이렇게 교육받은 조선인 교사들에 의해 이루어진 학교 교육은 철저한 황국신민皇國臣民 교육으로 발전해 나갔다. 1938년부터는 조선 청년들에게 지원병 제도를 실시함과 동시에 교육령을 개정하여 조선과 일본의 구별을 없앤다는 동화 정책同化政策을 추진하면서 이른바 조선과 일본은 둘이 아니라 하나라는 '내선일체內鮮一體'를 구호로 내세운 '황국신민화' 정책이 수행되었다.

　1937년 10월 총독부 학무국에서 교학쇄신敎學刷新, 국민정신 함양을 목적으로 보급한 〈황국신민의 맹세〉에는 이때의 광태가 고스란히 담겨 있다. 이 맹세는 학교, 관공서, 은행, 공장 등 모든 직장의 조회와 각종 집회 의식에서 낭송이 강요되었다. 초등학교 어린이용과 중등학교 이상의 학생 및 일반인용의 두 종류가 있는데 내용은 다음과 같다.

황국신민의 맹세(어린이용)

1. 나는 대일본제국의 신민이다.
2. 나는 마음을 합해 천황폐하께 충의를 다한다.
3. 나는 인고단련忍苦鍛鍊하여 훌륭하고 강한 국민이 된다.

이 맹세문을 외지 못하면 아무 혜택도 받을 수가 없었다. 이를테면 고무로 된 운동화(신발)를 배급받기 위해서는 반드시 이 맹세를 암송해야 했다. 제아무리 사소한 순번을 정할 때도 이 맹세문을 외지 못하면 아예 참여할 자격을 얻지 못할 정도였다.

중학생 이상의 어른들에게 외기를 강요한 서사는 다음과 같다.

황국신민의 맹세(중학생 이상)

1. 우리는 황국신민이며 충성으로써 군국君國에 보답하자.
2. 우리 황국신민은 서로 신애협력信愛協力하여 단결을 굳게 하자.
3. 우리 황국신민은 인고단련의 힘을 키워 황도皇道를 선양하자.

이 또한 어린이용과 마찬가지로 어른들에게 채워진 족쇄와 같은 것이었다. 일본의 식민 치하에서도 전쟁 중에는 모든 물품이 귀했다. 쌀이나 잡곡 같은 식품류는 물론 석유, 수건 등과 같은 일용품을 배급받기 위해서는 반드시 이 맹세문을 욀 수 있어야 했다. 내 어머님은 학교에 다녀 보지 않은 무학의 여성이셨지만, 어머니께서 반장 댁 앞마당에서 석유 배급을 받을 때 일본어로 된 이 서사를 큰 소리로 외시던 모습이 지금도 내 눈에 선명하게 남아 있다.

마침내 1945년 8월 15일, 일본이 패전하고 우리는 국권을 회복하였다. 그러나 학교가 수업을 재개하는데 선생님들은 모두 식민지 시대에 사범학교를 졸업한 수재들이었고, 경찰관도 식민지 시대에 독립운동가들을 잡아들이던 민완 형사들이 거들먹거리고 다녔다. 나라를 지키는 군장교들 또한 하나같이 일본군 사관학교를 졸업한 사람들이었으며, 군수와 판사 등도 일제 시대의 고등문관 시험에 합격한 엘리트들이 차고앉았고, 조선 행정부의 지도급 인사는 대부분 일본이 등용했던 반쪽짜리 조선인들로 허울만 좋았다. 때문에 그들의 머릿속에는 늘 식민사관이 꿈틀거릴 수밖에 없었다.

이런 판국이면 민족적 자존심 혹은 국가적 정체성이라는 말은 공염불에 불과하다. 몸뚱이는 한국 사람이지만 생각은 일본 사람이나 다름이 없는 사람들이 패전 후 일본의 정책을 흉내 내는 정도까지 타락하는 것을 나는 수없이 목격하였다. 금권정치, 정경유착 등 나라가 온통 식민사관의 폐단으로 운영되는데도 국사 교육은 우리의 역사관으로 정립되기는커녕 더 깊은 식민사관으로 전락해 갔다.

5·16 군사 쿠데타로 정권을 장악한 박정희 대통령은 대구사범학교를 졸업한 수재이면서 만주군관학교와 일본 육군사관학교를 졸업한 군사 엘리트이다. 이 정도의 이력이면 몸은 한국 사람이로되 사고방식이나 정신은 일본적이기 마련이다. 이때 한 거대 언론사의 편집국

장 한 사람이 경성사범학교 출신이어서 두 사람은 서로 마음이 통하여 새벽까지 술잔을 기울이는 경우가 많았다고 한다. 거나하게 취기가 오르면 두 사람은 일본어로 된 〈교육칙어敎育勅語〉 외기로 내기를 했다고 한다. 서로 단 한 자도 틀리지 않아 승부가 가려지지 않으면, 이번에는 일본군 군가를 틀리지 않게 부르는 내기로 승부를 가리려고 했다. 일국의 대통령과 신문사의 편집국장이 식민지 시대의 이념이나 다름이 없는 〈교육칙어〉의 내용을 단 한 자도 틀리지 않게 외는 것을 자랑으로 알고, 그들의 군가를 소리높이 부르는 광경을 상상해 보라.

술에 취해서라도 그래서는 안 되고, 장난으로라도 그럴 수가 없는 일이 청와대의 으슥한 방에서 은밀하게 이루어질 지경이면 이른바 식민사관의 폐해가 어느 정도인가를 미루어 짐작하기가 어렵지 않다.

식민사관, 꼭 정치적인 발상에 적용되어야 나쁜 것은 아니다. 아무리 작은 일이라도 식민사관이 기본이 되어 발상한다면 국가의 정체성은 이미 배제된 것이나 다름이 없다. 이른바 식민사관으로 찌들었던 권력의 실세들이 힘을 쓰지 못할 정도로 늙어서 몰락하고, 힘을 잃어가는 것이 얼마나 다행한 일인가. 이렇게라도 천하에 무익했던 식민사관의 폐단이 불식되는 것도 역사의 준엄한 흐름이 아니겠는가.

일본 총리의
파렴치

　우리 또래의 나이 든 한국 사람과 일본 사람이 마주 앉아서 한·일 간의 역사를 입에 담게 되면 곧잘 얼굴을 붉히게 되는 경우가 있다. 또 서로가 할 말을 다하지 못하고 어색하게 헤어져야 할 때도 부지기수이다. 35년 동안이나 조선을 지배한 나라였던 일본의 사람들은 되도록 그때의 일은 얼버무려서라도 피해 가려 하고, 지배를 당했던 우리 쪽은 조금이라도 진솔하게 화두가 흘러가기를 바라기 때문이다. 그러나 우리 또래보다 젊은 전후세대들이 만날 때는 그런 민감한 요인이 줄어들고 미래 지향적인 만남이 된다고 하기에 세월이 약이라는 생각을 할 때도 있다.

　그런 민감한 문제가 조금씩 나아질 기미가 보일 때마다 일본의 정치 지도자들이 지각없는 망언을 되풀이하여 판을 엎어 버리는 악순환이 자주 되풀이되곤 한다. 이번에는 전후세대의 선두주자로 불리는 햇병아리 같은 아베 신조安部信晋 총리가 군위안부 문제에 관해 지난 5일 참의원 예산위원회에서 "광의의 강제성은 있었지만 협의의 강제성을 뒷받침하는 증언은 없었다."라면서 "미국 하원에서 위안부 결의안이 가결되더라도 일본 총리로서 사과할 의향이 없다."라고 말했다는 보도를 접하면서는 온몸에 소름이 끼치는 불쾌감이 일었다.

전후에 태어나서 민주주의 교육을 받으면서 자란 젊은 총리가 이렇게 몰지각하다면 그의 교양은 고사하고 양식까지 의심받아야 마땅하고, 염치가 없어도 이만저만이 아니라는 비난을 들어도 변명의 여지가 없다.

종군위안부가 강제로 끌려갔다는 사실은 불행을 겪었던 당사자들만이 입에 담을 수 있는 일이 아니다. 내가 국민학교 6학년일 때(1944년)는 종군위안부란 말 대신 허울 좋게도 '앞장서서 나라에 몸을 바친다'라는 뜻으로 '정신대挺身隊'라고 일컬어졌다. 귀애하는 딸들을 정신대로 끌려가지 않게 하기 위해서는 그야말로 14, 15세의 어린 딸들을 강제로 결혼시킬 수밖에 없었다. 기혼 여성은 정신대로 끌려가지 않았기 때문이다. 미처 혼처를 정하지 못하다가 불행하게도 정신대로 끌려가게 되면 국민학교 운동장에 전교생을 모아 놓고 거창한 환송식을 치르기까지 했다. 교장 선생님은 강제로 끌려가는 어린 정신대 소녀들의 애국심을 침이 마르도록 상찬하면서 국가를 위해 흔쾌히 자원한 것이라고 강변했지만, 그것을 듣고 있는 어린아이들의 울음

소리가 온 운동장을 진동시키면서 눈물바다를 이루곤 하였다. 이 처참했던 이야기는 누구에게서 들은 것이 아니라 내가 직접 체험했던 일이다.

약간의 연령 차가 있기는 하더라도 일본 총리들의 역사인식은 참으로 한심할 정도로 똑같다. 조선에 대한 식민 지배를 왜곡하는 것은 내각총리의 수명과 관련이 있을지는 몰라도 적어도 그 자신의 역사인식에는 치명적인 저해 요인이 될 수밖에 없는데도, 정도를 헤쳐 나가지 못하는 것은 훌륭한 정치인이 될 자질이 부족하다 해야 맞을 듯하다.

고이즈미 준이치로小泉純一朗 전 총리대신은 가까운 이웃나라 사람들의 마음에 상처를 내면서까지 야스쿠니 신사靖國神社의 참배를 강행했다. 자국 보수 세력들의 마음을 모으려는 치기는 그나마 일본의 군국주의를 조금이라도 알고 있었기에 보수 세력과 함께 과거 회기를 시도하거니 했었지만, 전후 젊은 세대의 선두주자가 된 아베 신조 총리는 무엇을 알고, 무엇을 배웠기에 동남아시아의 여성들을 종군위안부로 강제 동원한 증거가 없다고 강변하는지 정말로 한심하기 그지없다. 더 놀라운 것은 자신의 발언을 비판하는 야당의원에게 "당신은 일본을 얕잡아 보느냐."라고 반발했다는 보도는 60여 년 전 툭 하면 매질을 일삼았던 내 일본인 담임 선생님의 얼굴을 떠올리게 한다.

한·일 간 어느 쪽이든 괴로움을 체험했던 내 또래의 나이 든 세대들이 시대의 흐름에 따라 점차 사라져 가고 있다는 사실은 일본어로 된 신문이나 소설을 읽을 수 있는 세대가 줄어들고 있다는 뜻이나 다름이 없다. 반대로 그때의 참담함을 경험하지 못했던 새로운 세대가 양쪽 나라의 중심 세력으로 자리 잡아 가게 되었다면 다양성의 존중이라는 측면에서도 역사인식에 변화가 있어야 한다. 그것만이 두 나라의 미래를 가늠하는 일이 되기 때문이다.

21세기를 다양성을 존중하는 시대라고 한다. 한국, 중국, 일본 등 아시아의 세 나라는 아무리 짧게 잡아도 1,500년 이상 서로 다른 문화를 교류하고 수용하면서 살아왔다. 문화는 그 질質이 다를 수는 있어도 우열優劣로 평가될 수가 없다. 21세기가 문화의 다양성을 존중하는 시대가 되어야 하는 것은 그 때문이다.

동양의 세 나라가 교류에 임했던 1,500여 년의 세월은 서로에게 너무도 소중했던 시대였음이 분명하다. 그러나 그 장구한 세월 동안 겨우 50년 혹은 1백 년 정도가 빚어낸 불미한 갈등으로 서로에게 상상을 초월하는 상처를 다시 주게 된다면 아쉽기 그지없는 노릇이기도 하거니와 그 폐해는 헤아리기조차 어려울 정도로 불어날 것이 분명하다. 그것이 21세기의 행로에 방해되는 일로 번져 나간다면 문자 그대로 역사정신을 저버리는 행위가 아닐 수 없다.

서로가 지닌 문화의 다양성을 존중하면서 하나의 지구촌으로 공생해야 하는 절체절명의 시대에 아직도 침략 위주의 과거사에서 헤아나지 못하는 일본의 젊은 총리 아베 신조의 무지와 파렴치가 스스로 자신의 임기를 갉아먹고 있다는 사실을 명심해야 할 일이다.

시바 료타로의 편견

일본이라는 나라가 시바 료타로司馬遼太郞라는 빼어난 소설가를 가질 수 있었다는 것은 하늘이 내린 큰 은혜라고 나는 생각한다. 1억 3천만 일본 국민이 알게 모르게 시바 료타로가 쓴 소설을 통하여 일본의 정체성을 점검할 수가 있었고, 또 일본의 미래를 설계하였음을 내가 알고 지내는 일본의 지식인들의 마음에서 충분히 읽어 낼 수 있기 때문이다.

물론 이 같은 내 생각에 모든 일본인들이 동의해 줄 것이라고는 생각하지 않는다. 더러는 시바 료타로의 소설을 읽은 일이 없었노라고 강변할 수도 있을 것이고, 또 더러는 시바 료타로라는 소설가에 의해 일본적인 국수주의가 싹텄다고 비판하는 지식인도 있을 것이기 때문이다.

　일본에 시바 료타로라는 발군의 역사 소설가가 있었던 것처럼 우리나라에도 춘원 이광수, 금동 김동인, 월탄 박종화 선생을 비롯한 수많은 역사 소설가가 있었으나, 그분들이 쓰고 남겨 놓은 작품을 세세히 살펴보면 역사적인 사실을 재미있게 나열하면서 소설로 꾸며 놓은 작품은 있었으되, 그 작품 안에 나라의 정체성을 녹여 담아서 그것을 읽는 청소년들의 가슴을 두근거리게 하고, 그 두근거림이 나라의 미래를 설계하는 호연지기와 연결되게 하는, 그리하여 나라를 이끌어 갈 역사인식을 갈고 다듬게 하는 작품은 찾아보기가 어렵다. 아니 전무하다고 말해도 무방하다.

　반대로 시바 료타로의 작품에는 역사의 큰 강물에 뛰어들어 일본이라는 조국을 위해 어떻게 공헌할 것인지를 의미 깊게 담아내면서 그 나라의 청소년들로 하여금 가슴 두근거리게 하는 설득력이 있다는 사실에 유념해야 한다.

　시바 료타로가 세상을 떠나기 8년 전인 1996년, 소학교 5학년 국어 교과서에 싣기 위해 집필한 〈21세기를 살 너희들에게〉라는 길지 않은 글에는 그의 역사인식이 고스란히 담겨 있다.

　　나의 삶에 이미 남아 있는 시간은 얼마 되지 않는다. 아마 21세기라는
　　시대를 보지 못할 것이 분명하다.

　마치 자신의 죽음을 예견하고 있는 듯한 문장으로 시작된 이 글은

자라나는 유소년들에게 역사가 무엇인지를 알아듣기 쉽게, 큰 느낌을 받을 수 있도록 배려하겠다는 믿음을 가지고 있음을 보여 주고 있다. 그러고 나서 그는 자신의 역사인식을 피력해 나간다.

> 나는 역사 소설을 쓰면서 살아왔다. 처음부터 역사가 좋았기 때문이다. 부모님을 사랑하는 것과 똑같이 역사를 사랑하고 있다. 역사란 무엇이냐고 누가 묻는다면 "그것은 큰 세계랍니다. 지금까지 존재하는 몇 억이라는 인생이 그 안에 가득 차 있는 세계입니다."라고 대답하려고 한다.

이와 같은 시바 료타로의 역사인식을 소학교 어린이들에게 가르치기 위해 또 선생님들은 얼마나 많은 내용을 더하여 강론하였겠는가. 일본의 어린아이들은 그렇게 역사인식을 몸에 익히면서 어른으로 성장해 간다. 내가 부러운 것은 바로 이 점이고, 우리에게도 역사 소설가는 있지만 자라나는 청소년들에게 나라와 나라의 미래에 대한 꿈을 심어 주는 작품이 없었다는 점이 늘 아쉽고 서운하였다.

2006년 10월 오사카 여행을 하게 되었을 때 히가시 오사카 시東大阪市에 새롭게 마련된 시바 료타로 기념관을 둘러볼 기회가 있었다. 나 혼자가 아니라 아내, 아들, 며느리, 두 손녀들과 동행이었기에 나와 같은 일에 종사한 한 문학가의 족적을 가족과 함께 살필 수 있다는 점에서 참으로 뜻깊은 발걸음이 되었다. 지하 1층에서 2층까지 12미터 높이의 천장까지 치솟은 책꽂이에 꽂힌 시바 료타로의 손때 묻은 장서 6만 권이 내 숨을 멈추게 하였다. 모두가 역사에 관련된 서적들이었고, 거기에서 파생된 수많은 역사적 사실과 역사인식이 그의 저작물에 담겼을 것이라는 감동과 부러움이 가슴 한가운데를 출렁이게 했다.

시바 료타로는 이미 젊은 나이에 장차 역사 소설을 쓰리라는 계획을 세웠던 탓에 대학에서도 몽골학蒙古學을 전공할 만큼 세밀하게 계획된 삶을 살았다고 해도 과언이 아니다. 시바 료타로의 소설은 완벽한 고증과 살아 숨 쉬는 듯한 현장감이 압권이다. 그는 소설을 쓰기 전에 관련 사료를 완벽하게 섭렵하여 정리하였는데, 그가 갈 수 있는 장소라면 철저하게 현장을 답사하고서야 비로소 집필을 시작하였다는 기록도 수없이 많고, 그의 작품을 읽어 나가노라면 그런 행적들을 끝없이 확인할 수가 있다.

6만 권이나 되는 장서를 어떻게 읽었을까를 의심할 필요도 없다. 그를 존경하고 따르는 애제자인 작가 이가미 히사시井上 ひさし가 쓴 기록을 보면 시바 료타로는 상상을 초월하는 속독을 하고 있었음을 알 수 있다.

> 선생님의 속독은 범백한凡百 이들의 상상을 초월한다. 예컨대 타이프 인쇄로 된 250페이지짜리 가마쿠라鎌倉의 녹절사綠切寺, 동경사東慶寺 사료를 단 30분에 독파하는 데 마치 사진을 찍듯이 읽어 간다. 현장에서 본 것이기 때문에 틀림없다.

초인적인 독서 능력이 아닐 수 없다. 위의 글을 읽고 나서야 6만여

권이나 되는 방대한 장서를 대충 읽었겠다는 생각을 한 것에 머리가 숙여지고 말았다.

시바 료타로는 범상한 사람들의 생각이나 능력을 넘어서는, 정말로 빼어난 역사 소설가임에는 분명하지만, 한국이나 조선에 대해서는 한없이 인색하고 한없이 편협하였다. 중국이나 몽골에 대해서는 그리도 소상하면서 가장 가까운 이웃나라 한국에 대한 편협한 몰이해는 그의 삶과 업적에 큰 상처로 남을 수밖에 없다. 그의 기행문집《가도街道를 간다》는 모두 43권으로 된 방대한 양이지만, 거기에 기술된 박식함과 현장감 또한 작가정신을 기반으로 하고 있기에 독자들의 마음을 사로잡기에 부족함이 없다. 그 시리즈의 둘째 권이 한국기행인데, 제목부터가 해괴하다. 《韓のくに紀行》이라는 이 책의 제목을 어떻게 읽어야 할까. 직역을 하면 '韓의 나라 기행'이고, 좋게 읽으면 '韓나라에 가다'가 되지만, 그런 말, 그런 어휘가 성립될 수 없다는 것을 그가 몰랐을 까닭이 없다. 게다가 그런 실례천만의 뒤틀린 제목을 가장 이웃나라 한국의 기행문집에 써야 했던 저의가 무엇일까. 본문을 읽어 보면 그 해답도 쉽게 나온다.

> '황皇'이라는 것은 황제를 말한다. 한국 쪽에서 보면 '황제'라고 부를 수 있는 사람은 이 세상에서 단 한 사람밖에 없다. 말할 것도 없이 중국의 황제이다. 한국은 '이왕가李王家'라고 불리는 것처럼 한 계급 아래의 '왕'이다. 당시의 한국은 서양적인 방식으로 해설하면 독립국이 되지만, 동양적인 시각으로 본다면 중국을 종주국宗主國으로 섬기고 있다. 좀 거

복하기는 하지만 서양식으로 말하는 속국은 아니고, 동양식으로 해석하면 그렇다는 말이다. 이 말은 여러모로 법률어가 아니고 문명어로, 아무튼 중국문명의 산하에 들어가는 것으로, 중국의 황제를 종주로 섬긴다고 말할 수가 있다. 그래서 서울에 남아 있는 이왕가의 궁전에 가 보아도, 중국과 같은 의미로 사용되는 문양으로 상상의 짐승인 봉황은 있어도 용은 없다. 용은 어떤 경우에도 중국 황제를 상징하는 것이기에 한 계급 낮은 왕(조선)의 신분으로는 사용할 수 있는 것이 아니다. 만일을 위해서 이번 한국 여행 중에 서울의 옛 궁전을 참관하였을 때 살펴보았지만 역시 봉황은 있었어도 용 문양은 없었다. 이왕가가 하나의 규칙(의리)으로 지켜 온 것이리라. 이는 중국에 예속되어 있었다는 뜻이 아니라 이러한 것을 지키는 것이 예(질서적 규범)이고, 의義이며, 그렇게 하는 것으로써 어떤 시대……. 중국인들이 어떤 시대의 조선을 가리켜 '동방예의지국'이라고 크게 찬양하였다. 이 일은 다시 한 번 일러두지만 서양식의 본국, 속국이라는 관계라기보다 다른 말로 하면 장유長幼의 개념이라고 하는 편이 더 가까울지도 모르겠다.

이 글의 구성을 살펴보면 '조선왕조'를 '이왕가'로 비하하는 것은 그렇다 치고라도, 뭔가를 말해야 하는데 시바 료타로의 문장답지 않게 비비 돌리고 꼬아서 자신의 속내를 애매한 문장으로 감추고 있음이 여실히 드러나 있다. 특히 용을 운운하는 대목에 이르러서는 조선에 대한 그의 편견과 무지가 어느 정도인가가 명료하게 드러난다.

경복궁의 근정전과 창덕궁의 인정전의 천장 한가운데에는 용의 문양을 새긴 괄목할 만한 목각(조각)이 걸려 있다. 물론 조선의 왕실을 상징하는 조각이다. 이 두 장소에 시바 료타로가 스스로 들렀노라고 적었기에 못 보았을 까닭이 없다. 그런데도 그런 것이 없었노라고 단언할 정도라면 조선이나 한국에 대한 그의 편견이 어느 정도인가를 짐작게 한다. 보지 않았다는 변명도 성립되지 않거니와, 보았으면서도 조선의 왕실에는 용의 흔적이 없다고 단언하는 것은 시바 료타로의 양식이 의심될 뿐만 아니라 그가 조선 역사에 대해 극심한 편견(식민사관)을 가지고 있었음을 스스로 입증하는 대목이다. 더구나 조선에서는 임금이 입는 옷을 용포라 하고, 임금이 앉는 의자를 용상이라 하며, 임금이 흘리는 눈물을 용루라고까지 일컬었다는 사실은 한국인 모두가 아는 일인데, 천하의 시바 료타로가 조선 왕실에는 용의 흔적이 없고, 그것이 중국의 속방이기 때문이라고 단정하는 것까지는 그의 편견으로 치더라도, 그것으로 인해 한때 중국이 조선을 일러 '동방예의지국'이라고 했다는 구절은 편견이 아니라 악의에 찬 음해가 아닐 수 없다.

단언하건대 위에 인용된 문장 하나만으로도 조선사에 대한 시바 료타로의 편견과 오만이 얼마나 의도적인가를 알게 됨은 물론이고, 따라서 그의 문학적 업적과 지금까지의 공헌에 대한 큰 상처가 되고도 남을 것임도 명약관화하다.

내가 시바 료타로를 만나 위에 인용한 문장에 대한 진위를 확인할 수 있었던 것은 내 문학적인 여정에도 큰 의미가 있는 일이었다. 일본 구주의 가고시마에서 '조선 도공 14대 심수관(沈壽官)'이 명품 일본 도

자기인 사쓰마야키薩摩燒를 구워 내고 있음은 널리 알려진 사실이다. 그 심수관이 외동아들 가쓰데루一輝(지금은 15대 심수관으로 활동 중이다)의 결혼식을 준비하면서 "하객 중에 외국인 귀빈도 있어야 하겠는데 한국에서는 신 선생이 참석해 주었으면 좋겠다."라고 간곡하게 청하기에 흔쾌히 응했다. 바로 그 결혼식의 나카우토仲人로 시바 료타로가 참석하였다. 일본의 결혼 풍속은 결혼식은 가족들만으로 오붓하게 올리고, 피로연은 신분이나 가세에 따라 거창하게 한다. 심수관 가의 피로연도 가고시마 시에서 가장 이름 있는 호텔인 시로야마城山 호텔의 대연회실에서 하루 동안 거창하게 진행되었다. 나는 그 연회장에서 14대 심수관의 소개로 시바 료타로와 통성명을 하게 되었고, 아주 자연스러운 분위기에서 대화를 나눌 수가 있었다. 물론 가장 먼저 따져 보아야 할 일이 앞에서 거론한 "조선 왕실에서는 '용'이라는 상징물을 사용할 수 없다."라는 그의 편견에 대한 것이었다. 그와의 대화 내용을 요약하여 기록하면 대략 다음과 같다.

"선생님의 작품은 한국의 많은 지도급 인사들이 읽고 있습니다. 알고 계시는지요?"

"아, 허허허. 들은 것도 같습니다."

"일본 국민들이 선생님의 작품을 읽으면서 일본의 정체성이나 역사인식을 가꾸어 가듯 한국의 지식인들도 선생님의 작품을 읽으면서 일본식 역사인식에 물들어 가는 경향이 있습니다."

순간 시바 료타로의 표정에 긴장감이 돌았다. 나의 다음 질문을 짐작하겠다는 그런 긴장감이었다. 한국의 지식인들이 당신의 소설을 읽고 그것이 모두 진실일 것이라고 믿고 있다면 적어도 한국에 대한 당신의 역사인식에 때가 묻어서는 안 되지 않겠는가, 하는 것이 내가 직설적으로 묻고 싶은 말이었다. 나는 앞에 인용한 '용'에 관한 문장을 되도록 정확하게 되씹은 다음에 이렇게 물었다.

"조선 왕실에서 용이 곧 조선의 임금을 상징한다는 사실은 삼척동자도 모두 알고 있는 일입니다. 그런 상식적인 문제를 아니라고 단정을 하시고, 또 그것이 중국의 속방이기 때문이라고 말씀하시는 선생님의 문장을 한국의 지식인들이 정말로 옳은 것이라고 믿는다면……, 한국 역사에 대한 선생님의 편견에 큰 문제가 있음을 자인하는 것이 됩니다. 반대로 완벽하게 잘못된 문장이라는 사실을 한국의 지식인들이 모두 알게 된다면 선생님에 대한 지금까지의 존경심은 어떻게 되겠습니까?"

독자들이여 놀라지 마시라. 이 질문이 끝나기가 무섭게 시바 료타로는 빈 맥주잔을 들면서 너털웃음을 짓는 것으로 얼버무리려 들었다. 나는 잠시 시간을 두었다가 똑같은 질문을 다시 했다. 그는 여전히 너털웃음을 짓는 것으로 답을 대신했다. 내가 집요하게도 세 번째로 같은 질문을 했을 때, 시바 료타로는 그 당시 자신을 안내했던 사람이 한국을 대표하는 두 일간지의 편집국장이라는 사실을 털어놓았다. 일본의 식민 치하에서 고등교육을 받은 우리 지식인들의 식민사관의 폐해가 어느 정도인지를 헤아릴 수 있는 대목이 아닐 수 없다.

1986년이던가. 일본에서 발간된 쓰노다 후사코角田房子 여사의 논픽션《명성황후閔妃暗殺》가 (원제는 민비암살이다) 순식간에 36판을 찍으면서 충격을 동반한 베스트셀러가 되었다. 쓰노다 후사코 여사가 역작《명성황후》를 쓸 때 나는 많은 사료를 제공하였고, 또 그녀와 수많은 대화를 나누면서 작품에 적지 않은 도움을 주었다. 이 같은 사정을 잘 알고 있는 월간 시사교양지〈신조45新潮〉의 편집부에서《명성황후》에 대한 서평을 청탁해 왔다. 나는 그 작품이 쓰인 경위를 짤막하게 소개하고, "한국의 역사와 관련된 일본인의 저작 중에서 가장 훌륭한 것"이라고 극찬을 아끼지 않았다. 그리고 얼마 후 쓰노다 후사코 여사는 역작《명성황후》로 그해의 '신조문화상'을 수상하게 되었다.

심사위원장인 시바 료타로는 상당히 많은 지면을 할애하여 심사평을 쓰면서도 작품과 아무 상관도 없는 이야기만을 장황하게 늘어놓았을 뿐, '민비'라는 말이나 '암살'이라는 말을 쓰지 않은 것은 고사하고, 그 논픽션이 왜 수상 작품으로 선정되었는지에 관해서도 일언반구도 언급하지 않았다. 때문에 그는 일본 지식인들의 한국관을 여지없이 보여 주었다는 점에서 많은 일본인들의 빈축을 사기도 했다.

나는 항변을 겸하여 불편한 심기를 수상자 쓰노다 후사코 여사에게 드러내고 말았다.

"그따위 심사평을 쓰려면 뽑질 말아야지, 뽑아 놓았으면 최소한 왜 뽑았는지에 대한 언급은 있어야 하는데, 심사위원장의 이름을 걸고 웬 헛소리랍니까!"

쓰노다 후사코 여사의 대답은 송곳 같은 날카로움으로 나의 폐부를 찔렀다.

"그 사람 본래부터 그래요. 국수주의적인 오만으로 똘똘 뭉친 사람인데도 한국인들은 그 사람의 소설만 좋아한다면서요?"

쓰노다 후사코 여사의 마지막 말은 그로부터 세월이 많이 흐른 지금도 내 가슴속에서 되살아나곤 한다. '한국인들은 그 사람의 소설만 좋아한다면서요.' 그리고 얼마 후 시바 료타로가 다시 한국을 방문하였다. 일본어를 할 줄 아는 유명인사들이 그를 만나기 위해 북새통을 이루는 와중에 대통령이 그를 청와대로 초청하였다. 그리고 자랑스럽게 말했다.

"저는 총탄이 날아오는 진중에서 선생께서 쓰신 《료마가 간다》를 플래쉬 불빛으로 읽으면서 감동하였습니다."

아, 한·일 관계는 지금도 이 같은 모순과 편견 속에서 흘러가고 있다.

《친일인명사전》이 역사를 비튼다

역사에는 신의 손도 미치지 못한다는 준엄한 가르침이 있다. 역사는 내버려 두어도 언제나 제 길을 가기 때문이다. 간혹 독재자의 오만이 역사를 자기편으로 끌어들이려 하였어도 역사는 단 한 번도 그들 곁으로 다가간 적이 없다. 그러므로 역사는 있는 그대로를 적으면 되고, 그렇게 적힌 단초를 읽으면서 후대 사람들은 지나간 시대의 공과를 자연스럽게 알게 된다.

'해방 전후사'로 일컬어지는 우리의 현대사는 때 묻고 찢긴 넝마쪽이 되어 이리저리 굴러다니는 천덕꾸러기가 된 지 오래이다. 이승만 대통령은 친일 세력을 깨끗하게 청산하지도 못한 채 남한만의 단독 정부를 수립하였기 때문에 반통일 세력의 두령이요, 백범 김구는 오직 통일만을 염원하여 38선을 넘었던 통일 세력의 선봉이며, 김일성은 일본 정부에 협력한 친일 세력을 가차 없이 척결하여 민족의 정통성을 세운 젊은 지도자였다는 식의 평가가 각 패거리가 내세우는 이념이 되면서 우리 현대사는 만신창이가 된 것이 오늘의 현실이다.

역사는 나라의 정체성을 살피기 위한 학문일 뿐, 특정 패거리의 이념을 세우는 도구가 되어서는 안 된다. 그런데도 우리의 1백 년 현대사는 패거리의 이념으로 이용되기 시작하더니 마침내 정치집단의 이해와 맞물리면서 심히 왜곡된 역사인식을 자리 잡게 했다. 그리고 그것이 작금의 현실이 되면서 그 폐해는 눈덩이처럼 커져 갔다.

보수 정권을 신봉하는 정당이나 그들을 추종하는 사람들은 이승만 대통령을 건국 대통령으로 높여 모시려고 하고, 김대중, 노무현 대통령과 같은 진보 성향의 정권을 지향하는 세력들은 백범 김구의 행보를 민족 통일의 상징으로 떠받드는 것이 상식이 된 요즘이다. 그리고 그 세력의 어느 한쪽에 치우친 소장학자들은 그런 자신들만의 취향을 검인정 국사 교과서의 내용으로 집필하는 지경에까지 이르렀다. 그런 결과가 고등학교 교사들이 국사 시간을 이용하여 '빨치산 위령제'에 학생들과 함께 참석하게 만들고, 반정부 시위에 가담하게 만들었다. 그런 중·고등학교의 교사들에게 역사를 가르친 원로 교수들이나 역사학자들은 모두 어디로 갔는지 눈을 씻고 찾아도 없다. 아니 목소리도 들을 수 없다. 자신의 소임을 포기하고 실리에 매달려 있는 지식인들의 안일무사한 태도가 한 나라의 역사정신을 무너뜨리는, 참으로 한심한 현상이 아닐 수 없다.

진보 세력의 정부가 무너지고 보수파 세력이 정권을 장악하게 되면서 앞에서 거론한 역사의 해석은 다시 뒤바뀌어 혼란은 가중되어 갔다. 이승만 대통령을 다시 건국 대통령으로 추앙하면서 광화문 거리에 동상을 세우자고 주장하는가 하면, '건국 70년'이라는 대대적인 정치적 이벤트가 기획되다가 흐지부지되더니 결국 세종로 거리에 '대한민국 건국 박물관'이 세워지는 지경에 이르렀다. 한 나라의 역사가 학문으로서의 역사가 아니라 정권의 역사로 전락하여 역사 해석의 방향이 달라지면서 국민들은 국가 정체성의 혼란을 겪게 되었다. 그 단적인 예가 금성출판사에서 펴낸 검인정 국사 교과서이다.

　여기에서 우리가 깊이 새겨 두고 유념해야 할 점은 이 나라의 정권이 다시 진보 세력으로 옮겨 간다면 지금까지 겪었던 국사 개념은 다시 더 혼란스러워지고 수습할 방법이 없게 된다는 것이다. 역사학자들이 역사인식의 칼날을 세우고, 때로는 목숨을 버려서라도 우리 역사를 바로 이끌어 나가겠다는 결기가 없이는, 실천해 보이겠다는 의지가 없이는, 우리 국사 교육은 끝없이 이어지는 더러운 구렁텅이에서 헤어날 길 없이 혼란스러울 뿐이라는 사실을 명심하지 않으면 안 된다.

　친일인명사전편찬위원회와 민족문제연구소가 4월 29일 '친일인명사전 수록 대상자' 4,776명의 명단을 공개하였다. 이번에는 2005년 8월 1차 발표 때의 3,090명보다 1,686명이 더 늘어나 있었다. 선정 배경 등을 둘러싼 시중의 논란이 분분한 것은 당연하다. 그런데 이날 기자회견장에 '친일인명사전 편찬 국민의 힘으로'라는 구호가 걸려 있었다는 기사를 읽으면서 식견이 모자라는 사람들이 한술 더 떠서 자신들의 오만을 과신하는 착각에 빠져 있다는 생각을 하게 되었다.

국민의 대다수가 그 일을 볼썽사나워하는 마당인데 '국민의 힘' 운운은 결국 다급해진 그쪽의 사정이 단적으로 나타난 결과일 것이라는 생각이 들어서이다. 일반적으로 '사전辭典, 事典'이라는 개념에는 '마지막 확인'이라는 권위와 위엄이 부여된다. 그러므로 아무 책에나 '사전'이라는 이름을 붙일 수가 없거니와 미완성의 작업에 '사전'이라는 이름을 붙이는 일은 무지가 아니면 오만일 수밖에 없다. 위 두 단체도 자신들이 연구한 성과를 논문이나 책으로 발간한다면 아무도 탓하는 사람이 없을 것임을 잘 알 텐데도, 굳이 외면하는 국민의 이름을 끌어들이면서까지 《친일인명사전》으로 발행해 역사를 비틀려는 저의는 앞에서 설명한 대로 역사를 특정 패거리의 것으로 만들려는 무지에서 시작된다.

일본을 대표하는 시나리오 작가 하야사카 아키라早坂曉의 야심작 중에 《전함 야마토戰艦大和》라는 방대한 대하 소설이 있다. 제목이 말해주듯 제2차 세계대전 중 일본 해군 연합함대의 기함이었던 '전함 야마토'가 어떻게 기획, 설계, 건조되었으며, 어떻게 제2차 세계대전에 참전하게 되었는지를 당시의 해군부 비밀 문서와 군 수뇌부의 일기를 인용하면서 다큐멘터리 형식으로 쓴 장장 20권짜리 대야심작이다.

이 소설의 여자 주인공은 조선인 무용가 최승희이다. 요시히토 천황大正天皇이 세상을 떠나고 그 시신을 실은 열차가 도쿄 역으로 들어서는 순간, 검은 옷을 입은 수많은 조문객들이 허리를 90도로 꺾으며 대성통곡을 하는데도 오직 한 여성만이 기차에 등을 돌린 채 꼿꼿이 서 있다. 그 여인이 바로 무용가 최승희였다는 것이 아주 감동적인 필치로 적혀 있었다. 이 대목을 읽으면서 나는 눈시울을 적실 정도의 감동에 젖었다.

그 최승희가 이번에는 동족들에 의해 친일파로 매도된다. 거액의 기부금을 냈다는 게 친일 죄목이다. 전쟁 중에 그만 한 기부금도 내지 않고, 더구나 조선인 무용가가 극장 공연을 할 수 있었겠는가. 이런 간단한 이치도 통하지 않은 평가 과정을 나로서는 인정할 수가 없다.

또한 1905년 을사늑약이 강제 체결됐을 때, 위암 장지연 선생은 피눈물로 쓴 〈시일야방성대곡是日也放聲大哭〉을 〈황성신문〉에 사설로 발표했다. 신문사는 일본 경찰들에 의해 쑥대밭이 되었고, 위암은 옥고를 치르게 되었다. 그 한 편의 사설이 당대 조선 민중의 가슴에 울분과 통한을 출렁거리게 하였던 사실은 누구도 부인할 수가 없다. 그 통렬한 글은 죽기로 작정하지 않고서는 쓸 수가 없다. 그런 위암 선생이 이른바 친일하는 글을 썼다 하여 친일인사로 매도되어야 한다면 그 배경이 무엇이었는지를 확실하게 규명해야 하지 않겠는가.

일본이 조선을 강점한 35년의 세월 동안 이 땅에서 살아온 조선 백성들을 친일과 반일의 이분법으로 나눠서는 안 된다. 1945년, 나는 열네 살 소년으로 매일 아침 천왕이 있다는 동쪽을 향해 90도로 허리를 굽히는 '동방요배'를 하였고, 학교에서는 죽어도 일본어를 써야 했으며, 일본 황국의 신민임을 목이 터지도록 외치지 않고서는 연필 한 자루도 구할 수가 없었다. 나를 그렇게 행동하도록 매질한 분은 조선인 선생님이었다. 그런데 그 친일 명단에는 내 이름도, 나를 일본 사람으로 만들기 위해 그토록 모진 매를 들었던 선생님의 이름도 빠져 있는 것은 무슨 까닭인가. 게다가 친일 작곡가로 매도된 안익태 선생의 〈애국가〉는 지금도 모든 기념식장에서 장엄하게 연주되고 있지 않은가.

더욱 놀라운 사실은 이 《친일인명사전》을 편찬했던 발행인과 편집인들이 봉하마을에 설치된 노무현 전 대통령의 묘소에 문제의 사전을 헌정하면서 자신들의 책무를 완수하였다고 보고를 했다는 사실이다. 역사를 입에 담는 사람들의 행실이 어떻게 이렇게까지 경박하고 편협할 수가 있는가. 오래 오래 두고 깊이 생각해 보아야 할 일이 아니고 무엇이랴.

만에 하나라도 백 년쯤 뒤에 이 땅에 태어난 청소년들이 이 터무니없는 《친일인명사전》을 읽으면서 친일의 실체를 판단하는 잣대로 삼는 어이없는 사태가 생긴다면 역사 왜곡이라는 또 새로운 분쟁거리가 되지를 않겠는가. 심히 염려되는 일이다.

식자들의
반란

　얼마 전 젊은 기자들이 많이 참석한 강연회에 연사로 초대되어 단상에 올랐을 때였다. 사회자가 연사인 나를 소개하면서 "신 선생은 수상 경력도 화려하여 위암 장지연상도 수상하셨습니다."라고 말하자 맨 앞줄에 앉은 30대 초반으로 보이는 여기자 한 사람이 "아, 친일상……?" 하면서 비아냥거리는 소리가 단상에 있는 내게까지 들렸다. 딴에는 《친일인명사전》의 편찬 과정을 살폈거나 거기에 관련된 기사에 관심을 가졌던 것으로 짐작되었으나, 그 언동이 어찌나 맹랑하고 천박하였던지 강연 내내 그녀의 얼굴에서 시선을 떼질 않고 마치 단독 과외를 하듯 그녀에게 역사인식을 주입했던 기억이 생생하다. 언론사 기자의 역사인식이 잘못되면 많은 독자들의 현실을 보는 눈이 무디어지게 될 위험이 있기 때문이다.

1905년 을사늑약이 강제 체결되었을 때 위암 장지연은 황성신문사의 사장이었다. 조선 천지를 비분강개하게 한 명사설 〈시일야방성대곡〉이 쓰이던 과정은 뜻밖으로 잘 알려져 있지 않다.

조선 침략의 괴수 이토 히로부미(伊藤博文(이등박문))의 광태에 밀려 참정대신 한규설의 미친 듯한 반대에도 아랑곳없이 덕수궁(수옥헌)에서 을사년의 늑약이 강제로 조인되고 말았다. 11월 18일 날이 밝으면서 덕수궁의 정문인 대한문 광장이 술렁거리기 시작하였다. 분노한 유림들이 몰려들었기 때문이다. 그들은 알게 모르게 지난밤 수옥헌에서 있었던 '매국조약'의 체결 과정을 전해 들었던 모양으로, 더러는 통한의 눈물을 쏟고 있었고, 더러는 분노로 일그러진 얼굴을 하고 있었다.

〈황성신문〉의 주필인 유근(柳瑾)도 지난밤에 있었던 경천동지할 사건의 전말을 입수하는 순간 치밀어 오르는 분노를 견디지 못하고, 황급히 몸을 일으켜 사장 장지연에게 달려가 보고하였다.

"이런, 못된 것들!"

장지연의 분노는 하늘을 찌를 수밖에 없다. 그는 떨리는 손으로 붓을 들었다. 그리고 저 유명한 〈시일야방성대곡〉이라는 명사설을 써 내려가기 시작하였지만, 불과 480자의 짧은 글인데도 채 완성하지 못하고 혼절하여 쓰러지고 만다. 그 안타까운 광경을 지켜보고 있던 유근이 장지연의 울분을 이어받아 나머지 부분을 완성하였다.

유근은 장지연과 함께 〈황성신문〉을 창간하였던 동지이기도 하지만 후일 장지연의 셋째 아들 재윤과 유근의 딸 숙희淑姬가 결혼을 하게 되어 두 사람은 사돈지간이 될 만큼 가까운 사이이기도 하였다.

그렇게 완성된 사설은 11월 20일 자 〈황성신문〉에 게재되어 조선 민중들로 하여금 통한에 사무친 울분을 토하게 하였고, 그로부터 1백여 년이 지난 오늘을 사는 우리들의 심금을 울리는 데도 부족함이 없는 살아 있는 명문이다.

〈시일야방성대곡〉의 전문은 이러하다.

전날 이등박문(이토 히로부미)이 우리나라에 왔을 때 백성들은 모두 "이등이 평소에 동양 삼국을 정족鼎足처럼 안전한 태세로 올려 놓는 일을 스스로 주선했던 사람이니, 그의 내한은 필시 우리의 독립을 공고히 할 방침을 권고하기 위함일 것이다."라고 말하며, 그가 항구로부터 서울로 들어오기까지 관민 상하가 모두 환영하였다. 세상일이란 참으로 알 수 없도다. 천만 뜻밖에도 그 다섯 가지 조건이 어디에서 나왔다는 말이더냐. 이 다섯 조건은 비단 우리나라뿐만이 아니라 동양 삼국을 분열시킬 징조를 만드는 것인즉, 이등의 원래의 뜻은 어디로 가 버렸단 말인가. 더욱이 우리의 대황제폐하는 강경한 성의聖意로 이를 끝까지 거절하였으니, 이 조약이 성립되지 아니함은 이등 자신이 너무도 잘 알리라. 그러하거늘 아아, 저 개돼지만도 못한 소위 우리나라의 대신이라는 자들은 영리만을 바라고, 거짓 위협에 겁을 먹고 우물쭈물하다가 결단을 내리지 못한 채 스스로 매국노가 됨으로써 4천 년 강토와 5백 년 종사를 남에게 바치고 2천만 동포로 하여금 남의 노예가 되도록 하였구나!

저 개돼지만도 못한 외부대신 박제순 이하 여러 대신은 꾸짖을 가치조차 없거니와 명색이 참정대신이란 자는 정부의 우두머리로서 어찌 '부否'라는 글자 하나로 책임을 모면하고자 하였느냐. 김상헌金尙憲같이 문서를 찢어 통곡하지도 못하였으니 구차하게 살아서 세상에 서 있은들 무슨 면목으로 강경하신 황제폐하를 다시 뵈올 것이며 무슨 면목으로 2천만 동포를 다시 대하겠느냐.

오호 통제라. 우리 2천만 노예가 되어 버린 동포여! 살 것이냐. 죽을 것이냐. 단군, 기자 이래 4천 년 국민정신이 하룻밤 사이에 갑작스레 멸망해 버린단 말이냐.

분하도다. 분하도다. 동포여, 동포여!

황성신문사는 그날로 폭도들에 의해 마치 폐허와 같은 난장판이 되었고, 사장 장지연은 일본 관헌들에게 체포되어 모진 고문에 시달려야 했으며, 〈황성신문〉은 폐간되었다.

각급 학교의 학생들도 교문을 폐쇄하고 대한문 광장으로 달려 나와 매국조약의 폐기를 절규하면서 통곡하였고, 종로와 용산 등지의 상인들도 약속이나 한 듯이 상점의 문을 닫고 대한문 광장으로 달려 나와 학생들의 절규에 동참하며 피눈물을 쏟았다.

시간이 흐르면서 백성들은 매국조약이 체결되기까지의 모든 과정을 알게 되었다. 다시 말하여 여덟 사람의 대신 중에서 다섯 사람만이 찬성을 하였다는 사실이 알려지면서, 그 위급한 상황에서도 반대 의사를 분명히 한 참정대신 한규설을 비롯한 두 대신의 우국충정이 추앙되는 것만큼 매국조약에 찬성한 다섯 대신에 대해서는 참혹한 욕설이 난무하면서 돌이킬 수 없는 분노가 일어났다.

외부대신 박제순, 내부대신 이지용, 농상부대신 권중현, 학부대신 이완용, 군부대신 이근택 이들 다섯 사람을 백성들은 '매국오적賣國五賊' 혹은 '을사오적乙巳五賊'이라고 부르면서 질타하였다. 그 다섯 사람들이 자초한 오명汚名은 그로부터 1백여 년이 지난 오늘에 이르기까지도 지워지지 않고 있으며, 그 자손들까지도 재산상의 손실을 입고 있는 것이 오늘의 현실이다.

〈황성신문〉에 실린 장지연의 명사설 〈시일야방성대곡〉은 죽기로 작정하지 않고서는 쓸 수 없는 글이다. 그 후 장지연은 죽음 대신 갖가지 고통에 시달리면서 일생을 마친다. 다시 또 50년의 세월이 흐르면서 조선 민중의 가슴에 울분과 통한을 출렁거리게 하였던 그는 친일파로 규탄당하게 되었다. 일제 치하에서 일본 정부의 정책에 동조하는 글을 썼다는 것이 소위 과거사위원회의 우격다짐 식 판단으로 야기되는 불상사라고 아니할 수가 없다. 나는 이런 일이 '식자들의 반란' 혹은 폭력이나 다름이 없질 않느냐고 그 여기자의 얼굴에 뱉어냈다. 그리고 부연하였다. 알아듣겠느냐고!

그런 일이 있고 나서 더 기막힌 일이 생겼다. 국가보훈처에서 위암 장지연 선생에게 내려졌던 대한민국건국훈장을 몰수한다는 결의를 한 것이다. 민간인 단체에서 제기된, 더구나 보수·진보의 이해가 엇갈린 미완의 사안에 정부기관이 휘둘렸으면서도 그 회의에 참석한 위원이 누구인지도 밝힐 수가 없다면, 그런 결정을 내린 국가보훈처를 과연 정부기관이라고 하겠는가.

어려서 남달리 참담한 경험을 했거나, 견문을 챙기지 못하면서 철이 든 사람들에게는 얼마간의 콤플렉스가 있게 마련이다. 이런 콤플렉스는 긍정적인 쪽보다 부정적인 쪽으로 기울기가 십상이다. 이런 사람들이 왜곡된 지식을 함부로 쏟아 내는 경우를 항용 '선무당이 사람 잡는다'라고도 하고, 또 다르게는 '식자우환識字憂患'이라고도 한다.

나는 짬이 있을 때마다 위암 장지연 선생의 〈시일야방성대곡〉을 읽으면서 나라 잃은 울분에 젖어 보곤 한다. 죽기로 작정하지 않고서는 그런 엄청난 대문장을 쓸 수가 없다. '지식인은 만년 야당'이어야 한다고 가르쳤던 청마 유치환 선생의 〈깃발〉을 읽지 않고는 내 삶의 뜻을 살피기가 어려운데, 이분들 또한 친일인사로 몰려 뭇매를 맞고 있는 것이 작금의 현실이다.

나는 역사를 관장하는 신이 있다고 믿는다. 아주 옛날에도 쥐꼬리보다 못한 권력의 힘으로 역사를 자기 입맛에 맞도록 고쳐 보려는 무지한 사람들이 더러 있었지만, 역사는 언제나 말 없이 제자리로 돌아와 묵묵히 그리고 도도하게 흐른다는 사실을 명심하지 않으면 안 된다.

국사가 어디
의붓자식인가

비근한 예가 되겠지만, 신종플루나 에이즈와 같은 전염병이 끝없이 번져 나간다면 정부는 물론 개인까지도 그 예방책에 몰두할 것이 분명하다. 그러나 우리가 경계하고 두려워해야 하는 것은 전염성 병마뿐이 아니다. 그보다 더 두렵고 무서운 것은 공직 사회가 병들어 가는 일이고, 지식인 사회가 타락하는 일이다.

1910년 대한제국이 일본에 강제 병합될 때 나라의 주권을 일본에 팔아넘기는 데 동조한 다섯 사람은 '매국오적'이라고 일컬어지며 규탄되었고, 그 후에도 나라가 어려울 때마다 국민들은 그들의 이름을 거론하면서 주권 수호를 다짐하였다. 몇 해 전 그중 한 사람의 증손자가 나타나 강제로 몰수되었던 선조(매국노)의 재산(부동산)을 찾겠다고 법원에 소송을 제기한 몰염치한 일이 생겼는데, 그는 놀랍게도 4건이나 되는 소송에서 모두 승소하고 몰수되었던 재산을 되찾았다. 나는 법률을 전공하지 않아서 법적인 근거는 잘 모르지만, 나라를 송두리째 팔아넘기는 일에 앞장선 사람의 재산이 불과 백 년도 지나지 않아서 법률의 보호를 받게 된다면 나라를 파는 일에 나서지 않을 사람이 어디에 있을까 싶었다.

또 얼마 전에는 남편이 아내에게 부모님을 모시자고 강요한다면 이혼 사유가 된다는 판결이 나왔다. '효孝'의 개념은 우리 민족의 정체성과 가까운 맥락 위에 있다. 나라의 정체성을 법률의 잣대로 판결한 결과가 나라를 팔아도 되고, 부모를 모시지 않아도 된다는 가치관의 혼란을 부추기는 꼴이다.

이웃나라 일본에서 새로운 역사 교과서를 만들 때마다 우리는 우리 입맛에 맞도록 고쳐 주기를 강권하였고, 그것을 들어주지 않으면 분통을 터뜨리며 일본의 대사관 앞에서 항의시위를 하는 것도 모자라서 국민의 성금을 모아 독립기념관을 짓기까지 하였다. 중국의 동북공정 운운하는 말에 대해 수많은 반발이 일고, 알게 모르게 고대사를 소재로 한 TV 드라마가 판을 치게 된 것도 서툴지만 우리 역사에 대한 자부심의 발로나 다름이 없다.

이 같은 역사인식에 찬물을 끼얹는 한심한 작태가 또 터졌다. 어린 학생들이 공부하는 과목이 많아 고생한다면서 국사를 선택과목으로 내몰겠다는 발상이다. 이미 알게 모르게 우리의 초등학교나 중·고등학교에서는 국사가 사회과목의 곁방살이를 하고 있는 처지이다. 나라의 일꾼을 뽑는 행정고시와 외무고시에서도 국사가 제외되었고, 그나마 사법고시에서만 선택과목으로 명맥만 유지되고 있는 실정이다.

우리의 참담한 현실에서는 제 나라의 역사인 국사를 단 한 줄도 읽지 않고서도 대학에 진학할 수가 있으며, 법관이나 외교관으로 임용될 수도 있다. 더 심하게 말하면 국사를 모르는 대통령, 국무총리, 대법관, 대학총장을 만나게 될 날이 눈앞에 다가와 있는 것이다.

나라의 정체성이나 윤리적인 가치 기준이 무너지는 원인이 여기에 있는데도 아예 법률로써 국사를 선택과목으로 내몰겠다는 사람들이 공직에 있는 것은 염치가 무너졌기 때문이다.

《관자管子》의 〈목민편牧民篇〉에는 나라를 버티게 하는 네 가지 덕목이 나온다. '예의염치禮義廉恥'를 일러 '사유四維'라고 한 것이 바로 그것으로, 이 네 가지에서 하나라도 부족하면 어떤 일이 벌어지는지도 아주 절묘하게 설파하였다. 예의염치, 이 네 가지 덕목 중 하나가 없으면 나라가 기울게 되고, 둘이 없으면 위태로워지며, 셋이 없으면 뒤집어지고, 모두 없으면 그 나라는 파멸을 면하지 못하게 된다.

요즘 우리 주변에서 일어나는 갖가지 일들을 지켜보노라면 네 가지 모두가 없어지고 있다는 두려움이 생길 때가 많다. 사회 각 분야의 모든 사정이 양극화로 치닫고 있음을 반복하여 볼 수 있기 때문이다. 염치를 갖추지 못한 것은 공부가 모자라서가 아니라 어려서부터 몸에 익혀야 할 '예'와 '의'를 소홀히 하였기 때문이다. 그런 까닭으로 세월이 흐르면서 '예의염치'에 다시 '효제충신孝悌忠信'의 네 가지 덕목을 더하여 '팔덕八德'이라고 하였다. '사유'가 나를 떠받치는 데 필요한 덕목이라면 '팔덕'은 인간관계에서 지켜야 할 여덟 가지 덕목이 된다.

사유의 첫 번째 글자가 '예'이다. '예'를 갖춘 사람에게 염치가 없을 까닭이 없고, '예'가 있는 집안이 화평한 것은 염치가 있기 때문이라면, '예'가 살아 있는 정부에 염치가 살아 있는 것이 당연하다. 그러나 요즘 우리 주변을 살펴보면 도무지 염치라고는 없다. 국회의원이라는 사람도 품위 없는 막말을 무슨 자랑처럼 내뱉고, 심지어 나라를 위해 목숨을 버린 선열들의 묘소에 놓인 상석床石에 구둣발을 올려놓는 정당 대표도 있다. 어쩌다가 동방예의지국이라고 칭송을 받던 나라가 이런 지경으로 무지몽매해졌는지 참으로 한심하기 그지없다.

예의염치가 있는 사람들은 두 손에 보물을 들었다는 자부심으로 산다. 그러므로 길바닥에 떨어진 동전 따위가 눈에 들어올 까닭이 없다. 집어 들 손이 없기 때문이다.

국사를 바로 읽게 하여 선현들의 가치관과 실천의지를 몸에 익히게 하는 것은 국가가 해야 할 첫 번째 책무인데, 이를 마치 의붓자식 구박하듯 내몰고서도 나라의 장래가 보장된다고 생각한다면 큰 착각이다. 대통령, 국무총리, 교육과학부장관 등의 솔직하고 진솔한 대답을 듣고 싶지만 모두들 입을 다물고 있을 뿐이다. 놀라운 일은 더 있다. 여러 대학에서 역사를 가르치는 원로 교수들, 지금은 정년퇴임을 하여 더 깊은 학문의 탐구에 이바지하는 원로 역사학자들의 지성어린 충고를 듣고 싶은데도 누구 하나 나서서 말하는 사람이 없다.

역사에 대한 문외한들이 중구난방으로 회자하면 정치의 옳은 방향이 찾아지지 않는다. 지금 우리의 처지가 그렇다. 역사를 의붓자식처럼 밉보고 괄시한 결과는 또 그만 한 세월의 아픔을 감내해야 한다는 사실을 명심하지 않으면 안 된다.

국사는 교육만으로 끝나지 않는다

　내가 사는 나라, 대한민국을 곰곰이 생각해 보면 무책임이 만연된 나라처럼 느껴질 때가 많다. 이런 현상을 OECD에서는 '사회 지도층의 솔선수범이 OECD 30개 국가 중에서 꼴찌'이기 때문이라고 하였다.

　백성들이 사는 누항에서는 갖가지 변죽들이 죽 끓듯 하는데, 정부에서는 아무 반응이 없다. 어떤 사람들은 대통령이 부는 호루라기 소리가 울려야 장관들이 마지못해 움직인다고 혹평하기까지 한다.

　요즘 의붓자식처럼 괄시를 받으면서 선택과목이 되었던 국사를 다시 필수과목으로 지정하여 가르쳐야 한다는 〈중앙일보〉의 캠페인이 먹혀드는지, 긍정적인 방향으로 논란이 일어나는 것을 지켜보면서 뭔가 조금은 나아지고 있구나 싶다. 나는 5년 전인 2006년 1월 15일

자 〈중앙일보〉에 '시론時論'으로 발표되었던 나의 칼럼을 다시 읽어 보게 되었다. 그 칼럼의 전문은 이렇다.

왜 국사를 가르치지 않는가

얼마 전 중국에서 사람을 태운 인공위성이 발사되어 무사히 기지로 귀환하였다는 뉴스를 접하면서 크게 감동하였던 기억이 아직도 생생하다. 감동의 원인은 아주 간단하다. 1인당 국민총생산이 2천 달러 정도로 후진국으로 분류되어야 마땅한 중국이 그와 같은 우주과학 기술을 과시하고 있다면 경제 이론만이 국가 발전의 동력이 된다는 식의 설명은 불가능하다는 사실을 입증해 준 것이나 다름이 없기 때문이다.

중국 정부가 당장 시급한 경제성장에 급피치를 올리면서도 그와는 별개로 국가의 미래를 웅비케 하려는 프로젝트를 운영하고 있음을 보여 주는 대목은 우주과학 분야만이 아니다. 똑같은 맥락으로 1995년부터 동북공정이라는 대장정을 시작하면서 고구려의 역사를 중국사에 편입하고자 하는 작업을 구체화하고 나선 것도 같은 맥락이다.

일본의 경우도 다를 것이 없다. 일본 정부는 자국의 청소년들에게 그들의 정체성을 확립하게 하기 위한 역사 교육을 강화하고 있다. 그런 역사 인식으로 쓰인 역사 교과서(비록 검인정이지만)를 우리는 왜곡된 교과서라고 비난하면서 개정해 주기를 강력히 요청했다. 그러나 일본이 우리 입맛에 맞추어 고쳐 주기를 기대한다면 그 또한 망상에 불과하다.

이런 주변 국가의 역사인식에 비한다면 우리는 제 나라의 국사 교육에 관심을 두기보다는 오히려 고사 지경으로 몰아가고 있는 형국이다. 한국의 초등학교에서는 국사를 가르치지 않는다. 중학교에서도 국사가 없어진 지 이미 오래이다. 고등학교에서는 국사가 사회교과에 포함되면서 선택과목으로 밀려났다. 결국 우리의 청소년들은 국사를 한 줄도 읽지 않아도 대학에 진학할 수가 있고, 행정, 사법, 외무고시에도 국사가 없거나 선택과목인 탓으로 국사를 모르는 사람들로 공직이 채워질 위기에 처해 있다.

세계에서 제 나라의 국사를 가르치지 않는 나라가 있는가. 불행하게도 우리만이 국사를 가르치지 않는 나라로 전락하였다. 이에 대한 정부 고위인사의 해명은 우리를 더욱 참담하게 한다.

"수능시험에 시달리는 고등학교 학생들의 짐을 덜어 주기 위해서는 한 과목이라도 더 줄여 주어야 하기 때문이다."

더 기막힌 대답도 있다.

"국사를 가르치면 국수주의적인 사고를 길러 주게 되어 세계화에 역행한다."

아무리 형편없는 나라라도 그렇지, 그런 사람들에게 청소년들의 교육을 맡겨도 되는지 심각하게 생각해 보지 않을 수가 없다.

이런 판국인데도 정부에서는 국민총생산 2만 달러 시대를 열어 가자고 열을 올린다. 결단코 말하거니와 지금과 같이 천박해진 세태로는 2만 달러 근처에도 가기가 어렵다. 이 참담한 현실에서 벗어나기 위해 우리가 당장 해야 할 일이 무엇이겠는가. 수출인가, 외자 유치인가, 정치 개혁인가. 그 어느 것도 정답이 될 수 없다.

세계은행의 예측에 따르면 2020년이면 중국의 경제 규모가 미국을 추월할 것이라고 한다. 그때 한국은 세계 최강대국인 중국과 일본 사이에 낀 샌드위치가 될 것이라는 불길한 예측도 이미 나와 있다. 그 2020년 무렵에 한국을 이끌어 갈 30대의 핵심적인 인재들은 지금 어디에 있는가. 그들이 바로 초등학교 고학년 소년들이다. 그 소년들에게 국사를 가르치지 않고, 민족의 정체성이 무엇인지를 깨닫게 하지 않고서도 살아남을 수 있는 방도가 있다고 생각한다면 이만저만한 착각이 아니다.

정부가 지금 당장 서둘러야 할 것은 우리의 정체성을 바탕으로 한 정신적 근대화에 나서는 일이다. 오직 그 하나로 피폐할 대로 피폐해진 이 정신적 공황에서 헤어날 수가 있을 뿐이다. 지금까지는 우리 것을 내다 버리는 것을 자랑으로 삼았을 뿐, 우리의 본바탕에 흐르는 정체성이 무엇인지를 논증하는 일에 너무 소홀하였다. 이른바 세계화라는 외형에만 요란을 떨었지 국가의 웅비에 대비하는 프로젝트를 운영할 궁리도 하지 않았다는 뜻이다.

이래도 국사를 가르치지 않겠다는 것인지, 대답을 듣고 싶다.

어찌 되었거나 그때로부터 6년이라는 세월이 지나서야 선택과목으로 밀려나 있던 국사를 필수과목으로 해야 한다는 쪽으로 여론이 모이고는 있지만 거기에 대한 정부 당국의 확고한 의지는 아직 드러나지 않고 있으며, 관련된 사람들이 변죽만 울리고 있는 것이 지금의 웃지 못할 현실이다.

국사 교육은 문자만으로 성립되지 않는다. 역사인식의 확립이 전제되어야만 소기의 목적을 다할 수가 있다. 지금의 중장년층들은 대개가 학교에서 국사 교육을 배운 세대에 속하지만, 국사에 대한 무지와 편견은 대단히 심각한 지경에 있다. 국사를 필수과목으로 배웠는데도 그렇다.

쉬운 예를 한 가지만 든다면, 국사를 정규과목으로 배운 대부분의 사람들이 공통으로 외고 있는 것이 '태, 정, 태, 세, 문, 단, 세……'로 이어지는 왕들의 재위 순서이다. 옛날 어린아이들이 천자문을 외듯 평생을 기억하고 있는 구절이지만, 조선 시대 스물일곱 왕들의 이름을 순서대로 외게 하는 것은 역사 교육의 정도가 아닐 것인데도 국사를 가르치는 선생님들은 약속이나 한 듯 천편일률적으로 그것을 외게 하였고, 정작 꼭 가르쳐야 할 대목은 언급조차 하지를 않았다.

예컨대 '태, 정, 태, 세, 문, 단, 세……'는 태조, 정종, 태종, 세종, 문종, 단종, 세조의 순서를 일컫는 말에 불과하다. 순서만을 챙기느라 꼭 기억해 두어야 할 아주 중요한 것을 놓친 꼴이 되었다. 예컨대 태조, 정종, 태종, 세종, 단종, 세조와 같은 호칭은 그분들이 세상을 떠난 다음 종묘宗廟에 위패를 모시기 위해 지어 올린 묘호廟號이다. 따라서 그분들이 살아 계실 때는 그런 이름을 쓸 수 없는 것은 물론 호칭할 수도 없다. 이 묘호의 구조를 잘 살펴보면 '조祖'와 '종宗'의 두 가지가 끝 자로 사용되고 있음을 알 수가 있다. '태, 정, 태, 세, 문, 단, 세……'를 거침없이 외는 사람들 중에서 '조'와 '종'을 구별할 줄 아는 사람은 흔하지를 않다. 가르쳐야 할 것은 가르치지 않고, 가르치지 않아도 될 것에 열을 올린 결과가 아니고 무엇이랴.

국사 교육을 부활시키고, 정규과목으로 복귀시키는 것은 우리나라의 정체성을 고양시키기 위해서도 화급을 다투어야 할 일이다. 그러나 지금과 같이 이념적으로 갈라진 교과서를 그대로 사용하고, 이념화된 국사 선생님들이 멋대로 입에 담는 역사 이야기는 진정한 의미에서 '국사'랄 수가 없다.

국사가 정규과목으로 복귀되는 것은 천하가 반길 일이지만, 지금과 같은 중구난방 식의 국사 교과서로 보수나 진보에 물든 교사들이 다시 국사를 가르친다면 득보다 해가 되는 일이 더 많아질 수밖에 없다.

우선 보수니 진보니 하는 어느 쪽에서 보아도 이의를 제기할 수 없는 정확한 국사 교과서를 편찬하여야 하고, 거기에 앞서 국가의 정체성, 민족의 자부심을 심어 줄 수 있는 교사를 먼저 양성해야 한다. 이번에야말로 우리 국사 교육이 민족의 정체성 확립에 기여해야 하는 절체절명의 기회를 살려 내는 쪽으로 흘러가기를 염원해 본다.

역사의 기록과 보존

　몇 해 전 퇴임하는 대통령이 개인적인 용도로 국가 문서를 자신이 개발했다는 〈e—지원〉이라는 시스템에 담아 몽땅 사저로 반출하였다가 여론의 뭇매를 당한 일이 있었다. 그때 전직 대통령은 "명색이 대통령을 지낸 사람이 자신의 기록을 살펴보기 위해 3시간 동안이나 기차를 타야 한다는 게 말이 되는가!"라면서 반발하였다. 참으로 딱한 수준의 지식이 아닐 수가 없다. 대통령 재임 중의 기록은 사문서가 아니라 국가의 문서이므로 당연히 대통령기록관에 보존되어 엄중하게 관리되는 것이 상식 중의 상식이 아니던가.

　전직 대통령은 여론의 호된 질타에 밀려 불법으로 반출하였던 기록들을 〈e—지원〉이라는 시스템 채로 국가에 반환하였다. 이 사건은 대통령까지 지낸 사람의 역사인식을 엿보게 하는 대목이어서, 그의 재임 중에 있었던 여러가지 일들을 짐작게 하는 좋은 본보기가 되고도 남는다. 나라의 기강이 이런 지경으로까지 무너지는 것은 공직자나 지식인 들에게 역사인식이 부족하기 때문이다. 일찍이 공자도 말하지 않았던가. "나라에 정도正道가 서 있을 때 녹을 받는 것은 영광스러운 일이지만, 나라에 정도가 서 있지 않을 때 녹을 받는 것은 수치스러운 일이다."

지금 우리의 처지를 되새겨 보게 하는 명언이 아닐 수 없다. 나라의 정도를 세워야 할 고위 공직자들이 불요불급不要不急한 일에 매달리면서도 꼬박꼬박 국록을 챙겨 가는 것을 수치스럽게 여기지 않는 것이 지금 우리의 현실이기 때문이다.

조선왕조가 5백 년이라는 장구한 세월 동안 단일왕조의 기틀을 유지할 수 있었던 것은 국가 기강이 무너지지 않았기 때문으로, 그것은 젊은 언관들이 직언하는 용기를 모아서 역사(조선왕조실록)를 기록한 덕분이다.

절대 권력자인 임금이라고 하더라도 사관들의 철저한 감시를 받을 수밖에 없다. 어느 날 태종이 사냥을 가면서 "오늘의 사냥은 사사로운 일이니 사관은 따르지 마라."라고 하였다. 그런데도 《태종실록》에는 이 말이 그대로 적혀 있다. 또 그날의 사냥터에서는 태종이 말에서 떨어졌는데, 좌우를 둘러보며 "이 일은 사관이 알지 못하도록 하라."라고 엄명을 내렸다. 물론 그 현장에는 사관이 없었어도 《태종실록》에는 그 사실이 가감 없이 적혀 있다.

또 절대 권력자인 임금들이 《조선왕조실록》을 읽지 못하는 법도 제정되어 있다. 아무리 그런 규정이 있다 하여도 절대 권력을 휘두른 27명이나 되는 임금들이 어느 누구도 《조선왕조실록》을 읽지 못하였다는 사실은 조선 시대의 지식인(선비)들이 적는 일 못지않게 후세에 바른 역사를 전하려는 의지가 있었음을 의미하는 대목이다. 그러므로 해당 임금이 살아 있을 때는 그 시대의 실록이 편찬되지 않는다. 이 또한 절대 권력자가 역사를 좌지우지할 수 있는 여지를 제약하는 근본적인 장치가 아니고 무엇이랴.

그러므로 국사國事의 잘잘못을 지적하고, 군왕의 게으름을 적어서 후세에 전하는 사관들에게는 그 임무의 자유스러움 못지않게 혹독한 책임이 따랐다. 사관들이 사초史草(처음 적은 사료)를 훔치거나 훼손한 경우나 사초의 내용을 발설한 경우에는 중형을 내려 처단한 것이 이를 입증한다.

> 사초는 모든 군신의 선악을 기록하여 후세에 가르쳐 보이는 것이기 때문에 그 내용이 지극히 중요하여 다른 문서에 비할 것이 아닙니다. 따라서 그 보관을 엄하게 하지 않을 수 없습니다. 동료 관원 중에 이 사실을 알고도 고발하지 않은 자는 한 등급 강등, 친척과 친구의 청을 듣고 기록을 없애거나 훔친 자, 내용을 도려내거나 긁어 없애거나 먹으로 지우는 자, 사초의 내용을 외부 사람에게 누설한 자는 참수해야 합니다.
>
> 《세종실록》, 세종 31년 3월 2일 자

참수란 목을 쳐서 죽이는 중형이다. 국가 문서의 취급을 얼마나 엄격히 하였는가를 살필 수 있는 교훈이 아니고 무엇인가. 이러한 기록들이 엄연히 존재하는데도 오늘의 공직자들은 이 같은 사실을 모르고 있거나 알고 있어도 위반하는 경우를 다반사로 여긴다. 그러니 국가 문서가 훼손되고, 외부로 흘러 나가는 엄청난 일들이 태연하고 자연스럽게 생겨날 수밖에 없다.

우리 민족의 자랑인 《조선왕조실록》이 정부와 임금의 패덕, 무능함을 문자로 적어서 남긴 것인데도, 그 문자가 한 자도 고쳐지지 않은 채 또 5백 년을 보존되어 왔다는 사실은 역사에 대한 외경심이 무엇인지를 아는 우리 민족의 긍지이자 자랑이 아닐 수가 없다.

사관이 적어야 하는 내용은 직필을 요구하는 사안들이 대부분이다. 다른 말로 바꾸면 타인과의 갈등 요인을 적게 된다는 뜻이다. 그러므로 사관이 쓴 사초를 기명記名으로 하느냐, 무기명으로 하느냐까지도 문제가 되었다.

> 역사는 직필을 귀하게 여깁니다. 지금 춘추관春秋館의 사초를 거두어 놓고 각자가 이름을 사초에 쓰도록 했는데, 사초는 국사의 일만 기록한 것이 아니라 사대부의 선악도 모두 기록한 것입니다. 이러한 사초에 이름을 쓰게 하면 사람들이 모두 두려워하여 직필을 하지 못할 것입니다.
>
> 《예종실록》, 예종 1년(1469) 4월 11일 자

직필을 남기기 위한 사관들의 노심초사를 읽을 수가 있는 기사이다.

국가 문서의 중요성을 이같이 하고 있었기에 《조선왕조실록》은 군왕의 게으름을 뉘우치게 하고, 잘못된 정치를 적나라하게 적은 내용으로 가득할 수밖에 없다.

공직자가 아니더라도 지식인의 대열에 있는 사람들의 역사인식이 건전하지 않으면 역사를 적기도 어렵거니와 애써 적은 사료도 휴지 조각쯤으로 내동댕이치게 되어 후세에 바로 전할 수가 없게 된다.

대통령으로 재직할 때 기록한 문서를 임기가 끝날 무렵 불태워 없앴다는 풍문도 들리고, 또 개인적으로 메모한 것임을 구실로 사저로 내간 것이 신문 기사를 장식한 일도 있다. 지금 우리 대한민국의 역사인식이 어느 정도의 수준인지를 보여 주는 백미白眉가 아닐 수 없다.

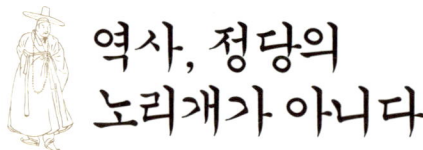
역사, 정당의
노리개가 아니다

'역사란 무엇인가'에 대한 해답 중 "……핍박받는 자들의 승리를 참을성 있게 기다린다."라는 말처럼 절묘한 비유는 없다. 역사가 꼭 승자의 기록만은 아니라고 하더라도, 힘센 자들의 입김이 서린 것은 부정하기 어렵다. 어찌 역사뿐이랴, 성경이나 불경과 같은 성전에도 예수 그리스도나 석가모니 가까이에 있었던 사람들의 입김이 서려 있게 마련이다. 그렇다고 하더라도 힘센 사람들에 의해 덧칠이 된 역사는 언제나 그 진위가 정확하게 드러나게 된다.

세계의 역사든 한국의 역사든 역사라고 불리는 흐름에는 영광과 치욕이 함께 담겨 있게 마련이다. 그러나 사람들은 영광의 역사이기에 자랑삼아야 하고, 치욕의 역사이기에 숨기려 든다. 인지상정처럼 느

꺼지는 이 같은 역사 읽기는 굴욕의 함정에 빠져들기가 십상이다. 그럼에도 치욕의 역사를 숨기려고 하는 부류의 권력자들은 역사를 뒤틀어서 자신들의 편으로 끌어당기고 싶은 유혹에 빠진다.

박정희 18년, 전두환 7년, 노태우 5년을 모두 합하면 우리는 장장 30년의 세월을 이른바 군사정권에 시달린 셈이 된다. 잔혹했던 일본의 식민지 시대에 버금하는 세월이다. 역경에 역경을 거듭하는 우여곡절을 겪고서야 김영삼 대통령의 시대가 열렸고, 김영삼 정권은 자신들의 정부를 '문민정부'라고 명명하였다. 가슴이 벅차오르는 명칭이 아닐 수 없다. 그들 '문민정부'가 내세운 통치의 방향은 '역사 바로 세우기'였다.

아, 얼마나 가슴 벅찬 일인가. 지난 30년 동안 조국 근대화란 이름으로 자행된 정경유착, 부정부패, 낙하산 인사 등 헤아릴 수 없는 적폐를 해소하고 청산하는 것이 역사 바로 세우기라면 이보다 신선하고 가치 있는 정치 슬로건은 없다. 그러나 그게 아니었다. 자신들의 정권에 방해가 되었던 사람, 자신들의 정권에 적극적으로 협력하지 않는 사람, 뒤에서 불평하는 세력들에게 불이익을 주는 정도를 역사 바로 세우기로 내세운 꼴이 되었다. 특정 정당을 위해 역사를 이용하려는 것은 무지 중에서도 큰 무지에 해당된다. 역사는 어떤 경우에도 정당에 이용되거나 특정 정당의 편이 된 일이 없기 때문이다. 이런 상식 정도의 역사인식을 뛰어넘지 못한 문민정부의 말로가 얼마나 한심하였는가. 결국 대통령의 측근은 부정과 부패로 구속이 되었고, 대통령의 아들까지도 옥살이를 하는 지경에까지 이르렀다. 역사인식의 결여가 빚어낸 결과가 이보다 더 분명할 수가 있는가.

　문민정부의 뒤를 이어 탄생한 정부가 김대중 정부였고, 그들은 스스로 '국민의 정부'임을 내세우면서 '제2의 건국'이라는 그럴듯한 슬로건을 내걸었다. 제2의 건국 또한 역사 바로 세우기와 마찬가지로 당대의 시급한 과제임이 분명하였다. 나라는 있었어도 정체성이 결여되었다면 제2의 건국을 해서라도 국가의 정체성을 확립하는 것이 지도자의 소임인지라 일단은 수긍하지 않을 수가 없었는데, 정작 그 구체적인 방향이 정해지는 것을 보면서 '역시 그 정도밖에 안 되는구나' 하는 실망에 빠져들게 되었다. 이른바 '제1의 건국'에 해당되는 해방 전후의 집권 세력을 매도하면서 역사의 뒤켠으로 밀어내는 이념적인 의도가 드러나기 시작하였기 때문이다. 그렇다면 뭔가가 달라져야 하는데 이념적인 대결만 조장되었을 뿐, 집권 세력의 핵심들은 문민정부 때와 마찬가지로 부정부패에 연루되어 줄줄이 감옥에 드나들고, 역시 대통령의 아들들까지 영어(囹圄)의 몸이 되는, 문민정부의 전철을 고스란히 밟고야 말았다. 역사는 국가의 것이지 어떤 특정 집단의 통치수단이 될 수가 없다는 사실을 아주 섬세하게 보여 주고 있음이다.

　'국민의 정부'에 이어 등장한 것이 노무현 정부이다. 노무현 대통령은 부패하고 찌든 정당에 빚을 지지 않았던 젊은 대통령이라 뭔가 달라질 것이며, 또 당연히 달라질 것으로 기대하게 하였다. 그는 '참여정부'를 슬로건으로 내세우면서 '반칙이 없는 사회'를 지향하겠다고 나섰다. 지금의 이명박 정부가 내세운 '공정한 사회'와 일맥상통하는 부분이 없지 않다. 우리 대한민국이 군부독재 이래 가장 부정과 부패가 많은 나라, 기업이 집권당의 정치자금으로 현금을 트럭으로 실어다 바치는 나라, 더러는 그런 반칙에 보호 장치까지 마련된 사회였다 하여도 변명할 구실이 찾아지지 않는다. 아무리 그렇다 하더라도 정당에 빚이 없는 젊은 노무현 대통령의 역사인식이 살아 있었다면 적어도 지난 시대에 쌓인 적폐 한두 가지쯤은 척결할 수가 있지 않았겠느냐 하는 마지막 기대가 있었는데, 놀랍게도 '과거사 진상규명 위원회'라는 것을 만들어서 자신들과 이념이 맞지 않는 사람들을 곤경에 빠뜨리고자 하였는데, 아이러니컬하게도 그 역시 형님이 부정한 일로 구속이 되고, 측근들이 부정으로 자리에서 물러나고, 자신의 가족에게까지 피해가 미칠 위험을 지켜보다가 절벽에서 뛰어내리는 대통령답지 않은 최후를 맞았다.

앞의 세 정권이 내세운 '역사 바로 세우기'라는 명제나 '제2의 건국' 혹은 '반칙이 없는 사회' 등은 똑같이 정권적 차원에서 역사를 제편으로 끌어들이려는 무지한 시도로, 그것이 얼마나 덧없는 것인가를 보여 주는 참보기에 해당된다. 앞서도 여러 차례 언급했듯이 역사는 아무리 권력자라고 하더라도 자신의 입맛대로 고치거나 자신의 품안으로 들일 수 없다. 다시 말하면 역사란 어떤 경우에도 특정 정권의 노리개로 타락하지 않는다는 뜻이다. 그럼에도 문민정부, 국민의 정부, 참여정부의 실세들이 역사를 뒤틀어서라도 자신들의 이해득실에 따라 정권적 차원에서 역사를 악용하려 하였다면 이는 당초 성사될 일이 아니었다.

막대한 예산과 인력을 낭비하면서까지 장장 15년 동안 역사 뒤틀기에 나섰으면서도 뜻을 이루기는 고사하고 비판의 대상으로 전락한 것은 과연 무엇을 의미하는가. 이는 모두 역사는 국가의 것이지 정권의 것이 아니라는 기초적인 역사인식도 갖추기 못하였기 때문이다.

역사학을 전공하지 않은 지식인들이 앞장을 서서 그런 터무니없는 일에 매달리는 것은 무지한 탓으로 치부되어 마땅하다. 그러나 얼치기 역사학자들이 특정 정권에 부화뇌동하여 정권의 정체를 미화하려 했다면 그 짧은 생각에서 비롯되는 오만의 소치는 반드시 다음 역사에 기록되어 흘러가게 된다.

오늘 우리가 살고 있는 이 시대의 풍속도 모두 역사로 기록된다. 그러므로 정권적 차원의 역사 해석이나 뒤틀린 역사 기록은 그 시대의 악행이 될 뿐만이 아니라 후대에 이르기까지 비난의 불씨로 남는다. 신의 손도 역사에 미치지 못한다는 가르침은 준엄함을 넘어서는 경고의 의미가 있다. 역사는 내버려 두어도 언제나 제 길을 간다. 후대의 사람들은 그렇게 적힌 단초를 읽으면서 지나간 시대의 공과를 자연스럽게 알게 되고, 평가하게 된다.

정치하는 사람들이나 사회 지도층 인사들의 생각이 너무 짧다. 특히 지도층 인사들의 말과 행동이 같지 않으면 국가는 침체되고, 사회는 가치체계의 혼란을 겪게 마련이다. 섭섭하게 듣지 마라. 지금의 대한민국이 그렇다는 이야기이다.

경술국치 1백 년

 2010년 일본에게 나라를 빼앗긴 지 1백 년이 되는 날도 얼마 남지 않았다. 새해 초 여러 언론들은 나라 잃은 통분함을 상기하자면서 연일 특집 기사를 쏟아 내는 것으로 뭔가 일을 저지를 것만 같은 결기가 하늘을 찔렀지만, 정작 '경술국치'가 있었던 8월이 되자 아무 일도 없었다는 듯 모든 신문, 방송이 조용하기만 하였다. 어떤 사람들은 이런 국민성을 두고 '죽 끓듯 하는 냄비'에 비유하곤 하지만, 그건 국민성이 아니라 실천이 따르지 않고 말만 앞세우는 이 땅의 지식인들의 나태와 무책임 탓이다.
 실제로 21세기에 들어선 지도 어언 10년이 지났건만 말로만 떠들썩한 것 말고는 달라진 곳이 눈 닦고 찾아도 없다. 새 천 년은 무엇이며, 하나가 되는 지구촌에 어떻게 대응할 것인가 등 21세기가 되면 세상이 발칵 뒤집힐 듯이 요란 법석을 떨었는데 막상 그 21세기에서 10년이 지나도 달라진 것이라고는 없다.

 정부의 시정市政 방향도, 매스컴의 논점도 모두가 하루살이 식의 단견短見으로 일관하는 것은 지식인(지도층)의 말과 행동이 상반되기 때문이다. 조선을 이끌었던 고위 공직자들, 이를테면 정암 조광조나 퇴계 이황, 율곡 이이, 우암 송시열 등은 당대 최고의 석학들이며, 이들이 조선을 움직인 장관判書(판서)들이었다. 이들은 하나같이 말과 행동(실천)이 일치하는 당대의 지식인들이었다. 당시의 국정國政이 어떻게 흘러갔는지를 일목요연하게 보여 주는 대목이다. 민망하지만 요즘의 장·차관들은 식견이 이들을 따를 수가 없기에 말과 행동이 다를 수밖에 없다.

 대통령은 '공정한 사회'로 가자는데도 사회 전반은 불공정으로 일관되어 있다. 말과 행실이 이토록 상반되는 나라는 우리 말고는 별로 없지 않나 싶기도 하다.

 지난 번 새해 예산안이 통과되는 대한민국 국회의 꼬락서니를 보고 있으니 한심한 정도를 넘어서 참담해지는 심회를 가늠할 길이 없었다. 학벌도 만만치 않고, 전직도 화려한 지식인들이 주먹다짐을 하는 광경은 눈뜨고 보지 못할 참경이다. "왜 그래야만 했는가?"라고 물으니 "그렇게 하지 않으면 다음번 공천을 받을 수가 없다."라는 대답이 돌아왔다고 들었다. 결국 우리나라 정당들은 말 잘 듣고 몸싸움 잘하는 사람들을 공천한 셈으로, 그들에게 표를 던진 유권자는 더욱 할 말이 없어진다. 그러니 국회의 폭력 사태가 9년째 되풀이되는 것은 지극히 당연하지를 않겠나.

좀 솔직하게 적어 보면 지금 대한민국의 처지는 어떠한가. 꼭 1백 년 전 나라를 빼앗길 때의 사정과 별로 달라진 것이 없다. 나라는 있어도 국가의 미래를 가늠하는 프로젝트를 운영할 줄 모르는 것이 그때와 다름이 없고, 정부는 있어도 다스림이 없는 것이 또한 그때를 빼닮았다. 게다가 그때에 비해 악조건은 더 늘어나 있다. 국토의 분단이 그렇고, 지역감정으로 인한 국론의 분열이 그렇고, 보수와 진보로 갈라져 세우는 터무니없는 명분의 대립이 또한 그러하다.

정부의 요직에 있는 많은 사람들이 병역미필이고, 병역을 면제받기 위해 손가락을 자르고, 생니를 빼는 사람들이 있는 판국인데도 해병대에 지원하여 지옥훈련을 받겠다는 젊은이가 늘어나고 있다는 사실은 무엇을 말하는가. 연평도 포격 사건을 지켜본 다음에도 해병대에 지원하는 젊은이가 증가하고 있다는 사실은 또한 무엇을 말하는가. 젊은이들의 현명함을 정부나 언론 그리고 배웠다는 지식인들이 따라가지 못하고 있음이 아니겠는가.

이에 대한 해결책은 오직 한 길밖에 없다. 나라의 정체성을 기반으로 하는 정신적 근대화에 나서는 일이 유일한 방법이다. 그러고 보니 생각나는 게 있다. "아무리 큰 학문도 실천이 따르지 아니하면 무용지물"이라는 율곡 선생의 말씀은 우리에게 이르는 경고가 되고도 남는다.

우리 역사를 서툴게 배우고, 잘못 인식한 지식인들은 우리 역사를 비하하고 폄하하느라 이 땅의 청소년들에게 국사를 가르치지 않아도 아무 말이 없다. 더구나 국사를 전공한 원로학자들은 모두가 꿀 먹은 벙어리가 된 지 오래이다. 서울대학교에 진학하기 위해서는 국사를 공부해야 한다. 여기까지는 그나마 다행이지만, 연세대학교, 고려대학교, 이화여자대학교와 같은 명문 사립대학에 진학하는 학생들은 국사를 공부하지 않아도 된다. 결국 국사를 모르는 학생들만 선발하겠다는 꼴이나 다름이 없다. 그런 유명 대학의 총장들과 교수들은 모두가 많은 공부를 한 지식인들이다. 왜 국사를 모르는 학생들을 뽑아야 하는지를 소신 있게 밝힐 법도 한데, 아무도 입을 열지 않으면서 연구비만 챙겨 가는 꼴이다.

수없이 지적한 말이지만, 지식인 사회가 병들면 나라의 가치가 무너진다. 죽 끓듯 하는 우리 사회의 병폐는 결국 지식인들의 실천의지로 고쳐질 수밖에 없는데도 그 많은 지식인들이 어디에서 뭘 하고 있는지 알 길이 없다.

경술국치 1백 년을 맞으면서 꼭 독자들에게 보여 주고 싶은 글 한 편이 있다. 매천梅泉 황현黃玹 선생이 경술년의 국치를 당하여 스스로 목숨을 끊으면서 가족들에게 남긴 글遺子弟書(유자제서)이다.

내게는 꼭 죽어야 할 의리는 없다. 그러나 조선이 선비를 기른 지 5백 년이 되었는데도 나라가 망하는 날 한 사람도 목숨을 끊는 이가 없다면 가슴 아픈 일이고도 남는다. 내가 위로는 하늘이 지시하는 아름다운 도리를 저버리지 아니하였고, 아래로는 평소에 읽은 책 속의 말씀이 어긋나지 않았다. 이제 깊이 잠들려 하니 참으로 통쾌하기 그지없다. 그러니 너희들은 너무 슬퍼하지 마라.

이때 매천 황현의 연치 55세였다. 그야말로 연부역강年富力强한 나이가 아니던가. 더 살아서 나라를 구할 젊은 인재들을 얼마든지 양성할 수가 있는데도 오히려 선비의 도리를 다하기 위해 스스로 목숨을 끊으면서 통쾌함을 느꼈다고 적었다. 바로 이것이 '행동하는 지식인'의 참모습이다.

역사란
무엇인가

제 2 장

역사 읽기의
매력과 함정

우리 민족의 위대한 유산《조선왕조실록》은 문장의 보고나 다름이 없다. 천하의 대문장이 모두 그 안에서 꿈틀거리고 있다 해도 과언이 아니다. 조선의 정치 지도자들은 대개가 일세를 풍미한 사상가요, 문장의 대가들이어서 그들이 남긴 글을 읽노라면 때로는 그 대하와 같은 문장에 뛰어들어 헤엄치고 싶은 충동에 젖기도 한다.

그들은 청소년 시절부터《사서오경》과 같은 경전을 거침없이 암송하였고, 시문으로 과거에 급제하였기에 누구나 중국의 명시를 즐겨 감상할 줄 알았고, 당연히 자작의 시를 쓸 수도 있었다. 공직에 임하면서도 자신의 시상을 가다듬어 명시를 남겼으며, 또 자신이 살았던 시대의 맥을 짚는 명문의 수상을 남겨 역사 기록을 대신하기도 하였다.

건국 대통령의 동상

 '대한민국의 수도 서울에 건국 대통령 이승만 박사의 동상이 하나도 없다는 것은 말이 되지 않는다', '광화문 거리에 건국 대통령의 동상을 세워서 대한민국 정부 수립의 정통성을 과시해야 한다'라는 등의 소리가 심심치 않게 나도는 요즘이다. 역사인식 부족이 드러내는 사사로운 감정을 마치 중론인 양 부추기는 언론도 있어 눈살이 찌부러지는 판국이다. 아무리 생각이 짧기로 엊그제 겪었던 일을 그렇게 깡그리 잊을 수가 있는지 알다가도 모를 일이다.

 1945년 조국이 일제의 사슬에서 벗어나면서 우남 이승만 박사의 인기는 폭발적이었다. 참으로 오랜 망명 생활을 끝내고 꿈에 그리던 조국으로 돌아올 때 그는 국부國父의 예우를 받았고, 그가 초대 대통령이 된다는 사실에 반기를 드는 사람도 별로 없었다. 그런 국민적 여망에 힘입어 우남 이승만 박사는 대한민국의 초대 대통령으로 취임하였다.

6·25 전쟁이라는 전대미문의 전란을 겪으면서 발휘된 그의 외교역량은 유엔 군의 참전을 이끌어 냈고, 이를 계기로 북진통일을 주장하는 등 그의 독단적인 카리스마는 거세어지기 시작했다. 그가 대한민국의 2, 3대 대통령을 연임하는 것도 당시로는 순리로 받아들여졌을 정도로 국가를 위한 그의 노심초사는 빛이 났다. 그를 따르는 아첨배들에 의해 영구 집권의 음모가 요동치기 시작한 것도 그 무렵이다. 부산에서의 정치파동, 사사오입 개헌 이후 문자 그대로 이승만 정권의 독재는 절정에 달했다. 마침내 대통령 이승만의 80세 생일을 기념하기 위해 서울 한복판인 탑골공원에 조각가 윤효중의 작품으로 거대한 동상이 세워지기에까지 이른다.

1960년의 제4대 정·부통령 선거(3·15 부정 선거)로 이승만 박사는 다시 대통령으로 당선이 되었으나, 부정 선거에 항의하는 대대적인 학생 시위가 일어났다. 급기야 4월 19일 약 3만 명의 대학생과 고등학생들이 거리로 뛰쳐나왔고, 그 가운데 수천 명이 경무대(지금의 청와대)를 향해 돌진하였다. 경찰이 시위대를 향해 발포를 시작하자 분노한 학생들의 시위는 더욱더 격렬해지게 된다. 사상자가 속출할 수밖에 없었다. 안타깝게도 서울에서만 130여 명의 젊은이들이 목숨을 잃었고, 1천여 명의 부상자가 발생하였다.

국부의 예우를 받던 건국 대통령 이승만 박사는 "국민이 원한다면 대통령의 자리에서 물러나겠다."라는 유명한 말을 남기고 이화장으로 물러갔다가 내각수반 허정의 도움으로 하와이로 망명했다. 이후 탑골공원에 세워졌던 건국 대통령의 동상은 4·19 혁명을 주도한 젊은이들에 의해 무참하게 쓰러지고 말았다.

경찰의 발포로 희생된 어린 학생들의 영혼을 달래기 위해 서울 강북구 수유동에 '국립4·19민주묘지'가 조성되었다. 지금도 4월 19일이 되면 희생자의 가족들은 눈물을 뿌리면서 그날의 발포로 희생된 앳된 자식과 형제 들의 이름을 호곡하고 있다. 뿐만이 아니라 필자와 같은 연배의 사람들은 그 희생자가 모두 학우들이나 다름이 없어서 그날의 분노가 생생하게 되살아나곤 한다.

'서울 한복판에 건국 대통령의 동상 하나 없대서야 말이 되는가', '정부의 예산이 없으면 모금이라도 하겠다'라고 말하는 사람들에게 들려주고 싶은 말이 있다.

아흔아홉 가지 선정善政도 한 가지 악정惡政을 상쇄하지 못한다!

이렇듯 역사는 준엄하게 흐른다. 국부이든 건국 대통령이든 이승만 박사의 동상이 서울 한복판에 다시 서기 위해서는 애오라지 50년 정도의 세월이 더 필요하다.

국립4·19민주묘지가 건재하는 한, 그들의 부모형제와 친구들이 살아 있는 동안에는 거론될 수 없는 것이 역사의 준엄함이다. 더 기다려야 한다. 50년 전에 국민이 쓰러뜨린 대통령의 동상을 다시 세우기 위해서는 그만 한 세월이 더 필요하기 때문이다.

　새로운 시대, 새로운 세대의 역사인식에 의해 정해질 일을 당대의 사람들이 지금 소리치는 일은 또다시 역사의 심판을 받게 된다는 사실을 명심해야 할 일이다.

여덟 사람의 총리대신

　부산 바로 건너편인 일본 혼슈의 야마구치 현山口縣 서쪽 바닷가에 하기 시萩市라는 인구 4만 3천 명 정도의 작은 시골이 있다. 140년 전의 지도 한 장을 들고도 옛 거리를 산책할 수 있을 정도로 이른바 성 밑 거리城下町가 잘 보존되어 있는 이 작은 마을은 일본 근대화의 상징인 메이지유신이 태동했고, 근현대를 통틀어 총리대신이 여덟 사람이나 배출된 유서 깊은 고장이다.

　이 같은 하기 시의 영광은 130여 년 전, 28세의 선각자 요시다 쇼인이 다다미 여덟 장(약 4평) 크기의 좁은 공간에 학숙松下村塾(송하촌숙)을 열고, 13명의 제자들에게 일본의 미래에 대한 꿈을 심어 준 데서 비롯되었다. 그 꿈은 도전정신이었으며, 호연지기를 일깨우는 일이었다.

당시의 공교육 기관인 명륜관明倫館의 교육 내용이나 대부분의 학자들이 젊은이들에게 번주藩主(지역의 장군)에게 충성하고 부모님께 효도하라는 공맹의 도리를 가르치는 것이 통념이었던 데 반해, 요시다 쇼인은 "번은 곧 없어질 것이며, 일본이라는 새로운 국가가 탄생한다. 우리는 모든 힘과 정열을 일본이라는 새 나라에 쏟아부어야 한다."라고 가르쳤다. 수구 집단인 번이나 막부 측에서 본다면 '혹세무민惑世誣民'이 아닐 수 없다. 그리하여 요시다 쇼인은 31세의 아까운 나이로 '안세이의 옥安政の獄'에 연루되어 에도江戶(지금의 도쿄)로 압송되었다가 배를 가르고 죽는 할복형으로 짧은 생을 마친다. 비록 스승은 불우하게 삶을 마쳤다고 하더라도 그로부터 불타는 호연지기를 이어받은 제자들은 '메이지유신'이라는 대업을 이끄는 선봉장이 되었고, 새로운 일본의 근대 정부를 수립하는 데 결정적인 공헌을 하면서 아시아 제패에 앞장서는 신생 일본제국의 지도자가 된다.

유신에 성공한 일본 정부가 근대적인 국가로 탈바꿈하면서 요시다 쇼인의 13명의 제자들 중에서 총리대신이 3명, 대신(장관)이 6명이나 배출되었고, 나머지 네 사람 또한 스승 쇼인의 가르침대로 메이지유신의 현장에서 꽃잎처럼 떨어져 갔다. 그로부터 다시 1백여 년의 세월이 흐르면서 또 다섯 사람의 내각총리대신이 이 지역에서 배출되었다면 요시다 쇼인이라는 젊은 선각자가 생각한 국가의 미래, 다시 말하면 정신적 근대화의 요체가 무엇인지를 곱씹어 보지 않을 수가 없다.

지난 달 말께 나는 서울대학교 법과대학 학장인 정종섭 교수가 주도하는 거연학사居然學社의 사람들과 함께 하기 시의 유적들을 돌아보게 되었다. '거연학사'는 우리나라의 미래를 궁구하는 젊은 법조인들의 일종의 '학숙學塾'과도 같은 연구모임이다. 학통이나 학연과 같은 굳건한 줄기가 사라진 오늘 같은 메마른 현실에서 법조계의 젊은 엘리트들이 모여 조국의 미래를 토론하고 진로를 모색하는 모임이 있다는 그 자체만으로도 뜨거운 열기를 느꼈던 터라 나는 그들의 가이드를 자원한 터였다.

요시다 쇼인이 세웠던 송하촌숙은 볼품없는 원형 그대로 남아 있었고, 나는 그 현장에서 우리의 젊은 법조인들에게 선각의 불꽃 요시다 쇼인의 가르침을 가감 없이 입에 담았다.

> 죽어서 불후不朽가 되려거든 때와 장소를 가리지 마라. 나라의 대업大業을 이루려거든 오래 살아서 뜻을 이루라!

얼마나 멋진 가르침인가. 젊은이들에게 꿈을 심어 주어야 하는 철학적 인생론은 지식만을 전하는 학문에 의하여 다듬어지는 것이 아니라 '호연지기'를 심어 주는 데서 시작된다. "하늘 높이 솟아올라 세상의 모든 소리를 들으면서 큰 눈을 떠야 할 것이다飛耳長目."라는 말로 젊은 인재들의 열정과 이상을 꿈틀거리게 하였고, 마침내 그들로 하여금 일본의 미래를 위해 몸과 마음을 함께 내던지게 하는 진로를 제시하지 않았던가.

지금도 하기 시에 남아 있는 명륜소학교에서는 아침조회 시간에 단상에 오른 교장 선생님의 선창으로 '쇼인 선생님의 말씀'이라는 구호를 큰 소리로 외치면서 내일의 일본을 이끌어 갈 소년들에게 호연지기와 꿈을 심어 주고 있다는 내 설명에 거연학사의 젊은 판사, 검사, 변호사 들의 얼굴에 결연한 빛이 서렸다. 그들에게는 일본에 대한 그릇된 선입견이 없었기에 가능한 일이었다. 참으로 뜻 깊은 가이드를 한 셈이다.

역사 읽기의 매력과 함정

아마도 20년쯤 전일 것으로 짐작된다. 일본의 공영방송인 NHK에서 우장춘禹長春 박사의 수수께끼를 풀기 위해 논픽션 작가 쓰노다 후사코의 《두 개의 조국》을 다큐멘터리로 제작하게 되었다면서 나에게 그 다큐멘터리의 한국 측 리포터로 출연해 달라는 교섭이 왔다. 일본어로 해설해야 하는 다큐멘터리여서 망설여지는 일이기도 하였으나, 저간의 사정을 감안하여 승낙하게 되었다. 저간의 사정이란 첫째는 쓰노다 후사코 여사가 원작을 쓸 때 집필에 필요한 사료를 제공하면서 함께 의논하였던 인연을 살리고 싶었고, 둘째는 비록 짧기는 했어도 일본 공영방송인 NHK의 전파에 명성황후 시해 사건이 영상으로 담긴다는 사실이 마음에 들어서였다. 이때까지만 해도 일본의 공영방송에서는 일본인 낭인들이 명성황후를 시해하는 장면을 방송하는 것을 금기시하고 있을 때였다.

1895년 10월 8일, 일본은 주한일본공사 미우라 고로三浦梧樓의 지휘로 50여 명의 군인, 경찰, 신문사 사장, 낭인 들을 동원하여 조선의 왕비인 명성황후를 시해하는 야만적이고도 잔혹한 범죄를 저질렀다. 이 사건에 연루된 우범선禹範善은 일본으로 망명하였다. 사건 당시 우범선의 공식 직함은 조선군 훈련대의 제2대대장이었고, 계급은 참령參領이었다.

우범선은 도쿄, 고베를 거쳐 일본 최대의 조선造船기지라고 불리는 구레 시吳市에 정착하는 과정에서 일본 여인과 결혼하여 아들을 두게 된다. 그리고 1903년 11월 24일, 우범선은 망명지인 구레 시에서 명성황후의 심복과 같았던 고영근高永根에게 암살된다. 향년 47세였다. 이 사건이 역사와 아무 상관이 없는 개인의 원한이었다면 여기에서 모든 것이 끝나야 옳지만, 역사와 관련된 흐름은 그런 사정을 용납하지 않는다.

우범선이 암살되었던 구레 시의 와쇼마치和庄町 2079번지는 지금도 흉가 터라 하여 집을 짓지 못하는 빈터(밭)로 남아 있다. 땅값이 하늘같이 높아 부동산 천국으로 일컬어지는 일본 땅에서 어찌 이 같은 일이 있는지 도무지 해석할 방도가 없다. 그것이 역사적인 배경과 관련이 있는 일이라면 더 가슴 아픈 사연도 있다.

아버지 우범선이 암살될 때 다섯 살이었던 어린아이가 바로 육종학育種學의 세계적인 권위자 우장춘 박사이다. 그는 가족들을 일본에 버려 둔 채 홀로 아버지의 나라 한국으로 돌아간다. 당시 한국에는 육종학에 대한 연구시설이 전무하였고, 우장춘은 명성황후 시해 사건에 연루된 용서받지 못할 죄인 우범선의 아들일 뿐이었음에도 그는 아버지의 나라로 돌아왔다. 모두가 의문덩어리나 다름이 없다.

일본을 대표할 만한 다큐멘터리 작가이자 시나리오 작가로도 일가를 이룬 베테랑 연출자인 오카사키 사카에岡崎榮도 대단한 의욕을 보여서 촬영진은 우장춘 박사와 관련이 있는 일본 지역을 샅샅이 뒤지면서 우장춘 박사의 일본 측 자녀들과 모두 만나 인터뷰를 하게 되었다. 그때마다 나는 아버지 우장춘 박사의 느닷없는 귀국이 무엇을 의미하느냐고 물었지만, 자녀들의 대답은 모두 한결같았다.

"글쎄요, 잘 모르겠습니다."

조금은 쑥스러운 웃음을 지으며 그렇게 말했지만, 뭔가를 숨기고 있다는 분위기가 역력하였다. 그러면서도 자료 제공이나 인터뷰에는 적극적으로 협조해 주었다. 그러나 맏아들은 인터뷰에 응하지 않은 것은 물론 촬영을 하지 않겠다는 조건을 제시하였어도 만나 주지를 않았다.

그러나 아내와 장성한 자녀들에게 일언반구도 남기지 않은 채 농업 환경이 열악한 아버지의 나라로 돌아가는 일은 우장춘의 뜻대로 되지를 않았다. 아직 한·일 간을 내왕하는 항공편도 없었고, 바닷길도 밀항이 아니면 불가능하였던 시절이다. 생각다 못한 우장춘은 밀항자를 수용하는 오무라수용소大村收容所로 걸어 들어가 자신이 밀항자임을 자수하듯 신고한다. 세계적인 육종학자 우장춘의 돌연하면서도 비장한 이 행태를 어떻게 해석해야 하는 것일까.

우리 취재진은 일본에서도 젊은이의 내왕이 가장 많다는 시부야의 중심가에 카메라를 세워 놓고 지나가는 젊은이들에게 물었다.

"'민비암살'이 무슨 뜻인지 아십니까."

놀라지 마시라, 알고 있는 젊은이는 단 한 사람도 없었지만 기상천외한 대답은 있었다.

"캬바레 이름 아닌가요?"

촬영진은 포복절도를 했다. 한·일 간의 역사에 얽힌 인식이 이보다 선명하게 나타나기도 쉽지 않아서이다. 아무튼 2개월여에 걸친 촬영이 끝나고 작품은 훌륭하게 완성되었다.

그렇게 완성된 다큐멘터리 〈두 개의 조국〉은 한국 KBS와 일본 NHK의 전파를 타고 호평 속에서 방송되었다. 그러나 우장춘 박사의 학문적인 업적은 잘 그려 냈지만 그의 귀국 배경을 정확하게 밝혀내지 못했다는 아쉬움을 남겼는데, 뜻밖의 희소식이 들려왔다.

MBC의 고문이셨던 최석채崔錫采 선생께서 명쾌한 결론을 내려 주셨기 때문이다.

"뭘 그렇게 어렵게 생각하나. 우장춘 박사가 내게 직접 말했어. 아버님을 대신하여 조국에 속죄하기 위해 가족들을 버렸노라고……."

아, 등잔 밑이 어두워도 분수가 있지. 그제야 나는 우장춘 박사의 일본 측 자녀들이 보여 주었던 어색한 웃음이 무엇을 의미하는지 알게 되었다. 그들은 차마 "아버지는 우리를 배신했습니다."라고 말할 수가 없었을 뿐이다.

아무튼 그 다큐멘터리에 최석채 선생께서 출연을 하였다면 모든 의문이 일거에 해결되면서 보다 명쾌한 작품이 될 수가 있었겠지만, 그러나 어찌하겠는가. 방송은 이미 끝난 다음인 것을. 나중에서야 이 소식을 접한 연출가 오카사키 사카에도 몹시 아쉬워했다.

이 과정에서 우장춘 박사는 도쿄대학교 농과대학을 나오지 않았으며, 씨 없는 수박도 그가 육종한 것이 아님이 확연하게 밝혀졌지만, 아직도 이 땅의 수많은 백과사전에는 위와 같은 오류가 고쳐지지 않고 있다. 학문하는 분들의 연구 결과가 방송작가의 노고만 못해서야 말이 되는가. 이런 일들이 천지사방에 깔려 있는 우리의 현실이 그저 답답할 뿐이다.

 # 정조의 어찰

    임금이 친필로 쓴 편지를 어찰御札이라 한다. 조선의 스물두 번째 임금이었던 정조가 노론 벽파의 우두머리 격인 우의정 심환지에게 보낸 어찰이 무려 299통이나 공개되어 학계뿐만 아니라 역사에 관심이 있는 일반인들에게도 큰 화제가 되고 있다.

    성균관대학교 동아시아학술원에 따르면 정조의 어찰은 1796년(정조 20) 8월 20일부터 1800년(정조 24) 6월 15일까지 4년 동안에 작성된 것으로, 299통의 어찰 중 3통을 제외하고 모두 정조의 친필인 것으로 확인되었다. 또한 동아시아학술원 관계자는 "비밀편지에는 국왕과 대신 사이에 국정 현안을 놓고 갈등하고, 조정하고, 첩보를 수집하고, 여론의 동향을 캐는 다양하고 은밀한 통치행위의 비밀이 담겨 있다."

라며 "《정조실록》이나 《승정원일기》와 같은 공식적인 역사서에서는 쓸 수 없는 통치자와 권력자들 사이의 암투와 흑막 등이 적혀 있다."라고 부연했지만, 임금이 신하들에게 밀지密旨(비밀 지령)를 내리는 경우는 항용 있었던 일이지 새삼스러운 일이 아니다.

　숙종이 적대 관계에 있는 신하들을 교묘히 이용하여 마음에 들지 않는 세력들을 능수능란하게 물리친 이른바 '환국換局(정권 교체)'에 세 번이나 성공한 것도 밀지가 없이는 불가능한 일이었고, 중종도 조광조 등 신진사류를 물리칠 때는 그리도 미워하던 홍경주에게 한글 밀지를 내려 도덕국가 건설의 동반자였던 그들을 일거에 죽여 버렸다.

　지금까지 심환지는 정순왕후貞純王后(영조의 계비)와 함께 정조 반대파의 두령으로 지목되어 왔다. 정조가 세상을 뜨고 순조가 즉위하였을 때 정순왕후는 수렴청정이라는 막강한 권한을 휘두르게 된다. 그때 심환지가 일약 영의정으로 발탁된 사실만으로도 당시 심환지의 위치를 미루어 짐작할 수가 있다. 이 같은 관계로 미루어 심환지는 '정조 독살설'의 배후로 지목되어 왔으나, 임금의 독살은 언제나 '설說'로만 설왕설래되는 것이지, 그 범행이 명백하게 드러난 경우는 거의 없다.

　정조가 반대 세력인 심환지에게 무려 299통의 어찰을 내렸다 하여 두 사람의 사이가 가까웠고, 그런 연유로 정조 독살설의 배후가 심환지일 수가 없다는 추리는 지나치게 단순하고 위험하다. 정조가 심환지에게 그렇게 많은 어찰을 보냈으면 당연히 가장 신임하였던 채제공에게도 서찰을 보냈을 것이 분명하다. 그러나 채제공의 문집인 《번암집樊巖集》에는 정조로부터 어찰을 받았다는 기록이 없다.

편지를 읽고 나서 즉시 태우든가, 먹물을 씻어 내서라도 없애 버리라는 정조의 명령을 거부하였기에 심환지에게 보낸 어찰은 남아 있었던 것이고, 정조의 분부를 애써 지켰던 채제공의 유물에는 정조의 어찰이 없는 것이 당연하다. 심환지는 왜 태워서라도 없애라는 어찰에 꼬박꼬박 받은 날짜까지 적어 넣으면서 왕명을 거역하였을까? 편지의 내용에는 정조가 김매순 등의 신하들을 극렬하게 비하하는 내용이 담겨 있다. 이 편지가 은밀하게라도 공개된다면 정조를 반대하는 또 다른 세력을 규합할 수 있는 엄청난 파장을 불러일으킬 것임을 상정해 볼 수도 있다.

정조의 느닷없는 승하에 심환지가 받아서 보관한 편지는 쓸모가 없게 되었다. 그때라도 정조의 명에 따라 299통의 어찰은 태우거나 먹물을 씻어 내야 했던 것이 도리겠지만, 원인이 어떻든 심환지는 그 일을 실천하지 못했다. 그러나 자신이 죽은 지 2백여 년이 지난 21세기의 한국에서 공개되리라는 것을 짐작했다면 그 또한 정조의 어명을 소홀히 하지 않았을 것으로 생각된다.

정조가 심환지에게 보낸 299통의 편지가 지금까지 있어 온 정사正史의 여러 사실에 아무 변화도, 영향도 줄 수가 없음은 너무도 명백하다. 그러나 이 어찰로 인해 정조의 인간적인 성품을 다시 살필 수가 있게 된 것은 큰 수확이 아닐 수 없다.

정조는 세자 시절부터 죽을 고비를 수없이 넘기면서 임금의 자리에 올랐고, 조선의 근대화라는 기치를 높이 들었지만 지지는 고사하고 모함하고 반대하는 세력에게 시달리기만 했다. 그런 정조의 내면을 잘 드러내 보여 주는 어찰이어서 오히려 인간미가 넘쳐 나는 듯 여겨진다.

"나는 요사이 놈들이 한 짓에 화가 나서 밤에 이 편지를 쓰느라 거의 5경(새벽 3~4시)이 지났다. 나의 성품도 별나다고 하겠으니 우스운 일이다."라는 구절이 있는가 하면, '개에 물린 꿩 신세犬噬之雉', '꽁무니를 빼다拔尻', '입에 맞는 떡適口之餠', '호로자식胡種子' 등의 비속어를 쓰면서까지 신하들을 비하하였고, 한문어투가 마땅치 않으면 '언서(한글)로 욕설을 쓰는 등 사용된 어휘가 너무도 인간적이다. 이를테면 정조의 숨겨진 급한 성미를 발견하게 되는 등의 잔재미도 녹록지 않게 크다.

새롭게 발견되는 사료로 지난날의 일을 새삼스럽게 상기할 수 있는 기쁨이 역사를 읽는 재미가 아닌가 싶기도 하다.

여장부 원경왕후

 조선 시대를 '남존여비男尊女卑'의 시대라고 치부하는 사람들이 뜻밖으로 많다. 조선 시대는 여성을 비하하고 천대하지 않았고, 오히려 여성들에게 품직品職을 주어 예우하였다는 사실은 까맣게 모르고 있는 것이 답답하기 그지없다.

 남편이 영의정이나 판서와 같은 1품직에 오르면 그에게는 '정경부인貞敬夫人'이라는 외명부 1품직이 내려졌고, 남편이 2품직인 참판에 오르면 부인에게는 '정부인貞夫人'이라는 외명부 2품직이, 남편이 3품직이면 부인에게는 외명부 3품직인 '숙부인淑夫人'이, 남편이 9품직이면 부인에게는 외명부 9품직인 '유인孺人'이 내려졌다. 물론 호칭도 '정경부인 마님', '정부인 마님' 혹은 '숙부인 마님'으로 예우하여 불렀다.

 이 글을 읽는 독자들이 할머니의 제사를 지낼 때나, 어머니가 세상을 떠나면 그 위패에 '유인'이라고 쓰는 것은 외명부 9품직을 받았음을 표시하는 일이나 다름이 없다. 그러나 대한민국 정부에서는 독자 여러분의 할머니나 어머님에게 내릴 '유인'이라는 벼슬도 없거니와 또 내린 일도 없다. 그런데 21세기를 사는 오늘날에도 고학력 지식인들이 할머니나 어머니의 위패에 '유인'이라고 쓴다면 사문서 위조가 되지를 않겠는가. 그러면서도 조선 시대가 남존여비의 시대라고 목청을 높인다면 자가당착이 아니고 무엇이랴.

 조선 시대를 살면서 남편을 위해 학문적인 조언을 한 여성은 수없이 많고, 때로는 정치적인 동반자가 되어 남편을 임금의 자리에 끌어올린 여성도 있다. 태종비 원경왕후元敬王后 민씨가 그 대표적인 여성이다. 원경왕후 민씨는 고려 말 개경(개성)의 명문이었던 여흥 민씨 가문 중에서도 대석학이자 후일 한성 판윤으로 이름을 떨친 민제의 둘째 딸로 태어났다. 그녀는 아버지 민제가 이방원의 스승이었던 것이 계기가 되어 두 살 아래인 이방원과 결혼하게 되었다. 물론 이성계가 고려 말의 명장이었던 사실도 고려되었을 터이다.

 마침내 이성계가 위화도에서 회군하여 돌아온다. 왕명을 거역하면서까지 회군하여 돌아오자면 고려 조정을 뒤엎을 각오가 없이는 불가능하다. 명장 최영은 소실의 딸이 우왕의 후궁이었던 탓으로 문하시중(지금의 총리)의 자리에 있었고, 위화도에서 돌아오는 이성계를 잡아들여 중벌을 내려야 할 처지였다. 그러나 개성의 민심이 문제였다.

이미 파다하게 퍼진 '목자득국木子得國(이씨가 나라를 얻는다)'이라는 풍설이 태풍처럼 몰아치고 있었기 때문이다. 이것은 이성계의 다섯째 아들인 이방원의 비상한 머리에서 나온 지혜였다고 하나 그의 아내 민씨의 협력이 없이는 불가능하다. 개경으로 돌아온 이성계는 최영 일파를 몰아내고 새로운 나라, 조선왕조를 창업하였다.

이성계가 조선왕조의 첫 임금이 되면서 민씨는 정녕옹주靖寧翁主에 책봉된다. 그러나 이성계의 후처인 신덕왕후 강씨의 아들인 방석芳碩(12세)이 세자로 책봉되면서 이방원의 분노가 폭발한다. 물론 그의 아내 정녕옹주와 그녀의 아우들도 잠자코 있을 까닭이 없다. 이것이 제1차 '왕자의 난'으로 번져 가는 화근이 되었다.

태조 이성계의 측근이면서 또한 신덕왕후의 지근至近에 있던 삼봉 정도전은 차후의 난동을 피하려는 방책으로 사병私兵의 해산을 꾀한다. 종친인 이방원으로서는 사병의 해산에 반발할 수가 없다. 그러나 그의 아내 정녕옹주 민씨는 달랐다. 그녀의 사가(친정)에는 정말로 깔깔한 남동생들이 네 사람이나 있었다. 특히 민무구, 민무질 형제는 정녕옹주와 결탁하여 사병들을 기르고, 은밀하게 무기를 마련하여 때가 오기를 기다렸다.

신덕왕후가 세상을 떠나자 이방원은 처남들의 협력을 얻어 세자 방석과 그를 옹립한 정도전, 박은 등의 일당을 일거에 쓸어 넘긴다. 이른바 제1차 왕자의 난이다. 정세가 어수선해지자 이방원의 친형인 방간(회안대군)이 왕위를 탐하면서 아우 이방원의 제거에 나섰지만, 민씨 형제를 중심으로 한 이방원의 사병을 당할 길이 없었다. 이 같은 제2

차 왕자의 난을 수습하면서 이방원은 조선왕조의 세 번째 임금(태종)으로 등극하게 되었고, 당연히 민씨는 왕비(원경왕후)가 되었다.

임금이 된 태종 이방원은 새로운 시대를 열어 가기 위한 큰 그림을 그린다. 맏아들 양녕대군을 물리치고 셋째 아들 충녕대군(후일의 세종)을 세자로 세우면서 자신의 방해 세력을 제거하기 시작한다. 그 첫 번째가 외척의 발호를 잠재우는 일이었다. 우선 친처남인 민무구, 민무질을 귀양 보냈다. 원경왕후의 분노는 하늘을 찌를 수밖에 없다.

"누가 너를 임금으로 만들었는데……!"

그렇다. 원경왕후는 반발은 광태나 다름이 없다. 그러나 이방원의 분노는 한술 더 뜬다.

"중전을 폐하라!"

신하들은 중전을 폐위해서는 안 된다고 눈물로 호소하지만, 이미 부부의 금실은 악귀 사이로 변한 다음이다. 태종 이방원은 제주도에 부처된 민무구, 민무질 형제에게 사약을 내리고, 남아 있는 처남들인 민무휼, 민무회까지 사사한다. '외척이 성하면 나라가 망한다'라는 신념의 일환이라면, 참으로 기막힌 선견지명이 아닐 수 없다.

원경왕후의 분노는 하늘을 찌를 수밖에 없다. 물론 슬픔도 그에 못지않았고 배신감 또한 한계에 이른다. 두 사람은 같은 울 안인 경복궁에 살면서도 서로 만나지를 않았으니 대화를 나누었을 까닭도 없다. 다만 영특한 막내아들 성녕대군이 두 사람 사이를 내왕하면서 부부간의 소식을 대신 전하곤 하였으나, 그 성녕대군마저도 일찍 세상을 떠나자 원경왕후는 마지막 의지처까지 잃게 된다.

여장부로서의 꿈을 이루어 왕비의 자리에까지 올랐어도, 원경왕후의 말년은 말 그대로 형극의 가시밭길이었다. 염원대로 사랑하는 지아비를 임금의 자리에까지 올려놓았으면서도 바로 그 일이 자신의 말로를 참담하게 할 줄이야 어찌 짐작이나 했으랴.

같은 대궐(경복궁)에서 살면서도 지아비 태종과의 면대는 고사하고 말 한마디 나눌 수가 없었던 그녀의 말년을 어찌 참담하다고 아니하랴. 원경왕후는 태종 이방원보다 2년 먼저 세상을 떠나니 향년 56세였다. 그러나 그녀의 마지막 2년은 행복했을지도 모른다. 셋째 아드님인 세종대왕의 선정을 보면서 위안을 받았을 수도 있겠고, 또 세종의 지극한 효성도 원경왕후에게는 큰 위로가 되지 않았을까 싶다.

원각사를 아시나요

　평생을 연극 연구에 바친 나이 든 친구와 종로 3가 탑골공원(파고다 공원) 앞을 지나게 되었다. 그때 내가 불쑥 물었다.

　"여기가 원각사 터라는 것쯤은 알고 있겠지?"

　그러나 친구의 대답은 반발하듯 튕겨져 나왔다.

　"신 형이 뭘 잘못 알고 있구만, 원각사는 여기가 아니라 을지로 입구에 있었어."

　결국 두 사람은 동문서답을 한 셈이 된다. 그렇다. 원각사는 1958년 12월 22일 을지로 2가 3번지에 문을 연 우리나라 최초의 소극장이다. 이때의 원각사는 우리나라 전통 건축양식인 목조 대문에 한글로 된 현판을 걸었다. 구태여 한자로 표기하자면 '원각사_{圓覺社}'가 된다. 그러나 내가 그에게 물었던 원각사는 세조 때 창건된 절인 '원각사圓覺寺'였다.

조선은 누구나 다 아는 바와 같이 배불숭유排佛崇儒의 나라였다. 다시 말하면 불교를 배척하고, 유학을 숭상하는 나라라는 뜻이다. 설혹 그것이 조선의 건국이념이라고 하더라도 임금의 성향이나 취향에 따라서 약간씩 세태가 달라지는 경우도 있었다. 가령 세종대왕은 중전 소헌왕후昭憲王后의 애잔한 소망에 따라 일찍 세상을 떠난 어린 자녀들의 영혼을 천도한다는 구실로 경복궁 안에 내불당을 지었다가 신하들로부터 극심한 반대를 당했지만 어의를 꺾지 않았고, 세조나 중종도 호불好佛하는 군왕으로 알려져 있다.

세조는 계유정난을 거치면서 황보인, 김종서 등 수많은 사람들의 목숨을 앗았고, 병자년의 옥사로 성삼문 부자, 유응부 등 사육신의 생목숨도 앗았다. 또 친동생인 안평대군, 금성대군, 어린 장조카 단종의 목숨까지 짓밟아 버렸다. 그때마다 그럴 수밖에 없는 명분이 있었다고 하더라도 그 살생이 삶의 회한과 고통이 되는 것을 나무랄 수는 없다.

의학적인 면에서는 어떤 진단이 내려질지는 모르지만, 어느 날부터 세조의 온몸에 부스럼이 나면서 썩어 들어갔다. 상상을 초월하는 고통이 아닐 수 없다. 여름이 되면 세조의 몸에서 악취(고름 썩는 냄새)가 진동했다는 기록도 있고, 단종의 어머님인 현덕빈 권씨가 세조의 꿈에 나타나 침을 뱉었는데, 그 침방울이 튄 자리부터 썩기 시작했다고 세조 스스로 입에 담았다는 기록도 있다. 이로 인해 세조가 현덕빈 권씨의 무덤을 파헤쳤다는 풍설까지 나도는 지경이면 세조의 정신적인 고통도 헤아릴 만하지 않겠는가.

　구천을 맴도는 원혼들을 천도하지 않고서야…….

　세조는 전국 각지에 사찰을 지을 것을 명한다. 배불숭유 하는 나라의 신료들이 이에 찬성할 까닭이 없다. 그러나 세조는 모든 권도權道(임금의 뜻대로 하는 짓)를 동원하여 이를 강력하게 추진한다. 그의 치세에 중창된 사찰만 해도 영광의 갑사岬寺, 양양의 낙산사洛山寺, 오대산의 월정사月精寺, 속리산의 법주사法住寺, 복천암福泉庵, 양주의 회암사檜岩寺, 보은사報恩寺, 대자암大慈庵, 정업원淨業院 등 부지기수이지만, 그 결정판은 지금의 탑골공원 자리에 대원각사大圓覺寺를 창건한 일이다.
　유학을 숭상하는 나라의 서울 한복판에서 불사를 일으키자면 세조에게 폭군의 요소가 없이는 불가능하다. 헤아릴 수 없는 우여곡절을 거치면서 급기야 세조 10년(1464) 4월 7일, 대원각사가 낙성된다.
　세조는 배불숭유 하는 나라의 대소신료들을 거느리고 친히 경찬회慶讚會에 참예하여 발원한다. 경찬회란 사찰의 낙성이나 새 불상을 봉안하는 기념법회를 말한다. 종로 거리는 인산인해를 이루었고, 참예한 승려의 수만도 128명, 구경을 겸한 호외의 승려가 무려 2만여 명을 넘었다는 것이《세조실록》의 기록이고 보면, 대원각사의 낙성법회가 얼마나 크고 호화로웠는지는 짐작하고도 남는다.
　대광명전大光明殿을 본당으로 하여 왼쪽에 수많은 선당이 줄을 지어서 있고, 적광지문寂光之門을 비롯한 반야문般若門, 해탈문解脫門 등의 문루도 드높다. 종각으로 쓸 법뢰각法雷閣은 완성이 되어 있었어도 범종은 아직 주조되지 않았다. 그 종각의 동쪽에는 연못, 서쪽에는 꽃밭이 조성되어 있다. 그리고 본당 뒤뜰에는 해장각海藏閣을 세워 대장경을 봉안할 준비까지 갖추고 있는 대가람이다.

그 뒤 원각사의 대종은 구리 5만 근을 녹여서 새로이 주조되었고, 13층 석탑은 이로부터 2년 후에 완성된다. 3층의 기단 위에 10층의 탑신을 세우고, 탑신마다 부처와 보살을 양각한 석조 미술의 금자탑을 이루게 하는 명품으로 완성된다. 탑신에는 분신사리分身舍利와 새로 번역한 《원각경圓覺經》이 안치된다. 이 탑은 지금도 탑골공원에 남아 국보 제2호로 지정되어 있으며, 그 곁에 있는 비석은 성종 2년(1471)에 세워졌다.

세조는 낙성일로부터 닷새 동안이나 대원각사에서 머무른 다음 경복궁으로 돌아간다. 어가가 지나가는 운종(종로) 거리는 또다시 인산인해를 이룬다. 기로耆老와 유생들은 말할 나위도 없고, 심지어 기생들까지도 어가 앞으로 나아가 노래를 지어 바쳤다고 《세조실록》은 기록하고 있다.

환궁을 한 세조는 대원각사의 낙성을 축원하는 대사면령도 내린다. 살인한 죄인을 제외한 모든 죄인들을 사면하였고, 빚을 지고도 갚지 못하는 사람들에게는 5년 안에는 갚지 않아도 되게 하였으며, 모든 관리들에게는 각각 한 자급資級(계급)을 더하게 하였다. 세조의 이와 같은 간절한 기원도 자신의 온몸에 번져 나간 부스럼을 덜하게 하지를 못했고, 그 부스럼이 마침내 세조의 목숨을 앗아 내고 말았다.

사람들은 '업業'이라는 말을 쓰면서 죄 많은 사람에게는 업보業報가 따른다고들 한다. 역대의 제왕들 중에도 자신의 치세 중에 있었던 악행으로 인해 고통받으면서 여생을 마친 사람들이 아주 없지는 않다.

치자治者를 평가하는 잣대(척도)는 예로부터 준엄하였다.

아흔아홉 가지 선정도 한 가지 악정과 상쇄되지 않는다!

자주 인용되는 말이지만, 현대를 사는 정치 지도자들에게도 철저히 적용되는 역사의 교훈임을 잊어서는 안 된다.

이방자 여사의 한국어

일본이 한국의 국권을 강탈한 이른바 을사늑약(1905년) 이후, 조선의 왕족(특히 어린이)들은 하나같이 유학이라는 미명 아래 일본 땅 도쿄에 볼모로 잡혀 갔다. 그 대표적인 인물이 왕세자였던 영왕英王 이은李垠이고, 고종 임금의 손자인 이건 공, 이우 공 형제도 예외일 수가 없다. 심지어 고종의 총애를 받았던 고명따님인 덕혜옹주까지도 유학이라는 미명으로 일본 땅에 잡혀가 심한 정신질환에 시달리기도 했다.

볼모로 잡혀간 왕족들은 남자의 경우 학습원 초등과를 거쳐 육군 유년학교, 육군사관학교를 졸업하고 나면 일본의 왕실이나 귀족의 딸과 강제 결혼을 할 수밖에 없었다. 참으로 어처구니없는 노릇이 아닐 수 없다. 이를테면 조선 왕실에 일본 피를 섞는 일이나 다름이 없어서이다.

 이 어이없는 일을 일본 쪽에서 살피게 되면, 조선 왕실의 피붙이와 강제 결혼한 일본 여성들의 불행이 애처로울 수밖에 없다. 그 대표적인 여인이 영왕 이은과 강제 결혼을 한 이방자李方子 여사이다. 이 점이 일본 지식인들의 가슴을 아프게 하는 것도 당연하다.

 평소 잘 알고 지내는 TBS의 베테랑 연출자이자 일본 방송계를 대표할 만한 원조 PD인 오오야마 가쓰미大山勝美로부터 이은과 이방자의 불행했던 삶을 5부작 드라마로 써 줄 수 없겠느냐는 제안이 왔다. 내게도 흥미로웠던 소재였고, 한·일 관계를 재정립한다는 차원에서도 거절할 이유가 없었다.

 일단 방대한 사료를 수집하여 검토한 다음, 낙선재樂善齋에 연락하여 이방자 여사와의 면담을 청했다. 방문해도 좋다는 허락을 받고부터 가슴 두근거리는 긴장감이 계속되었다. 조선 시대 같으면 왕세자빈을 배알하는 것이나 다름이 없어서이다.

 퍽 무더웠던 여름날로 기억된다. 낙선재의 응접실에서 이방자 여사가 들기를 기다리는 동안 나는 줄곧 조선 왕실의 비극적인 종말을 뇌리에 새기고 있었다. 중년의 여비서가 들어와서 "비전하께서 드십니다."라고 아주 정중한 어조로 알려 주었다. 고풍스럽게 들리는 '비전하'라는 말이 조금도 어색하지 않게 느껴지는 것이 오히려 이상할 지경이었다. 그리고 잠시 뒤 모시 치마저고리 차림을 한 우아한 모습의 이방자 여사가 들어와 자리에 앉았고, 나는 허리를 깊게 숙여 마지막 왕세자빈에 대해 정중한 예를 올렸다.

미소가 담긴 환한 얼굴의 이방자 여사의 첫마디는 참으로 뜻밖이었다. 우리말이 서툴러서 일본어로 말해도 되겠느냐고 일본어로 물어왔기 때문이다. 나는 잠시 착잡한 생각을 떨쳐 내지 못했다. 일본 귀족梨本家(나시모토 가)으로 태어나 한때는 천황 히로히토裕仁의 비로 지목되었던 여인이 아니던가. 게다가 조선 왕실의 마지막 왕세자비로 간택되어서는 무려 60년의 세월을 조선인 지아비(영왕 이은)와 함께 지냈고, 비록 첫 왕세손은 어려서(7개월) 잃었다고 하더라도 둘째 왕세손(이구)이 성장하여 결혼할 때까지 보살폈다면 당연히 능란한 한국어를 구사하여야 마땅하다.

더 비근한 예를 든다면 지금의 오사카나 그 근처에서 호스티스로 술 심부름을 하는 젊은 한국 여성들의 일본어를 들어 보면 일본 사람들의 일본어와 구별할 수 없을 정도로 유창하고 능란하다. 대개가 오사카에 발을 들여놓은 지 3, 4년에 불과한 여성들이다. 사정이 이와 같은데도 60년 동안이나 조선 왕실의 세자빈 예우를 받으며 살았으면서도 우리말이 서툴러서 일본어로 대화를 하겠다고 말씀하시는 이방자 여사가 내게는 딱하게 여겨질 수밖에 없었다.

물론 이방자 여사가 왕세자 이은과 결혼을 할 때 '조선에 가서 살게 하지 않겠다'라는 일본 왕실의 확약이 있었다고 되어 있다. 설혹 그렇다고 하더라도 그녀가 한국어를 능숙하게 구사하지 못한다는 사실에 나는 절망에 가까운 실망감을 감추기가 어려웠다. 비록 이름 없는 집안의 따님이라고 하더라도 그런 조건이라면 아무리 생각해도 10년이면 충분히 한국말을 구사할 수 있어야 마땅한 노릇인데, 하물며

귀족의 따님이자 고등교육을 받은 한 나라의 왕세자빈이어서야……. 결국 그날의 인터뷰는 일본어로 진행될 수밖에 없었다.

이방자 여사는 제2차 세계대전이 끝난 후, 1947년에 제정된 신헌법에 의하여 조선 왕족의 신분을 상실한 때도 있었다. 부군 이은과 함께 얼마간 무국적 상태로 있어야 했던 어이없는 일도 겪었다. 그런 고초 때문인가, 아드님 구가 미국에 유학을 갈 때는 일본인 여권으로 떠나야 하는 참담한 경험도 했었다. 이때까지도 두 분 내외분은 일본어로 대화한 것으로 되어 있다.

5·16 군사 쿠데타가 성공하면서 박정희 장군의 배려로 두 내외분은 한국 국적을 취득하고 귀국길에 올랐지만 왕세자 이은은 이미 의식이 없는 병중의 몸이었다.

1973년 남편 이은과 사별한 후, 이방자 여사는 한국에 남아 부군의 뜻을 이어 신체장애자를 위한 명휘원明暉園과 정신지체아를 위한 자혜학교慈惠學校를 세워 사회복지 활동을 펼치면서 수많은 사람들의 존경과 예우를 받으면서도 능숙하게 구사하지 못하는 우리말 때문에 늘 미안하고 송구스러워했다는 후일담이 전한다.

남명 선생이여
환생하시라

　새해 아침이다. 신문, TV는 고사하고 인터넷까지 뒤져도 도무지 달라질 기미라고는 보이지 않는 '어제'와 똑같은 날이 밝았으니 희망찬 새해라는 말을 실감할 수가 없다. 왜 우리가 사는 동네는 21세기가 되어도 이 모양일까. 불현듯 식견을 갖춘 지식인이 없기 때문이라는 생각이 든다. 3부 요인들의 신년사를 읽으면 더 한심해진다. 지난해와 달라진 내용은 물론 없고, 두루뭉술 약점 잡히지 않을 정도의 문장으로 누구나 할 수 있는 이야기들이 신문의 온 지면을 장식하고 있을 뿐이다. 어느 한 분쯤은 국민의 가슴을 울리며 희망찬 새해의 메시지를 들려줄 수도 있지를 않겠는가.
　조선 시대의 지배구조를 관통하는 성리학은 지식인들에게 '지행知

行'을 가장 큰 덕목으로 가르쳤다. 물론 '지행'이란 '배우고 익힌 바를 실행으로 옮기라'는 실천요강이다. 그러므로 조선 시대에는 말로만 떠드는 고위층보다 묵묵히 실행하는 상민들이 더 존경을 받는 경우도 허다하였다.

오늘날 자리 보전을 위해 당연히 해야 할 직언을 포기하는 것이 다반사가 되었고, 대학의 총장까지 지낸 사람들이 청와대의 수석비서관으로 가는 것을 무슨 대단한 영광처럼 여기는 세태는 입에 담기조차 민망하다. 세상이 그런 지경으로 구차하게 타락하면 고위 공직자들은 아첨하는 것을 자리 보전의 명분으로 삼게 된다. 익힌 학문을 윤리로 무장하여 행동으로 옮길 줄 알았던 옛 선비들의 대쪽 같은 선비 정신이 사무치게 그리워지는 것은 오늘의 일들이 날로 한심해지기 때문이다.

모든 선비로 하여금 실천궁행할 것을 강조하고, 스스로 실천해 보인 참선비는 남명南冥 조식曺植으로 대표된다. 조식은 경상남도 삼가면 토동에서 태어나서 경상우도를 대표하는 사림의 영수가 되지만, 공교롭게도 같은 해에 바라다보이는 낙동강 건너편에서 퇴계 이황이 태어난다. 두 사람은 낙동강을 사이에 두고 지척에서 살면서도 한평생 서로 한 번도 만난 일이 없었지만 동반자적인 경쟁 관계로 지냈다.

남명과 퇴계가 살았던 이 땅의 16세기는 정치가 극도로 난맥하게 이어지면서 기성 정치 세력인 훈구파와 젊은 사림 간의 갈등과 대립이 꼭 요즘과도 같았던 시절이었다. 평생 초야에 은거한 남명은 늘 제자들을 같은 말로 경계하였다.

선비의 큰 절개는 오직 출처出處(들어가고 나가는 일) 하나에 달려 있다.

그러므로 제자들에게는 벼슬에 나갈 때가 아니라고 생각되면 군왕의 명이 있다 해도 응하지 말 것을 강조하였다. 그리고 본인은 평생 관직에 나가지 않았으니 살아 있는 가르침이고도 남는다.

비록 관직에 나가지는 않았어도 국정에 하자가 있다던가, 임금이 제대로 소임을 다하지 않는다면 실로 벼락과도 같은 직설적인 문장으로 상소를 올려서 조정 대사가 중심을 잡도록 직소直訴하였다. 임금(명종)이 어리다는 것을 빌미로 문정왕후가 수렴청정을 하게 되면서 왕후 사가의 척족들인 윤원형尹元衡 등이 권력을 남용하는 지경에 이르자 남명 조식은 참지를 못했다.

자선慈殿(문정왕후)께서는 생각이 깊으시지만 깊숙한 궁중의 한 과부에 지나지 않으시고, 전하께서는 어리시어 단지 선왕의 한낱 외로운 후사에 지나지 않습니다. 그러니 천백 가지의 천재天災와 억만 갈래의 인심人心을 무엇으로 감당해 내며 무엇으로 수습하겠습니까.

《명종실록》, 명종 10년 11월 19일 자

재야에 묻혀 있는 한 지식인 선비가 이같이 혹독하게 군왕을 비판하는 직소를 올려야 했던 것은 '조정의 관원들 중에 충의忠義로운 선비와 근면한 양신良臣이 없음'을 질타함이다. 여기에서 우리는 남명이 문도들에게 일러 준 참선비의 도리가 무엇인지를 명확히 알게 된다.

그러나 양사兩司(사헌부와 사간원)의 언관들이 남명의 상소가 지나치다고 비판하기 시작하자, 의례적으로 임금이 나서서 그의 인품을 칭송하는 것으로 상소에 대한 비답을 대신하기까지 했다.

선비가 수기修己하면 당연히 치인治人의 단계로 들어가서 학자 관료가 되는 것이 당시의 상식이다. 그리하여 퇴계는 34세가 되던 해(1534년) 문과에 급제하여 승문원 부정자로 입사하여 관료의 길에 나섰지만, 남명은 평생 그 길을 거부하고 스스로 재야 지식인의 길을 선택하였다.

남명 조식은 지조 있는 사상가로 평생을 재야에서 살았다. 그는 현실과 타협하는 자를 소인小人 보듯 하였으며, 모든 선비로 하여금 실천궁행할 것을 강력히 요구하였다. 이러한 가르침 때문인가, 그의 가르침을 받은 제자들인 곽재우郭再祐, 정인홍鄭仁弘 등은 임진왜란이라는 미증유의 국란을 당하자 모두 의병장이 되어 배운 바를 실천에 옮김으로써 스승의 가르침에 보답하였다.

남명 조식은 3대에 걸쳐 임금으로부터 지극한 부름을 받았으면서도 끝내 관직에 나가지 않으면서 오히려 시폐時弊 열 가지를 낱낱이 열거하면서 선정할 것을 충언하였다.

임신년에 남명의 병이 심해지자 임금이 전의를 보내어 치료하도록 하였으나 도착하기도 전에 눈을 감으니 향년 72세였다. 조식이 병고에 시달릴 때 그의 문도들이 "선생께서 돌아가시면 차마 위패에 '학생'이라고 쓸 수가 없다."라고 아뢰자, 그는 얼굴에 미소를 담으면서 "그렇다면 '처사處士'라고 쓰면 되지."라고 하였다. 이때부터 등과하지 아니하고 벼슬길에 나가지 않으면서 덕망을 갖춘 선비의 위패에는 '학생' 대신 '처사'라는 말을 쓰게 되었다는 일화도 있다.

  새해를 맞는 나의 소회는 간절하다. 남명 선생이여, 환생하시라. 그리고 우리 사는 꼴에도 한바탕 질타를 주시라!

임금님의 호루라기

정조 1년(1776) 2월 1일, 야대夜對(밤에 하는 경연)에서 정조가 경연관들에게 물었다.

"당나라 때 군대를 거느린 신하 가운데 적격자가 없었던 것이 아니었는데 싸우기만 하면 패배하였으며, 아홉 절도사들도 일시에 패배하기에 이르렀으니 그 연유가 무엇이냐?"라고 묻자, 시독관 이재학李在學이 대답하였다.

"임금의 (장수들에 대한) 의심에서 연유된 것이옵니다."

검토관 이유경李儒慶도 같은 뜻의 말로 용사用事(신하를 등용해 쓰는 일)가 잘못되었음을 부연하였다.

"소인을 등용하였기 때문에 군사에 관한 것을 생각하지 못했을 것으로 압니다."

두 신하가 사람을 등용하는 인사가 잘못된 원인임을 간곡히 진언하는데도 정조는 나름대로 자신의 소신을 피력하였다.

"아무리 소인을 기용하였다고 하더라도 3년 동안의 전투에서 어떻게 한 사람도 공을 세우지 못했을까. 여기에는 그럴 만한 까닭이 있을 것이다. 임금이 사람을 기용하는 방도는 먼저 신중히 가리고, 또 임명한 뒤에는 의심하지 않은 연후에야 공과를 책임지울 수가 있을 것이다. 그런데 황제는 장수를 싸움터에 보낸 뒤에 내시로 하여금 뒤를 살피게 하여 동정을 엿보게 한 것이 첫 번째 패인이다. 그다음으로는 군사상의 일은 장군이 주관한 연후에야 통령統領이 서는데, 반드시 조정을 경유하게 했기 때문에 대응의 완급에 있어 매양 때에 뒤진 것이 두 번째 폐단이다. 곽자의郭子儀, 이광필李光弼 등이 모두 명장인데도 이들에게 위임하지 않고 아홉 절도사로 하여금 일시에 출병하게 함으로써 서로 의심하게 만들고 명령이 여러 곳에서 나오게 된 것이 세 번째 폐단이다."

너무도 정곡을 찌르는 지적이라 두 경연관은 "참으로 성교聖敎와 같습니다."라고 정조의 뜻에 감동을 아끼지 않았다.

정조는 다시 이들에게 물었다.

"온고지신溫故知新이란 무엇인가?"

"옛 글을 익혀서 새것을 아는 일을 말합니다."

"그렇지가 않다. 초학자는 그렇게 보는 수가 많은데, 대개 옛 글을 익히면 그 가운데서 새로운 맛을 알게 되어 자기가 몰랐던 것을 더욱 잘 알게 된다는 것을 말한다."

정조가 부연하여 설명한 내용은 사물을 판단하는 자신의 식견이 완벽하였음을 은연중에 강조한 것이나 다름이 없다. 물론 정조 자신도 신하를 등용할 때 지나칠 만큼 신중하여 까다롭다는 평가를 들었다. 더구나 '큰 집을 짓기 위해서는 반드시 큰 재목이 필요하다'라는 신념이 있었으므로 인재를 살피는 일에 전력을 쏟은 다음에야 등용하곤 하였다. 그러나 일단 등용한 인재에 대해서는 실로 완벽한 신뢰를 보낸 것처럼 말하였다.

설혹 그가 나를 저버리는 일이 있더라도 나는 그를 저버리지 않았다.

말은 그렇게 했으면서도 정조는 모든 사안을 혼자서 처결하였다. 신하들의 능력을 의심하였기 때문이다. "친히 모든 일을 처리하느라 앉아서 아침을 맞고 해가 기울도록 정무政務에 임했다."라고 평가를 받는 것은 정조가 부지런하였다는 의미는 있어도 그가 신하들의 능력에 따라 정무를 맡겼다는 말과는 거리가 멀다.

정조가 자신의 업무가 과중함을 스스로 탄식한 기록이 이를 잘 말해 준다.

나 혼자 천 칸의 집을 지키고 있다.

이 얼마나 이율배반적인 탄식인가. 스스로 등용하기 전에 심사숙고

하고, 등용한 뒤에는 모든 것을 맡겨서 신뢰하여야 한다고 말하고는 실상은 정사의 모든 일을 혼자 맡아서 끙끙거렸고, 그 고통을 하소연하는 지경에까지 이르렀다면 이율배반도 이만저만이 아니다.

임금이 모든 일을 혼자서 감당하려 든다면 신하들에게는 책임의식이 결여되게 마련이고, 자신의 뜻을 내세우기보다 임금의 눈치를 살피게 되는 것이 예나 지금이나 조금도 다르지 않은 권력의 주변이다. 그러므로 정조는 등용하는 일에는 성공하였어도, 위임하는 일에는 실패한 리더였음을 스스로 고백하고 있음이 아니겠는가.

얼마 전 신문 기사에 대통령이 호루라기를 불지 않으면 장·차관들이 움직이지 않는다는 가십성 기사가 실린 일이 있었다. 모든 일을 대통령 혼자서 하려고 들기 때문이라는 부연도 있었다. 정조의 고백에는 그 해답이 너무도 구체적으로 담겨 있다.

옛날의 일들이 어쩌면 오늘 일과 이리도 같은가. 옛 임금님의 행적은 지금의 대통령에게는 거울이나 다름이 없다. 그 거울에 때가 묻어 있으면 지나간 역사가 때로는 비틀려 보이고, 때로는 흐리게 보인다. 역사를 비추는 거울뿐이 아니다. 모든 거울은 깨끗하게 닦아서 써야만 정확한 상像을 그릴 수가 있다.

그 거울에는 "아무리 높은 식견도 실천하지 않으면 아무 가치가 없다."라는 구절이 선명하게 떠오르는데도 사람들은 그것을 읽어 내지를 못한다. 참으로 딱한 노릇이 아닐 수 없다.

갑신정변의 스승

한 나라가 근대화되기 위해서는 껍질이 깨지는 아픔이 없이는 불가능하다. 여기에서 '껍질'이라는 말은 '구각舊殼'을 의미하는 기존의 질서를 말한다. 이웃나라 일본의 근대화의 상징인 메이지유신은 270년 동안이나 이어진 도쿠가와 막부德川幕府의 부패와 폐단을 때려눕히는 일이었다. 무武를 숭상하는 나라의 풍조에서는 성공하기 어려운 악조건이 수없이 도사리고 있었지만, 존황토막尊皇討幕(황실의 존엄을 되찾고, 막부를 때려눕힌다)이라는 기막힌 명분이 있었기에 성공할 수가 있었다.

막부의 무단통치로 아무 실권도 없어진 황실을 다시 일으켜 세우고, 국가의 모든 권한을 황실에 돌려주자는 명분은 신분이 낮은 농민들의 마음까지 사로잡을 수 있는 호재였고, 유신이 성공하면 새로워진 일본은 서양과 교린하는 근대 국가로 탈바꿈하게 된다는 명분 또한 서민 대중들까지 막부를 타도하는 일에 함께 나서게 하였던 것이 성공의 요인이었다.

이에 비한다면 당시 조선의 처지로는 때려눕혀야 할 기존 세력이라는 것은 모든 벼슬자리와 세도를 독점 장악한 사대부의 집단이어서 이들을 일률적으로 매도하고 때려눕혀야 하는 명분을 찾기란 하늘의 뜻을 거역하는 것이나 다름이 없었다. 더구나 왕실을 욕되게 하고 무력화시키는 일은 그야말로 대역무도한 죄가 되는 판국이어서 필요한 명분을 찾기조차 난감한 지경이었다.

이같이 어려운 처지에서 기적 같은 일이 일어난다. 1884년(고종 21) 10월 17일(양력 12월 4일), 우정국 청사(지금의 조계사 앞)를 낙성하는 기념식을 기화로 무력정변이 일어난 것이다. 거사의 주역들은 김옥균을 비롯해 박영효, 홍영식, 서광범, 서재필 등으로, 30대인 김옥균을 제외하고는 모두가 20대의 열혈 같은 청년들이었다. 그러나 이들은 정변이 성공하여 정부를 장악하고 새로운 근대 정부를 표방하고 나선 지 불과 3일 만에 청나라 군인들에 의해 일망타진되면서, 그 주역이었던 김옥균, 박영효, 서재필 등은 천신만고 끝에 일본으로 망명하게 되고, 소위 개혁 정부의 우의정이었던 홍영식은 끝까지 고종을 옹위擁衛하다가 목숨을 잃는다.

이 기막혔던 사건을 역사는 '갑신정변'이라 적었고, 집권했던 기간이 단 3일뿐이라 하여 '3일천하'라고 비아냥거리기도 한다. 그러나 비록 실패한 정변이라 하더라도 이들의 근대화 사상이 당시 조선 사회에 던진 충격은 엄청난 것이었는데도, 누가 그들에게 근대적 개화사상을 일깨워 주었는지를 가르치지 않는 것이 우리나라 국사 교과서의 딱한 사정이다.

김옥균은 안동 김씨 가문의 준재요, 박영효는 철종의 부마이며, 홍영식은 보수 세력의 두령격인 홍순목의 아들이다. 이들은 평생이 보장된 양반의 피를 받았으면서도 신분의 벽을 스스로 무너뜨리는 이른바 조국 근대화의 기수가 되었다. 도대체 누가 이들에게 평등사상을 심어 주었으며, 누가 폐쇄된 조선을 근대화해야 한다는 꿈(호연지기)을 심어 주었는지를 밝혀 놓지 않는다면, 자라나는 지금의 청소년들에게도 아무 도움이 되지를 않는데도 우리 국사 교과서에는 아무 설명도 없다.

이와는 반대로 일본의 경우는 메이지유신의 씨를 뿌리고, 근대 개화사상을 이끌었던 선각적 지식인 요시다 쇼인이라는 스승이 있었고, 그가 심어 준 호연지기가 제자들로 하여금 마침내 유신의 선봉에 서게 하였음을 분명하게 가르치고 있다. 그럼으로 지금의 일본 국민들은 메이지유신의 주역인 사카모토 료마를 지난 1천 년 동안 일본을 위해 가장 공헌한 사람으로 숭모(崇慕)하고 있다.

김옥균, 박영효, 홍영식, 서재필 등 갑신정변의 젊은 주역들에게 신분의 벽을 무너뜨리고, 만민이 평등하게 살아야 한다는 사상을 심어 주고 뿌리내리게 하여 근대 국가를 지향하게 한 선각의 지식인이 있었다는 사실을 자라나는 젊은이들에게 심어 주지 않고서는 꿈과 호연지기를 가진 젊은이를 양성할 수가 없는데도, 이를 무시하였던 탓에 우리는 역사 교육은 있었어도 역사인식을 깨닫게 하지를 못하는 우를 범하고 있었던 셈이다.

1980년 영국 외무성에서는 비공개시효가 만료된 외교 문서 〈사토 페이퍼Satow Paper〉를 공개하였다. 이 문건은 조선 말기의 외교사를 다시 써야 할 만큼 충격적인 내용을 담고 있다. 이 문건을 적은 어니스트 사토Ernest Satow는 조선의 젊은 승려 이동인李東仁이 교토에 있는 히가시혼간지東本願寺에서 득도하여 일본에서 활동하고 있을 무렵, 주일 영국공사관의 2등서기관으로 근무하던 37세의 외교관이다. 그는 일본 근무를 마치면 조선으로 건너갈 생각이었던 모양으로, 자신에게 조선어를 가르쳐 줄 개인교사를 초빙하고자 했다.

조선의 근대화를 위해 물불을 가리지 않던 이동인에게는 낭보가 아닐 수 없다. 이동인이 지체 없이 일본 주재 영국공사관으로 달려가 2등서기관인 어니스트 사토를 만난 날이 1880년 5월 12일이다.

오늘 아침 아사노朝野라는 이름을 가진 조선인 승려가 찾아왔다. 그는 아사노라는 이름이 조선야만朝鮮野蠻, Korean Savage이라는 뜻이라고 재치 있게 설명하면서 세계를 돌아보고 자기 나라 사람들을 개화시키기 위해서 비밀리에 일본에 왔노라고 말했다. 그의 일본어는 서투른 편이었지만, 우리는 서로를 충분히 이해할 수 있었다. 그는 돌아가서 외국의 문물이 엄청나다는 것이 거짓이 아님을 동포들에게 확신시키기 위해 유럽의 건물이나 그밖의 흥미 있는 것들을 찍은 사진들을 구입하고자 했다. 또한 영국을 방문하기를 열망하였다. 그는 자기가 서울 토박이라고 말하면서, 서울에서는 '쯔tz'라고 발음하지 않고 '츠ch'라고 발음한다고 말했다. 그는 오는 일요일에 다시 오겠다고 약속했다.

1880년 5월이면 한미수교조약이 체결되기 2년 전의 일인데, 그러한 시기에 조선의 개화승과 영국의 외교관이 마주 앉아 조선의 미래를 화두로 삼았다는 사실은 주목하고도 남을 일이다. 두 사람은 첫 대면인데도 서로의 관심사에 대해 허심탄회하게 의견을 교환했음이 분명하다. 이동인이 영국을 방문하기를 열망하였다는 대목이 특히 그렇다. 〈사토 페이퍼〉는 더욱 흥미롭게 이어진다.

1880년 5월 15일.
나의 조선인 친구가 다시 왔다. 그는 조선이 수년 내에 외국과 수교를 맺게 될 것이지만, 그러기 위해서는 지금의 조선 정부를 전복해야 할 필요가 있으며, 자기와 같은 생각을 가진 젊은 사람들이 날로 늘어가고 있다고 했다. (중략) 그는 3시간가량 있다가 갔다. 나는 오는 20일, 시계를 사러 요코하마 시장에 갈 때 그를 데리고 가기로 약속했다. 그는 금, 석탄, 철 및 연해의 고래 등 풍부한 조선의 자원을 개발하는 일에 매우 깊은 관심을 가지고 있었다. 그는 좋은 인삼과 나쁜 인삼의 견본을 나에게 주었는데, 유럽의 의사들이 인삼을 이용할 수 있게 되면 인삼이 조선의 중요 수출품목이 될 것이라고 생각하고 있었다.

이동인이 '조선 정부를 전복할 필요'가 있으며, 이에 동조하는 젊은

이들이 있음을 역설한 대목에 주목할 필요가 있다. 실제로 이로부터 4년 뒤에 갑신정변이 일어났고, 김옥균, 홍영식, 박영효, 유길준, 서재필 등의 주역들이 모두 그의 문도였다는 사실을 감안한다면 이동인이 지닌 조선 근대화의 선각자적 면모가 여실하게 드러난다.

 수신사로 일본을 방문했던 김홍집이 귀국하여 이동인의 존재를 고종에게 알리자 놀란 고종은 이동인을 거처인 창덕궁으로 불러 금봉金棒 세 개를 내리면서 다시 일본에 다녀올 것을 명한다. 물론 이때는 고종의 신임장이 주어진다. 이 사실이 조선의 수구 세력에게 알려진다면 큰 문제가 야기될 것이 분명하였기에, 고종은 "부산에서 떠나면 남의 눈에 뜨일 염려가 있으니 원산에서 떠나라."라고 몸소 당부했을 정도였다. 〈사토 페이퍼〉는 이 사실까지도 입증하고 있다.

> 아사노가 어젯밤 갑자기 나타났다. 이제 막 도착했다면서 큰 가방을 들고 있었는데, 국왕이 개명했다는 희소식과 국왕이 내준 여권(신임장)을 가지고 있었다. 그는 조선이 러시아로부터 공격당할 위험이 있다는 것을 국왕이 깨닫고 있으며, 몇 주일도 채 지나기 전에 개화당이 현 배외내각排外內閣을 대치하게 될 것 같다고 말했다.

 이 기록으로 미루어 본다면 당시 개화와 수구의 양 갈래로 갈라졌던 조선의 지식인 중에서 조선 근대화의 필요성과 근대화의 방향을 가장 정확하게 파악하고 있었던 인물이 이동인이었다는 사실은 누구도 부정할 수가 없다.

이동인은 귀국할 때 상당히 많은 전적典籍을 가지고 온 것으로 보인다. 이 전적을 돌려가면서 읽은 사람들이 바로 갑신정변의 주역들이었다. 이때의 사정은 서재필徐載弼의 회고록에 분명하게 적혀 있다.

> 그(이동인)가 가지고 온 서적이 많았는데 역사도 있고, 지리도 있고, 물리, 화학과 같은 것도 있었으며, 그것을 보기 위해서 3, 4개월간 그 절(봉원사)에 자주 들렀지만 당시 이러한 책은 적발되면 사학邪學이라 하여 중벌에 처해졌기 때문에 한 장소에서 장시간 독서할 수가 없어, 그다음에는 동대문 밖의 영도사라는 절에서 독서하고 다시 봉원사로 옮겨 가는 등 이와 같이 되풀이하기를 1년이 넘어서야 그 책들을 모두 독파하였다. 그 책들은 모두 일본어로 쓰여 있었지만 한자漢字를 한 자 한 자 더듬어 읽으면 의미는 거의 통했다. 이렇게 해서 책을 완독한 바 세계의 정세를 거의 알 수 있게 되었다. 여기에서 우리나라도 타국과 같이 민중의 권리를 수립해야겠다는 생각이 솟아났다. 이것이 우리로 하여금 개화파로 등장하게 하는 근본이었다. 바꿔 말하면 이동인이라는 승려가 우리를 이끌어 주었고, 우리는 그러한 책을 읽어 그 사상을 몸에 익혔으니 봉원사가 우리 개화파의 온상인 것이다.

선각의 승려 이동인에 의해 비로소 서구 문물이 아주 정확하게 김옥균, 박영효, 홍영식 등 개화파 젊은이들에게 전해졌다는 사실을 이보다 구체적으로 증명할 수는 없다. 이 엄연한 사실이 국사 교과서에서 누락되었다는 사실이 우리 역사학계의 태만을 정확히 알려 주는 대목이 아니고 무엇인가.

한 가지만 더 부연한다면 당시 우의정의 지위에 있었던 박규수朴珪壽(연암 박지원의 손자)의 신임과 지원을 받으면서 조선의 근대사상을 싹틔운 사람들이 한의원 유홍기劉鴻基와 역관 오경석吳慶錫(오세창의 아버지)이었고, 이동인 역시 이들의 영향을 받은 인물이다. 당시의 제도로 의원, 역관, 승려 등은 중인의 신분이어서 과거에 응시할 수가 없어 관직에 나갈 수가 없었다. 이 같은 악조건 아래에서 선각의 젊은이들을 키워 낼 수 있었다는 자체가 이미 그 철통과도 같았던 신분 제도가 무너지기 시작하고 있었음을 상징하는 일이기도 하다.

지금이라도 늦질 않았다. 청소년 교육은 꿈을 심어 주는 교육, 호연지기를 길러 주는 방향으로 길을 잡아야 한다.

임금의 그리움을 화폭에 담아

　조선 시대의 명현들은 조정에 있기보다 고향으로 내려가 후진을 양성하는 것을 선호하는 경우가 많았고, 때로는 부모님이 연로하다는 구실로 지방으로 가기를 원하였다. 대개는 파당의 명분만을 앞세운 채 나라의 명운을 생각하지 않는 몰염치한 신료들의 동태가 마음에 들지 않아서였다. 성균관 대성전 文廟(문묘)에 배향된 조선의 명현 열네 분들은 대개가 향리로 내려가 후진을 양성하면서 생애를 마친 지식인의 대명사와도 같다.

　임금은 떠나간 그들이 그리워 편지로 다시 부르기도 하고, 더러는 승지나 내관을 보내서 간곡히 부르기도 하지만, 떠나간 명현들은 때로는 병을 칭하기도 하고, 때로는 노부모의 공양을 내세우며 왕명을 사양하곤 하였다.

　조선 주자학의 거봉 퇴계 이황도 향리로 내려가 후학들을 가르치고 있을 때 조정으로 부르는 간곡한 왕명이 여러 차례 있었지만 모두 사양하였다. 명종은 그를 사모하여 송인宋寅을 도산으로 보내 퇴계가 거처하는 산수를 그림으로 그려 오게 하였다. 중국의 곡부曲阜나 추현鄒縣이 산수가 좋아서 이름 난 고장이 아니라 공자나 맹자와 같은 성현이 태어났기 때문에 더 뜻깊고 아름답게 느껴지는 것과 같은 이치가 아니고 무엇인가.

　명종은 송인이 그려 온 도산의 풍경을 거처의 벽에 붙여 두고 하염없이 바라보며 퇴계를 그리워하였고, 때로는 문신들을 불러 마치 과거를 보듯 시를 짓게 하였는데 '초현부지招賢不至(불러도 오지 않는다)'와 같은 시제를 주면서 시를 짓게까지 하였다. 이는 도산의 풍광이 보고 싶어서가 아니라, 그 풍광 속에 숨어 우주와 인간의 도를 깊숙이 궁구하면서 벼슬길에 나서기를 굳이 사양하는 퇴계 이황의 인품을 그리워하였음이라고 짐작된다.

　그 뒤 선조가 즉위하자 이황은 사부師傅(왕의 스승)로 예우받게 되면서 잠시 도성에 머물기도 하였다. 이 영향으로 그의 제자들이 조정에 대거 등용됨으로써 사림 정치의 기반이 다져지게 된다. 그리고 퇴계는 다시 향리인 도산으로 내려간다.

　선조는 퇴계와 같은 석학이 곁에 없는 허전함을 견디지를 못한다. 수시로 내시와 승지를 도산으로 보내 불편을 들어 보기도 하고, 다시 간곡한 말로 도성으로 돌아와 자신을 도와줄 것을 청하기를 멈추질 않았으나 그때마다 퇴계는 병이 들어 몸이 말을 듣지 않아 상경하지 못한다고 아뢰면서, 평생 연구한 성리학의 요체를 열 폭의 그림에 담아 해설한 〈성학십도聖學十圖〉를 만들어 올렸다. 이를테면 조선 성리학의 체계를 일목요연한 그림으로 설명한 병풍과 같은 것이었다.

> 신은 지극히 우루한 몸으로 헛된 이름이 잘못 알려져 임금의 부르심을 받고 경연의 막중한 자리에 나가 자리를 더럽히곤 하였습니다. 신은 성학聖學을 권도勸導하여 임금의 학덕을 도야해 요순시대 같은 덕치德治를 이룩하시기를 바라오며, 선현의 것에 외람되게 신의 의견을 덧붙여 〈성학십도〉를 만들어 삼가 써서 받들어 올립니다.
> 신은 질병에 얽힌 몸으로 눈이 어둡고 손이 떨리어서 글을 단정하게 쓰지 못하였습니다. 만약 다행스럽게 버리지 않으신다면 경연관에게 내리시어 상세하게 논의하여 바로잡고 수정하여 글씨 잘 쓰는 사람에게 바르게 쓰게 하여 해당 관서에 보내 병풍을 만들어서 평소 거처하시는 곳에 펴 두시고, 별도로 조그만 하게 수첩을 만들게 하시어 항상 책상 위에 놓아 두시고 살피시어 경계를 삼아 주신다면, 신의 간절한 충성심에 그보다 더 고마울 데가 없겠습니다.

비록 몸은 떨어져 있어도 자신을 그리워하는 임금의 마음을 헤아리는 퇴계 이황의 아름다운 심성을 헤아릴 수 있다.

오늘 우리들도 스승과 제자, 선배와 후배 등 수많은 인연을 마련하면서 살고는 있지만, 편지 한 장 제때 쓰지 못하는 삭막한 삶 속에서 허덕이고 있다. 소통이라는 말을 그럴듯하게 쓰고 있지만, 마음에서 우러나는 소통은 자취를 감춘 지 오래이다.

  역사를 읽으면서 몇 월 며칠에 무슨 사건이 있었는지를 외는 것은 시험에는 필요할지 몰라도 삶에는 도움을 주지 못한다. 역사가 흘러가는 내면에 담긴 이야기들, 이를테면 임금이 헤어진 신하를 간절히 그리워하고, 신하는 임금에게 진심을 다한 충언을 보내는 조선 시대의 소통은 정말 본받아야 할 일이 아니겠는가.

강화도령 이원범

《철종실록》을 읽노라면 여러 가지 의문이 생긴다. 이른바 '강화도령'이라고 불리던 더벅머리 나무꾼 총각이 느닷없이 임금의 자리에 올라 무려 14년 동안이나 권력의 정상에 군림한 사실은 세계사에서도 그 예를 찾을 수 없는 특이한 현상이기 때문이다.

열아홉 살짜리 나무꾼 총각을 14년이라는 짧지 않은 세월 동안 임금의 자리에 앉혀 놓으면, 임금 노릇을 그만둘 때도 처음 임금의 자리에 오를 때와 같은 나무꾼 총각이겠는가 하는 의문이 든다면 나는 서슴없이 그렇지 않다고 대답할 수밖에 없다.

《철종실록》의 앞부분을 읽으면서 아무 사달도 없이 날짜만 흘러가고 있음을 느낄 때마다 허망하다는 생각이 든다. 전 임금인 순조 때부터 시작된 안동 김씨 일문의 세도정치가 무려 50년이나 이어졌고, 철종 조가 그 마지막 14년에 해당되는 시기라면 철종이 감당해야 할 국정國政은 없어야 마땅하고, 오직 외척의 세도정치만 눈에 보일 때이다. 그러자니《철종실록》에 철종 임금에 관한 사달, 특히 정치적인 판단과 관련된 기사가 없는 것은 당연한 일이고도 남는다.

외척 세력이 정치를 농간하기 위해서는 똑똑한 임금이 권좌에 있어서는 안 된다. 이 사실을 너무도 잘 아는 장김壯金(안동 김씨를 일컫는 말)의 세력들은 순조의 후사를 고민한 끝에 강화도에서 나무꾼이나 다름없이 살고 있던 더벅머리 총각 이원범李元範을 순조의 후사로 정하게 된다. 강화도령 이원범의 가계를 살펴보면 참담하다는 생각이 절로 든다.

아버지 영조에 의해 뒤주 속에 갇힌 채 굶어 죽은 비운의 사도세자가 철종의 증조부가 된다. 사도세자에게는 다섯 왕자가 있었다. 의소세손懿昭世孫(세손 책봉을 받았으나 일찍 죽었다)과 정조가 정비인 혜경궁 홍씨의 소생이었고, 은언군과 은신군은 숙빈 임씨 소생이며, 은전군은 경빈 박씨 소생이다. 이 중 은언군 인이 이원범의 할아버지가 된다.

은언군 인은 남달리 총명하여 임금(영조)의 손자인데도 관작을 받았으나 관운은 따르지 않았다. 영조 47년(1771)에 모함을 받아 직산현으로 쫓겨났다가 영조 50년(1774)에 누명을 벗고 다시 서용되었으나, 아들의 반역죄에 연루되어 정조 10년(1786)에 강화도로 부처되었다. 은언군에게는 세 아들이 있었다. 큰아들이 상계군 담湛이었고, 둘째 아들이 풍계군 당瑭인데 은전군의 양자로 갔고, 셋째 아들이 전계군 광

琄이었다. 은언군이 대역죄인이 되어 강화도에 부처된 것은 큰아들인 상계군이 반역죄로 몰려 사약을 받았기 때문이었고, 그때 셋째 아들 전계군도 아버지와 함께 강화도에 부처되었다. 이때부터 은언군과 전계군 부자의 강화도 귀양살이가 시작되었다. 불행은 여기에서 끝나지 않았다. 1801년(순조 1)에 일어난 신유사옥의 소용돌이 속에서 은언군의 아내 송씨와 며느리 신씨가 중국에서 온 주문모周文謨 신부에게 세례를 받았다 하여 강화도의 배소配所에서 처형되기에 이르자, 은언군까지 이 일에 연루되어 처형되는 참담한 지경에 이르고야 만다. 그야말로 멸문의 화를 입은 것이나 다름이 없다.

전계군에게도 세 아들이 있었다. 맏이가 원경이고, 둘째인 경응景應은 어려서 죽었으며, 셋째가 임금이 된 원범이지만, 일찍부터 의지할 곳이 없었다. 그리고 헌종 10년(1844)에 헌종의 계비(효정왕후) 홍씨가 간택되는 것을 계기로 대사령이 내려졌을 때, 전계군은 두 아들을 거느리고 잠시 도성으로 돌아와 경행방에서 살았다. 그러나 배소에서 지친을 잃은 고통을 당한 때문일까, 도성으로 돌아온 지 채 2년이 못 되어 전계군이 세상을 떠나기에 이르자 졸지에 원경과 원범은 천애의 고아가 된다.

원경은 전계군의 적실인 최씨 소생이었고, 원범은 계실 염씨 소생이었다. 원범의 어머니 염씨는 전계군이 강화도에 부처되어 있을 때 맞아들인 계실 아낙이다.

두 형제는 이집 저집 떠돌아다니면서 눈칫밥을 얻어먹을 수밖에 없었다. 원경은 몹시 총명해 눈칫밥을 얻어먹으면서도 사람들의 귀여

움을 받았으나, 원범은 그렇지가 못했다. 이들 형제에게 다시 불행이 닥쳐왔다. 당시 조정은 풍양 조씨의 수중에 있었으나, 이들 풍양 조씨 일문을 밀어내면서 다시 권문세가로 등장한 안동 김씨 일문은 헌종에게 후사가 없음을 빌미로 똑똑한 왕족들을 견제하기 시작했다. 여기에 걸려든 것이 원경이다. 어느 날 아침 일어나 보니 원경은 역모의 우두머리가 되어 있었다. 이로 인해 원경은 다시 강화도로 위리안치圍籬安置(죄인의 배소에 울타리를 치는 것)된다. 원범은 갈 곳이 없다. 그는 형이 위리안치되어 있는 강화도로 다시 돌아오긴 했어도 역모의 죄인이 된 형과는 자유롭게 만날 수조차 없다. 게다가 죄인의 집안으로 전락된 왕손이라 누구도 원범을 아는 체하지 않았다. 그러나 하나밖에 없는 형 원경도 18세가 되던 해 사약을 받고 목숨을 잃는다. 천애의 고아나 다름없어진 원범의 고초는 헤아릴 길이 없었다.

그리고 5년 뒤, 이원범은 안동 김문의 계책으로 임금이 되었다. 조선왕조 스물다섯 번째 임금인 철종이 바로 강화도령 이원범이다. 아직 성년이 되지 않았으므로 익종비 신정왕후가 수렴청정에 임했다. 임금이 된 강화도령 이원범에게는 먹고 자는 일이 일과일 수밖에 없었으나, 명색이 임금인데 경연에 나가서 공부를 하지 않을 수가 없다. 《철종실록》에 따르면 철종 스스로 《천자문》, 《명심보감》, 《소학》 1, 2권을 읽었다고 밝히고 있고, 경연에서 《논어》를 강론했다는 것을 보면 아주 까막눈은 아닌 게 분명하다. 게다가 철종 시대의 좌의정이었던 조두순趙斗淳이 쓴 철종의 행장기에 "성군의 자질이 보였다."라는 대목이 보인다. 그렇다면 철종이 임금의 자리에 있었던 14년 동안 완전히 죽어 지냈다는 것은 좀 이상하다. 꼭 뭔가가 있었을 같은데 도무지 알 길이 없다.

역사 기록을 행간까지 읽지 못하면 뒷이야기를 알아낼 방도가 없다. 비록 외척이 세도를 부리던 시절이라고는 하지만 《논어》를 읽은 강화도령 이원범이 한두 해도 아닌 장장 14년간이나 보위를 지키고 있었다면 마지막 몇 년 동안이라도 외척의 세력과 정치적인 갈등을 겪었어야 마땅하다. 그러나 그러한 기록은 눈 닦고 찾아도 없다.

서구의 문물이 줄기차게 동진東進해 오던 19세기 말의 조선의 사정이 거기에 눈 뜨지 못했던 것은 장김이라는 외척의 세력이 정권의 연장에만 골몰하였고, 허수아비와 같았던 임금이 아무 정치력도 발휘할 수 없었던 것이 조선 말기의 비극이었다.

비운의 철종이 세상을 떠나고 난 후 열두 살짜리 임금(고종)이 보위에 오르면서 흥선대원군 이하응李昰應(고종의 친아버지)의 철권정치가 시작된다. 그러나 근 60년 세월을 전횡한 안동 김문의 구악을 물리치는 일만으로도 힘에 겨웠을 것이 분명하다. 흥선대원군은 과감한 개혁정치로 강력한 리더십을 발휘하기는 했어도, 세계의 정세를 읽지 못한 우물 안 개구리의 시각으로 격변하는 세계의 물결을 읽을 능력이 없었다.

고종 초기의 병인양요, 신미양요, 운요호 사건으로 이어지는 격변의 시대를 슬기롭게 넘기지 못한 것은 비어 있던 시대와도 같은 철종 14년간의 무기력 때문이 아닐까 하고 생각할 때가 많다.

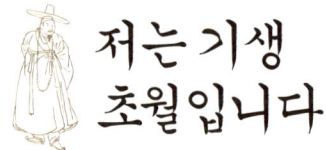
저는 기생 초월입니다

　조선 시대는 양반들이 주도하는 사회였고, 이른바 사대부들에 의해 다스려지는 나라였기에 양반이 아닌 사람들은 숨도 못 쉬고 살았던 것으로 착각하기가 쉽다.
　그러나 조선왕조는 임금과 신하들 그리고 백성들과의 소통에 상소 제도를 활용하였다. 상소문은 양반뿐만이 아니라 백성, 천민이라도 올릴 수가 있다. 물론 상소문의 내용은 대체로 정책의 잘못, 양반들의 착취, 임금의 비정批政까지를 적나라하게 기록하였다. 올려진 모든 상소문은 승정원承政院(지금의 대통령 비서실)에 접수되고, 승정원에서는 접수된 상소문을 추리거나 내용을 수정할 수가 없다. 올려진 그대로의 상소문을 빠짐없이 임금에게 올려야 한다. 혹시라도 자신들에게 불리한 내용이 있더라도 원문 그대로 임금에게 올려야 하는 것이 법도이다. 그러나 요즘은 대통령 비서실에서는 민원이 담긴 문건은 해당 부처에 이월하고, 조금 중요하다 싶으면 그 내용을 요약하여 대통령에게 보고한다. 이런 식으로는 대통령이 국민의 생각이나 고충을 알 길이 없다. 그래서 정부와 국민 간의 소통이 안 된다고 한탄하는 소리도 들린다.

조선 시대의 임금에 대한 평가는 상소문을 얼마나 열심히 읽었느냐와 그 내용에 대한 비답批答을 얼마나 정성껏 내렸느냐에 따라 달라진다. 훌륭한 임금은 상소를 읽음으로써 백성들의 고통을 알게 되고, 또 그것을 기준으로 시정명령을 내리게 된다.

현종은 승정원으로부터 올려진 상소문 한 통을 펼쳐 든다.

평안도 용천 기생 초월楚月은 나이 열다섯 살로 병오년에 상소하나이다. 가선대부 승지 겸 예조 참판, 사간원 대사간 심희순沈熙淳의 첩이요, 평양 용천 기생은 엎드려 아뢰나이다.

상소의 첫머리는 이렇게 시작되어 있다. 그제야 현종의 용안에 미소가 담긴다. 비록 초월의 얼굴은 모른다 하여도 대사간 심희순으로부터 초월의 이름만은 들어서 알고 있었기 때문이다.

헌종 12년(1846), 진하 겸 사은사의 서장관이 되어 청나라에 다녀오던 심희순은 압록 강변 용천에서 관기 초월을 만났다. 초월은 뛰어나게 아름다웠고, 노래와 춤 솜씨 또한 나무랄 데가 없다. 게다가 글을 짓고 쓰는 솜씨가 또한 사대부 못지않아서 28세의 심희순은 초월에게 첫눈에 반해 버리고 만다.

"쇤네는 반가의 유복자로 세상에 태어났사오나, 겨우 첫돌을 지내고 어미를 잃었사옵니다. 의지할 데 없는 핏덩이라 남의 등에 업혀 젖구걸을 다녔으리라 짐작되오나, 그때의 고초를 어찌 짐작인들 하오리까. 철이 들어 보니 동기童妓가 되어 있었사옵니다. 관기가 된 것은 지난해부터였사옵니다."

심희순은 가슴을 적시는 그녀의 애절한 고백을 듣고 헌종에게 상소를 올렸다. 초월을 기적에서 제명해 주기를 청하는 상소였다.

초월에게 숙부인의 작호를 내릴 것이니 가까이 두고 아끼라!

이 같은 명을 내렸던 기억이 생생하였기에 초월이 올린 상소문은 큰 관심사가 아닐 수 없다. 아니나 다를까 초월이 올린 상소문은 당시 조선 사회의 부패상을 낱낱이 적고 있었다.

관리가 촌에 나간 즉, 초야의 춥고 배고픈 선비와 오두막에서 찢어지게 가난해서 죽을 지경인 백성들은 관리들을 사나운 범보다 더 무서워하여 간신히 탁주 서너 잔을 내서 대접하고, 굶으면서도 아침저녁을 있는 것 없는 것 다 모아 차려 주고는 납기의 연기를 무수히 애걸복걸하고, 간신히 변통해서 두 낭분을 그들에게 미리 주어서 미봉합니다. 그러지 않으면 팔을 휘두르고 발로 땅을 구르고 고함을 지르며 사정없이 매질로 피가 흘러 옷을 적시게 한 뒤에 묶어서 잡혀가게 되옵니다. (중략) 이런 고통을 참을 수 없어 부엌의 밥 짓는 솥까지 팔아서 바쳐야 하고 그래도 모자라면 옷을 팔고, 집을 팔아서도 다 못 채우면 이웃은 물론 같은 면 리방동面里坊洞에서 거둬들이고, 그래도 부족하면 친척은 물론 사돈의 팔촌에게까지 미치니 이러고서야 가난한 백성이 어떻게 살아남을 수 있 사오리까.

헌종은 용안을 붉힐 수밖에 없다. 자신의 실정을 신랄하게 지적하고 있어서이다. 이어 초월은 환정還政(삼정의 하나인 환곡을 달리 일컫던 말)의 병폐도 꼼꼼히 적어 간다.

근년에는 흉년이 들면 환곡을 곡식으로 주지 않고 한 섬에 한 냥씩 돈으로 내어 주는데 면임面任(지방의 면에서 호적과 공공사무를 맡아보던 사람)이 미리 수수료로 떼어 가고, 창고지기가 축난 것을 채운다고 제하고, 방장坊長, 풍헌風憲(유향소에서 면면이나 이리의 일을 맡아 보던 사람) 따위가 교제비라 해서 제각기 떼어 가고, 그 나머지는 왕래여비, 잡비, 술값, 밥값으로 다 날리니 환곡을 타러 갔던 이는 빈손으로 돌아오게 되는 것이 지금의 실정이옵니다. 집에 있는 아낙들은 솥을 씻어 놓고 눈이 빠지게 기다리다가 어이없이 주저앉게 되니 이같이 눈감고 아웅 하는 격의 환곡은 차라리 주지 않는 것보다 못하옵니다.

헌종은 탄식을 토할 수밖에 없다. 조정에 사헌부가 있었어도 관료들의 부패에 대해 이같이 신랄하고 명쾌한 상소를 올린 신하들이 없었는데, 일개 기생의 신분으로 어찌 이리도 가상한 상소문을 올릴 수가 있었던가. 헌종은 기생 초월이 올린 상소문을 대소신료들에게 돌려 가며 읽도록 하였다. 그러나 무슨 소용이 있으랴. 이미 조선 강토는 관리들의 부패로 아수라장이 되어 있었던 것을.

헌종이 기생 초월의 상소문을 읽는 것이 임금과 백성들 간의 소통이라면 오늘 우리가 겪고 있는 '소통의 부재'가 어디에서 기인되는 것인지를 알 수가 있다.

부정을 감시해야 할 감사원의 고위 간부가 뇌물을 받고 부정을 묵인하는가 하면 금감원의 감사들은 은행의 부실을 알고도 눈감아 주었다가, 은행은 파산하는데 주주들은 그 정보를 미리 알고 예금한 돈을 파산 전에 미리 찾아서 빼돌렸다는 이른바 부산저축은행 사건을 보면서 이 땅의 부패 수준이 옛날이나 다름이 없는데도 그것을 개선하고 다스려야 할 관헌(지식인)들의 수준이 조선 시대에 살았던 열다섯 살 기생 초월만도 못하다면 어찌 되는가.

대통령은 진정한 소통을 위해 스스로 노력해야 하고, 지식인 사회는 지행知行하는 노력을 해야 한다. 우리나라와 같은 고학력 사회가 왜 나날이 타락의 길을 가는 것일까. 정답이 무엇인지 알면서도 오답誤答 근처를 얼씬거리면서 실익만을 챙기려 들기 때문이다. 바로 그 길이 패가망신으로 가는 길임을 역사가 가르치고 있는데…….

환상의
여류 시인

　'시인詩人'이라는 말은 멋지고 아름답다. 좋은 시를 읽으면 모국어의 아름다움 때문에 마음이 밝아진다. 조지훈의 〈승무〉나 정지용의 〈향수〉를 소리 내 암송하노라면 한국인으로 태어난 것이 자랑스럽기까지 하다.

　조선 시대에도 환상의 여류 시인이 있었다. 절제된 몽환을 노래하다 스물일곱 살의 아까운 나이로 세상을 떠난 난설헌蘭雪軒 허초희許楚姬를 생각하면 가슴이 답답해질 만큼 아쉬운 생각이 들 때도 있다.

　난설헌의 문학적 천재성은 그녀가 여덟 살에 지었다는 〈광한전백옥루상량문廣寒殿白玉樓上樑文〉을 읽어 보면 확연히 알 수가 있다.

대저 보옥으로 만든 차일은 창공에 걸려 너울거리고, 구름 같은 휘장은 색상의 한계를 떠나 그저 황홀하기만 하며, 은 다락은 햇빛에 번쩍거리고 노을 같은 주두는 헤매는 속세의 티끌 세계를 벗어났도다. (하략)

이 글의 표제인 '광한전 백옥루'는 세상에 실존하지 않는 환상의 건물이다. 그 건물의 상량문을 이토록 아름답고 환상적으로 적어 가는 여덟 살 난 어린 여자아이를 어찌 천재라고 아니할 수 있을까.

난설헌에게 비극이 닥쳐온 것은 결혼이란 속박이었다. 빼어난 재능을 간직하고 서당西堂 김성립金誠立에게 출가를 하였으나 평범한 지아비와 뛰어난 지어미 사이의 금실이 좋을 까닭이 없었으니, 그녀는 홀로 초당에 앉아 만권서적을 대하며 시상을 가다듬는 고독의 정한情恨 속을 헤매야 했다.

비단 폭을 가위로 결결이 잘라
겨울옷 짓노라면 손끝 시리다.
옥비녀 비껴들고 등잔가를 저음은
등잔불도 돋울 겸 빠진 나비 구함이라.

〈밤에 홀로 앉아夜坐〉

천재 여류 시인만이 구사할 수 있는 섬세한 은유, 홀로 외로움을 견디는 광경이 눈에 선하다. 특히 마지막 구절의 사색은 그녀가 선경仙境(난설헌의 문학 세계이기도 하다)에 들어서 있기 때문에 가능하다고 여겨진다. 옥비녀 비껴들고 등잔불을 돋우는 것이 '불꽃도 높일 겸 빠진 나비 구함이라'는 비유는 절창이 아닐 수 없다.

또 다른 몽환적인 시 〈몽유광상산시夢遊廣桑山詩〉를 읽으면 난설헌의 문학 세계가 더욱 확연하게 다가온다. 〈광한전백옥루상량문〉이 실존하지 않는 환상의 건물을 그려 간 것처럼, 이 시에 나오는 꿈에 노닐던 광상산도 실재하는 산이 아닌 환상의 산이다.

> 푸른 바닷물이 구슬 바다에 스며들고碧海侵瑤海
> 푸른 난새는 채색 난새와 어울렸고나靑鸞倚彩鸞.
> 연꽃 스물일곱 송이 붉게 떨어져芙蓉三九朶
> 달빛 서리 위에서 차갑기만 해라紅墮月霜寒.
>
> 〈몽유광상산시〉

참으로 놀랍도록 아름답고 환상적이다. 광상산은 그녀가 꿈에서 본 환상의 산인데, 그 산에 오르면 푸른 바다의 구슬 물이 잡히는 듯하였고, 새 중의 새라고 하는 난새(봉황새의 일종)가 현란한 색채를 뿜어내는 무릉도원이었다. 여기가 바로 난설헌이 살고자 하였던 선계仙界가 아니고 무엇이랴. 특히 주목되는 구절은 '부용삼구타芙蓉三九朶'라고 적은 원시原詩의 구절이다. '부용'은 연꽃을 말하는 것이지만, '삼구타'는 '스물일곱 송이'가 축 늘어졌다는 뜻이다. 스물일곱이라는 수는 난설헌의 짧은 생애와 같은 숫자이기에 이로 미루어 난설헌은 자신의 죽음을 예견하고 있었던 것이 아닌가 싶기도 하다.

난설헌은 정말로 스물일곱 살에 세상을 떴다. 사람들은 그녀가 천추의 세 가지 한을 품고 갔다면서 애석히 여겼다. 첫째는 중국과 같이 큰 나라가 아닌 조선과 같은 작은 나라에서 태어난 것을 한하고, 둘째는 남자가 아닌 여자로 태어난 것을 한하고, 셋째는 인품과 시재를 겸비한 두목지杜牧之와 같은 지아비를 만나지 못하고 자녀가 없어 (두 아들이 모두 어려서 죽었다) 모성애를 알지 못하고 간 것을 한했다는 것이리라.

난설헌은 세상을 떠나면서 자신의 시집과 시편들을 모두 불태우라고 유언하였으나, 누님의 죽음을 애통히 여긴 아우 교산 허균許筠(《홍길동전》의 작가)이 백방으로 수소문하여 누님의 시집을 목판본으로 간행하였고, 중국에서 사신으로 온 주지번朱之蕃에게 보여 주었다. 주지번은 극찬에 극찬을 아끼지 않으면서 중국에서 난설헌의 시집을 간행하였다. 이를 인연으로 난설헌의 시집은 일본에서까지 간행되어 그녀는 동양 삼국에서 가장 으뜸가는 여류 시인으로 평가받기에 이르렀다.

오늘에 이르기까지 전해지는 난설헌 허초희의 작품은 시 213수, 산문 2편으로 알려져 있다.

죽어서 천 년을 사는 법

　우리 민족의 위대한 유산 《조선왕조실록》은 문장의 보고寶庫나 다름이 없다. 천하의 대문장이 모두 그 안에서 꿈틀거리고 있다 해도 과언이 아니다. 조선의 정치 지도자들은 대개가 일세를 풍미한 사상가요, 문장의 대가들이어서 그들이 남긴 글을 읽노라면 때로는 그 대하大河와 같은 문장에 뛰어들어 헤엄치고 싶은 충동에 젖기도 한다.

　그들은 청소년 시기부터 '사서오경'과 같은 경전을 거침없이 암송하였고, 시문詩文으로 과거에 급제하였기에 누구나 중국의 명시를 즐겨 감상할 줄 알았고, 당연히 자작의 시를 쓸 수도 있었다. 공직에 임하면서도 자신의 시상을 가다듬어 명시를 남겼으며, 또 자신이 살았던 시대의 맥을 짚는 명문의 수상을 남겨서 역사 기록을 대신하기도 하였다.

　삼봉 정도전, 율곡 이이, 퇴계 이황, 우암 송시열 등은 조선 시대를 대표할 만한 사상가이자 경세가들이고, 송강 정철, 고산 윤선도, 교산 허균 등은 당대 최고의 문학가들이며, 용재 성현, 사가정 서거정, 연암 박지원, 성호 이익 등의 문장은 그 깊이와 아름다움이 후세에까지 귀감이 되었다. 뿐만이 아니다. 남명 조식, 중봉 조헌, 면암 최익현, 매천 황현 등은 실천궁행으로 지식인의 사명을 다한 명현들이 아니던가.

　어찌 이들만을 조선의 지식인이라고 하랴. 이들이 아니고도 조선 시대를 이끌었던 수많은 명현들의 대표할 만한 문장이《조선왕조실록》을 가득 채우고도 넘쳐난다. 그러므로 우리 후학들은 그 도도하고 아름다운 문장을 읽으면서 동시에 조선 시대의 역사를 살필 수가 있는, 한 번에 두 마리의 토끼를 사냥하는 횡재를 하고 있는 셈이다.

　조선 시대 최고의 지식인들이 구사하는 문장 유형은, 첫 번째가 품위 있는 도덕국가를 지향하기 위해 나라의 현실을 냉철하게 직시하고, 그 대안을 제시한다. 두 번째는 통치자(임금)를 교화하기 위한 문장(상소문)을 올려서 깨우치고자 하였다. 그러나 그 문장이 아무리 품격이 있고, 국가의 미래를 지향하고, 백성들이 안심하고 살 수 있는 품격 있는 사회를 만들기 위한 충언이라고 하더라도 임금을 교화하는 문장이기에 내용은 정도를 따라야 하고, 표현은 유연하되 예절을 갖추어야 한다. 그러나 충정의 강도가 높아질수록 문장도 강렬해지고 있음을 곳곳에서 살필 수가 있다.

아무리 교양 있는 통치자라도 사람이기에 감정은 있게 마련이다. 정의를 외치며 공론을 주장하는 문장이라 하더라도 자신(통치자)의 심기를 건드리면 안색이 변하게 된다. 눈치 빠른 권력의 실세들은 그 안색을 빌미로 벌떼같이 일어나 바른말로 임금을 교화하려 했던 명현들에게 중벌을 내릴 것을 청하고, 심하면 외지에 부처하거나 사약을 내려 극형으로 다스릴 것을 극렬하게 청하게 된다.

김굉필, 조광조, 송시열 등이 그토록 믿고 따르던 임금이 내리는 사약을 마시고 고매한 생애를 마친 것이 바로 그러한 경우이고, 정여창, 이언적, 성혼, 박세채 등이 무수한 탄핵을 받으면서 파직, 유배를 당했고, 더러는 유배지에서 삶을 마감하기도 하였다. 얼핏 참담하게 실패한 삶으로 느껴지는 이들의 인품은 후일 모두 성균관 대성전에 배향되어 조선 시대 최고의 명현으로 예우받게 된다.

조선 시대에 관직에 나가기 위해서는 초시初試에 합격하여 진사進士나 생원生員이 되어야 하고, 성균관에 입학하여 중시重試를 준비하는 동안에는 선비의 도리와 학문의 기반을 닦아야 한다. 문묘는 바로 성균관 대성전을 가리키는 말로, 젊은 선비들은 문묘에 배향된 열여덟 분의 학덕과 인품을 기리면서 자신들의 이상적인 모델로 삼는다. 그러므로 문묘 앞에 이르면 두 손을 공손히 마주 잡고 허리를 굽혀 최상의 예를 다하면서 '설혹 자신에게 불이익이 되는 일이라 하더라도 공익을 위한 일이라면 언제라도 공도公道에 나서겠다는 실천궁행'을 다짐하면서 꿈을 키워 나갔다. 그리하여 대과에 급제하여 관직에 나가면 문묘에 모셔진 명현들의 뒤를 따르는 것을 큰 보람으로 여겼다. 모두가 죽어서도 천 년을 살고 있는 분들이기 때문이다.

　오늘 우리는 자라나는 청소년들에게 어떤 삶을 모델로 제시하고 있을까. 대답이 궁해질 수밖에 없는 것은 유치원에서 각급 학교에 이르기까지 입시를 위한 경쟁 외에는 가르치는 게 없기 때문이다. 나약한 정신, 오직 자신만을 위하는 개인주의적인 사고, 공익이라는 말조차도 모르는 아이들을 대량으로 길러 내고 있을 뿐이다. 젊은이들이 세운 인생의 목표 중에서 사법시험에 합격하여 판·검사가 되는 일, 행정고시에 합격하여 사무관으로 등용되고자 하는 희망을 나무랄 생각은 추호도 없다.

　그러나 그것이 반쪽짜리 목표일 수밖에 없는 당위성을 인지하게 하지 않으면 안 된다. 사법고시건 행정고시건 합격만 하면 그만이라는 식의 생각으로는 천 년을 사는 방법은 고사하고 살아서 불행을 자초하게 되는 운명을 스스로 만들어 가게 된다. 손톱에 낀 때만도 못한 이익을 밝히다가 평생을 망치는 공직자가 어디 하나둘인가. 가령 1천만 원 정도의 부정한 돈을 챙기다가 쇠고랑을 차고 파직이 되는 젊은 공직자를 만나기란 그렇게 어렵지가 않다. 묻노니 자신들의 인생이 1천만 원 정도에 지나지 않는다는 말인가. 그건 어쩌다가 생긴 실수가 아니다. 반쪽짜리 목표를 세운 인생이기에 결국 반쪽만 살게 되는 꼴이다.

　역사를 단순히 지나간 일로 읽으면 아무 도움도 되지를 않는다. 적어도 문묘에 배향된 명현들의 삶을 배우고 익힌다면 부정한 일에 나설 수가 없다. 그렇게 살면 지금 죽어도 천 년을 사는 아름답고 보람 있는 삶을 누릴 수가 있다. 그래서 '역사는 지나간 일만을 적은 것이 아니라 미래로 이어지는 맥락까지를 함께 적고 있다'는 사실을 가슴속에 새겨 두지 않으면 안 된다.

  젊은이들이여, 죽어서 천 년을 살아 보지 않으려는가.

역 사 란
무엇인가

제 3 장

아름다운
우리 역사 이야기

홍대용과 같은 시대를 살았던 실학자 박제가의 《북학의》에 적힌 다음과 같은 기록은 당시의 풍속을 살피는 데 대단히 중요한 단서를 제공해 준다.

우리나라에서는 날마다 소 5백 마리가 죽는다. 나라에서 거행하는 제사와 호궤 때는 성균관이나 5부 안에까지도 24개소의 고깃간이 생기고, 3백여 주의 관에서도 반드시 고깃간을 벌였다. 혹 작은 고을에서는 날마다 소를 잡지 않는다. 그러나 큰 고을에서는 몇 마리씩 겹쳐 잡으니 결국은 날마다 잡는 셈이다. 또 서울과 외방에서 혼인잔치 때나 장례 때 잡는 것 등 법령을 어기면서 사사로이 잡는 것을 합치면 대충 계산하여도 벌써 그와 같다.

첫눈 오는 날이 만우절

첫눈은 사람들의 마음을 들뜨게 한다. 초등학교 시절 창밖으로 첫눈이 내리면 아이들은 수업시간인데도 웅성거리곤 했다. 엄격하기만 하던 호랑이 선생님도 이때만은 너그러워진다. 청년들 역시 첫눈이 내리면 어디론가 훌쩍 떠나고 싶어 하는 등 마음이 들뜨기 마련이다.

첫눈을 맞으면서 서성거리면 무슨 소망이 이루어질 것 같은 착각에 젖게 될 때도 있다. 그래서인지 '서설(瑞雪)'을 주제로 한 노래도 많다. 노랫말도 대개는 사랑과 소망을 담고 있다. 하기야 강아지도 눈이 내리면 컹컹 짖는다는데, 사람의 심정이야 오죽하랴.

첫눈에 감회를 적시는 심정은 옛날에도 지금에 못질 않았다. 아니 더한 낭만에 젖었던 모양이다.

조선 왕실에서는 첫눈이 오는 날에 한하여 임금을 속일 수가 있었다. 이른바 서양 풍속인 만우절과 비슷한 것이다. 서양의 풍속은 4월 1일을 만우절로 정해 놓고 있는 까닭으로 이미 며칠 전부터 거짓말을 할 궁리를 한다. 날짜가 정해져 있기에 거짓말도 계획을 세우게 되니 멋도 낭만도 없다는 편이 옳을지도 모른다.

상왕이 첫눈을 봉하여 '약이藥餌'라 일컫고 내시 최유崔游를 보내어 장난삼아 노상왕전에 올리니, 노상왕은 미리 알고 사람을 시켜 최유를 쫓아가 잡으라고 하였으나 미처 잡지 못하였다. 고려의 국속國俗에 첫눈을 봉하여 서로 보내는데, 받은 사람은 반드시 한턱을 내게 되며, 만약 먼저 그것을 알고 그 심부름 온 사람을 잡으면 보낸 사람이 도리어 한턱을 내게 되어 서로 장난한다고 하였다.

《세종실록》, 세종 즉위년 10월 27일 자

참으로 운치 있고 아름다운 기록이 아닐 수 없다. 《조선왕조실록》은 이런 사실까지를 기록하고 있다는 점에서 우리에게는 너무도 소중한 재산이고도 남는다.

첫눈이 오는 날은 정해져 있지 않다. 게다가 거짓말도 단순한 것이 아니라 유머 넘치는 재미난 게임같이 여겼음도 알 수 있다. 첫눈이 내리면 그 눈을 종이에 싸거나 그릇에 담아서 상대에게 선물로 보낸다. 가령 세자가 어머니인 중전에게 보내기도 하고, 임금이 딸인 공주에게 보내기도 하지만 그것이 첫눈이라는 사실을 알려서는 게임이 이루어지지를 않는다.

보낼 때의 구실은 무엇이라도 상관하지 않는다.

"어마마마, 겨울인데도 진귀한 과일이 들어왔기에 몇 개 올립니다. 거두어 주시오소서."라면서 어머님(왕비)을 속이려 드는가 하면, "공주, 중국에서 비단이 왔구나. 옷을 지어 입도록 하라."라는 식으로 임금이 딸에게 거짓말을 하게 되는데, 보내는 그릇은 아무리 커도 상관이 없으나 들어 있는 것은 반드시 첫눈이어야 한다. 승패는 눈 선물을 받은 사람이 지는 것으로 정해져 있다. 그러기에 임금이 내리는 하사품도 이날만은 퇴짜를 놓을 수가 있다. 문자 그대로 구중궁궐이라 하지 않았던가. 따뜻한 방 안에만 앉아 있었기에 밖에 눈이 내리고 있음을 모르는 수도 있어 속기가 쉽다.

보자기에 든 '첫눈'을 진짜 선물로 알고 받으면 게임에 진 것이 된다. 이긴 사람이 진 사람에게 소청을 말하면 진 사람은 반드시 그 소청을 들어주어야 되는 게임이다. 그 소망이라는 것도 대개는 대신이나 상궁, 내시 들에게 술상을 내리게 한다든가, 옷감을 내리게 하는 등 소박하면서도 인정이 깃든 소망이다.

조선 시대의 풍조로는 임금에게 거짓말을 한다든가 임금을 속였다면 대죄를 받아 마땅하다. 그런데도 첫눈이 내리는 날에, 그것도 그 눈으로만 임금을 속일 수가 있었으니 얼마나 아름답고 지혜로운 풍속이던가.

왕실의 법도만큼 엄격한 것은 없다. 그 법도는 하고 싶은 모든 것을 제약한다. 그와 같이 어려운 법도의 틀에 사람의 감정을 묶어 놓으면 개성까지 규격화될 위험이 있다. 또 삶이 무미건조해지는 것도 당연하다. 그런 규격과 틀을 깨는 것은 사는 일에 활력을 불어넣어 주는 일이 된다. 그러므로 첫눈이 오는 날을 요즘 말로 만우절로 정하고 위엄당당한 상전들을 속여 보도록 한 것은 대단한 지혜가 아닐 수 없다.

지혜롭게 사는 것처럼 아름다운 것은 없다. 자유분방하게 사는 서양 사람들이 만우절을 미리 정하여 놓고 그날 하루를 즐기는 일과 조선왕조와 같이 엄격한 규범 속에서 살고 있으면서도 첫눈이 오는 날을 골라 파격의 멋과 낭만을 즐기는 것은 비교가 되지 않는다.

역사가 사람의 일을 적는 것이라면 거기에 무슨 동·서양이 있겠는가. 속박에서 벗어나고 싶은 생각, 그 해방감을 즐기는 방법에는 차이가 있어도 생각은 모두가 같았을 것이 아니겠는가. 그러면서도 운치와 덕담을 즐기면서 상전을 속이는 게임에 첫눈만이 활용되었던 것은 우리 선현들의 유머 감각이 남 못지않게 세련되어 있었음을 알게 하는 실증이 아니고 무엇이랴.

코끼리 소동

뜻하지 않게 얻은 재물을 '횡재橫財'라고 한다. 횡재까지는 아니더라도 약속보다 얼마간 더 얻는 것은 '더움'이다. 물건을 사면서 '더움'이 있으면 기분이 좋은 것처럼 책을 읽다가도 뜻밖의 소득이 있으면 설렘에 젖게 된다.

내가 본격적으로 역사책을 읽는 일에 매달리게 된 것은 소설이나 드라마를 쓰기 위한 방편이었지 역사를 학문으로 탐구하려는 것은 아니었다. 그런데도 뜻밖의 새로운 사실을 알게 되면 마치 횡재를 한 것처럼 가슴이 들뜨곤 하였고, 그 결과가 방송으로 나가면서 많은 사람이 '……덕분에 처음 알게 되었다'라는 식의 반응을 보이면 마치 큰일을 해낸 사람처럼 얼마간 들떠 본 경험도 있다.

이를테면 코끼리에 관한 기사가 그렇다. 우리나라 최초의 '백과사전'으로 평가되는 이수광李睟光의 《지봉유설芝峰類說》에 다음과 같은 기사가 있다.

> 후원에서 기르던 코끼리를 순천에 있는 노루섬獐島에 놓아주었더니, 코끼리가 풀도 먹지 아니하고 사람을 만나면 슬프게 눈물을 흘리고 울었다. 감사가 이를 아뢰니 태종이 가엾게 여기어 다시 데려다가 처음과 같이 길렀다. 이는 참으로 먼 곳의 진귀한 물건을 귀하게 여기는 마음과 인자함을 동물에게까지 미치는 두 가지 뜻이 다 지극하다 할 것이다. 저 고려 태조가 낙타 50마리를 굶겨서 죽게 한 것과 어떻다고 할 것인가.

태종이 코끼리를 돌보았다면 지금으로부터 자그마치 6백여 년 전의 일이 된다. 이 기사의 '후원'이면 창덕궁이 아니면 경복궁이 되는데 흥미로운 것은 무슨 수로 코끼리를 들여와서 사육하게 되었느냐는 점이다. 또한 고려 태조는 낙타 50마리를 굶겨 죽였다고 했다. 코끼리와 낙타는 모두 남방계의 짐승이다. 그것들이 어떤 경로를 통해 조선 반도에까지 오게 되었는지도 흥미로운 일이다.

이른바 중국의 황제가 고려 태조나 조선 태종에게 선물했을까, 아니면 남만南蠻(중국에서 남쪽의 오랑캐라는 뜻으로 남쪽 지방에 사는 민족을 낮잡아 이르던 말) 등지와의 교역에 의한 것일까. 어느 쪽도 확인할 길은 없지만 아무튼 코끼리를 사육한 것은 엄연한 사실이다.

전라도 관찰사가 계하기를 "코끼리란 것이 쓸 데에 유익되는 점이 없거늘, 지금 도내 몇 곳이 변방 지방관에게 명하여 돌려가면서 먹여 기르라 하였는데 그 피해가 적지 않고, 도내 백성들만 괴로움을 받게 되니 청컨대 충청과 경상도까지 아울러 명하여 돌아가면서 기르도록 하소서." 하니, 상왕이 그대로 따랐다.

《세종실록》, 세종 2년 12월 28일 자

여기에서 말하는 상왕이라면 곧 태종이다. 그렇다면 《지봉유설》에 적혀 있는 코끼리가 바로 이놈이 아닌지 모르겠다. 어찌 되었거나 코끼리 한 마리를 사육하기 위해 전라도의 여러 고을이 전전긍긍했음이 분명하다. 이렇게 되면 코끼리 소동이라고 하는 편이 더 어울릴 것 같다. 그런 소동은 여기에서 끝나지 않았다. 그로부터 약 70일 뒤의 《세종실록》 세종 3년 3월 14일 자에 코끼리 소동은 다시 한 번 등재된다.

충청도 감사가 계하기를 "공주에서 코끼리를 기르는 아이가 채어서 죽었습니다. 그것이 나라에 유익한 적이 없고, 먹이는 꼴과 콩이 다른 짐승보다 열 갑절이나 되어 하루에 쌀 2말, 콩 1말씩이온 즉, 1년에 소비되는 쌀이 48섬이며 콩이 24섬입니다. 또 그것이 화를 내면 사람을 해치니 이익이 없을 뿐만 아니라 도리어 해가 되니 바다 섬 가운데 있는 목장에 내놓으소서." 하였다. 선지하기를 "물과 풀이 좋은 곳을 가려서 이를 내어놓고, 병들어 죽지 말게 하라." 하였다.

상당히 구체적인 내용이 아닐 수 없다. 특히 유의할 점은 세종은 즉위 초부터 소위 '7년의 큰 가뭄'으로 주곡의 생산에 큰 타격을 받고 있었으므로, 코끼리에게 먹일 쌀과 콩의 양은 관아의 부담이 되고도 남는다. 그러면서도 전라 감사와 충청 감사가 코끼리에 관한 보고를 하고 있었다면 코끼리의 사육이나 보호가 왕명에 의한 것임을 알 수가 있고, 왕의 지시를 보면 한결같이 '죽이지 마라'라고 되어 있다.

이 같은 사실은 짐승의 목숨을 소중히 여겼다는 단순한 해석보다 그 코끼리에 중요한 사연이 있음을 짐작케 한다. 그 사연은 무엇일까. 중국 황제의 선물일지도 모른다는 추리는 그래서 성립된다.

MBC의 실록 대하 드라마 〈조선왕조 500년〉을 쓰면서 이 사실을 드라마의 내용으로 담아 보려고 몹시 고심했으나, 동물원에 있는 코끼리를 외딴 섬이나 우리가 없는 곳으로 옮길 형편이 못 되어 포기할 수밖에 없었다. 그것이 아쉬워서 태종의 어린 왕자인 성녕대군이 관련된 관원에게 코끼리의 생김새를 그려 보라고 하자 해당 관원이 성녕대군이 보는 앞에서 코끼리의 모양을 훌륭하게 그려 낸 장면을 삽입했다. 방송이 나가자 여기저기에서 그 시절에 무슨 코끼리가 있었느냐고 항의하는 전화가 많이 걸려 왔다. 정말 있었던 일이라고 열심히 설명했지만 상대는 좀처럼 믿어 주려 하지 않았다.

《조선왕조실록》을 읽으면서 코끼리에 관한 기사를 접하게 된 것은 분명한 '더움'이었으나, 그것을 혼자만 알고 지내기는 아쉬움이 많았다. 그래서 동물학자 한 분을 찾아뵙고 예의 《조선왕조실록》을 보여 주면서 코끼리가 어떤 경로로 우리나라에 들어오게 되었는지를 알고 싶다고 했다. 그분은 놀라는 표정을 감추지 못하면서 탄성만 연발했다.

"아, 그렇군요. 그런 일이 있었군요."

그러나 그의 답변은 내가 갈망하고 있던 대답과는 거리가 먼 것이었다. 현대에 이르러 학문이 세분화된 탓에 다른 분야와 연결이 안 되는 상황에 답답한 마음을 금할 길이 없었다.

우리들의 곁에 《조선왕조실록》과 같은 귀중하고 가치 있는 문헌이 있다는 것은 자랑스럽고 행복한 일이다. 그러나 《조선왕조실록》이 조선의 정치사만을 기록하고 있겠거니 하는 알량한 선입견으로 넓게 활용되지 못하는 것은 무지의 소치가 아닐 수 없다. 왜냐하면 거기에 수록되어 있는 무진장한 내용은 말로도, 붓으로도 설명하기 어려울 정도이기 때문이다.

가령 이미 6백여 년 전에 "젊은 궁녀들은 서로의 외로움을 달래기 위해 동성애를 하고 있었다."라는 기록이나 "키스를 할 때는 서로 혀를 바꾸어 빨았다."라는 기록을 보면서 역사가 정치적인 사건만을 다루고 있는 것이 아니라 선현들의 삶을 소상히 적고 있다는 점에서 오늘을 사는 우리에게 역사의 소중함과 함께 삶의 지혜를 깨우쳐 주고 있음을 알게 된다.

서울대공원의 동물원을 비롯하여 여러 지방의 동물원에서도 코끼리가 사육되고 있다. 그 코끼리 사舍의 설명문에 우리나라에서 코끼리를 사육한 역사를 기록해 놓는다면 그것을 읽는 청소년들을 역사 앞으로 한 발 다가서게 하는 일이 아닐까 하는 생각을 해 보게 된다.

에누리와
통금시간

　오늘의 일이 궁금하면 옛 글(역사)을 읽어야 해답을 얻을 수 있다는 말이 있다. 세상일이란 참으로 신통한 것이어서 옛 일과 상통하는 오늘의 일들이 너무도 흔하다. 사람이 살아가는 이야기를 적어 놓은 것이 역사이기 때문이다.

　가령 홍명희의 《임꺽정》, 박경리의 《토지》, 최명희의 《혼불》과 같은 문학작품은 특정 지역의 풍속은 물론 주인공이 속한 가문의 법도와 삶을 세세하게 기술하고 있고, 혜경궁 홍씨의 《한중록閑中錄》은 당대 외척들의 삶은 물론, 구중궁궐에서 일어나는 은밀한 이야기까지를 소상히 그려 남기고 있어 문학뿐만이 아니라 민속학이나 궁중 법도 연구에도 큰 도움을 주고 있다.

나는 CEO를 대상으로 하는 강연장에서 역사를 적은 책 읽기를 강조하곤 한다. 지난 시대의 일들은 반드시 오늘의 일과 연관되어 흘러왔기 때문이다.

> 기업이 어려울 때 '경영학개론'을 읽는 것은 아무 도움이 되지를 않습니다. 기업이 어려워질수록 '역사'를 읽어야 합니다. 역사에는 선악을 구별하는 표준이 적혀 있기 때문입니다. 그 표준은 윤리성을 동반합니다. 그러므로 기업이 위기에 봉착했을 때는 역사를 살펴서 읽는 것이 어려움을 타개하는 지름길이 됩니다. 역사에는 반드시 성찰의 기회를 얻을 수 있는 지혜가 담겨 있기 때문입니다.

풍속이나 가학家學(집안에 전해지는 학문)을 기술한 경우나 가전家傳(특정 가문에 전해지는 전통)을 전하는 경우 정사正史 기록記錄이나 역사 소설보다 개인의 수상집이 더 소상한 경우는 얼마든지 있다. 《대동야승大東野乘》이라는 이름으로 묶인 90여 권의 총서叢書는 그것이 기록될 당시에는 개인의 수상이나 수필의 형식을 빌렸지만, 세월이 많이 흐르면서 역사서의 가치를 지니게 되었다. 자신들이 살고 있는 시대상을 진솔하고 충실하게 반영하였기 때문이다. 이 경우 성현成俔의 《용재총화慵齋叢話》가 전범이 되지 않을까 싶다.

성현은 성종 시대를 살았던 대표적인 지식인답게 당대 사람들의 삶과 풍속을 진솔하게 적어서 남겼다. 재미있고 소상하게 적으면서도 당대의 의미를 후대에 전하려는 다분히 의도적인 글쓰기를 했다는 생각이 들 정도이다.

옛날에는 시장에서 에누리하는 일이 없고, 물가도 갑자기 뛰어오르는 일도 없었는데, 지금은 상인들의 간교함이 날로 심하여 물건은 반이나 잡것이 섞이고, 한 자짜리 생선은 한 말의 곡식과 서로 바꾸게 되고, 한 수레의 물건값이 베布를 바리로 실어 가게 되었다. 염색하는 집이 더욱 심하여 비싼 값을 견디기 어렵건만 호세豪勢한 사람들은 오히려 사치하고 아름다운 것만을 일삼으면서 값을 다투지 아니하고 그 값을 올릴 뿐이다.

마치 오늘날 우리의 현실과 조금도 다르지 않다는 점을 느낄 수가 있을 줄로 안다. 이 같은 개인적인 소회를 적은 글이라고 하더라도 오랜 세월이 흘러 한 시대의 정황을 적었다는 신뢰가 쌓이면 역사 기록으로 승화하게 된다. 사람이 살아가는 이야기를 적은 것이 역사라면 그 시대상을 정확히 적은 것도 당연히 역사의 범주 안으로 들어오는 것이 된다.

성 안에 사는 인가가 점점 많아져서 전에 비하면 열 배나 되고 성 밖에 이르기까지 집들이 잇따라 있다. 공사의 건물들은 또한 높고 크게 짓기 때문에 재목이 매우 귀하게 되어 깊은 산중에도 나무는 이미 다 베어 버렸다. 강을 따라 뗏목을 띄우는 자는 고통이 심하다.
비록 세태가 날로 변하기 때문이라고 하나, 세상이 태평하니 예문禮文

이 번거롭고 성대한 것에 힘쓰는 탓일 것이다.

5백 년도 더 된 기록이지만 참 신통하다는 생각이 든다. 그럴 수밖에 없는 것이 그때나 지금이나 사람들은 수도권으로 집중되고, 잘 사는 사람들은 사치를 선호하고, 거들먹거리는 것도 인지상정이 아니겠는가.

옛날에도 통행금지 제도가 있었다. 임금님이 거처하는 궁궐을 안전하게 지키기 위해서는 불가피한 일이겠지만, 따지고 보면 백성들의 생업이 지금과 같이 절박하지 않았기에 그만 한 불편을 감수할 수밖에 없었던 것으로 짐작되지만, 그 구체적인 내용은 이러하다.

예전에는 성문과 궁문을 모두 파루罷漏를 치면 열고, 인정人定을 치면 닫았다. 승지 등은 사경四更에 궁문에 가서 궁문이 열리는 때를 기다려 들어가고, 밤이 깊어서야 집에 돌아온다. 남이南怡의 난에 예종의 명령으로 궁문은 평명平明에 열고 어두울 무렵에 닫게 하니 사람들이 편안하게 여겼다.

성현이 자신의 수상집인 《용재총화》의 1권에 적은 이 같은 내용들은 물론 특정한 기준 없이 편의상 뽑은 것이라 해도, 여기에서 끝나지 않고 대단히 소중한 내용들이 무진장하게 이어진다. 성현이 그런 내용들을 소상히 적어서 남기지 않았다면 후대를 사는 우리로서는 짐작하기조차도 어려운 내용들이 아닐 수 없다. 그러므로 당대에는 수상의 형식으로 기술하였다고 하더라도 그 내용이 진솔하게 담기면 세월의 흐름에 따라 역사의 기술로 승화된다 함은 앞에서 지적한 바와 같다.

  이러한 이치는 오늘이라 하여 다를 것이 없다. 일상의 잡담으로 채워진 수필이라는 글들은 아무 감동도 없이 사라져 가지만, 시대의 흐름, 시대의 아픔을 진솔하게 적은 글들은 반드시 후세에 남아서 역사서의 역할을 대신한다는 사실을 글을 쓰는 사람들은 깊이 유념해야 될 일이다.

길이 없으니 유통이 막힌다

　사극 영화나 역사 드라마가 언제나 까다로운 조건을 요구하고, 논란이 되는 부분이 '고증'이라는 분야이다. 드라마나 영화는 문자로 쓰이는 것이 아니라 영상을 표현수단으로 하고 있기 때문이다. 예컨대 복식으로 신분이 구별되고, 머리의 색이 검고 흰 것으로 나이를 짐작하게 하며, 사용되는 어투로도 신분의 차이를 판별하게 되며, 타고 가는 가마나 사인교를 보고도 신분을 확인할 수 있기 때문이 아닌가 싶다. 그러나 역사 소설의 경우는 고증의 문제가 크게 논란이 되는 경우가 뜻밖으로 흔하지가 않다. 그것은 역사 소설이 문자로 표현되는 픽션이기 때문이며, 인간을 탐구한다는 구실로 분명치 않은 사실 부분을 의도적으로 피해도 작품을 이루는 데는 아무 하자가 없다는 안이

한 생각에서 비롯되었다고 짐작된다.

비근한 예가 되겠지만 드라마나 영화의 경우라면 어떤 집안의 모든 가족이 등장하게 되는 것이 보통이지만, 소설의 경우는 작가에게 필요한 사람만이 등장한다 하여도 무리 없이 스토리를 꾸려 갈 수가 있고 특정 인물의 일생을 소설에 필요한 경우만 묘사하여도 큰 문제가 없겠지만, 드라마나 영화의 경우 설날과 같은 명절에는 온 가족이 모두 등장해야 하는 까닭으로 때로는 보학譜學(족보에 관한 일)에까지 관심을 두어야 하는 등 복잡한 문제가 항상 따르게 된다.

역사 드라마나 역사 소설을 쓰는 작가들 모두가 고증의 문제를 까다롭게 여기는 것은 그 논거를 일목요연하게 적어 놓은 이른바 한 권짜리 결정적인 텍스트가 없기 때문이다. 그러므로 고증의 문제도 개인이 남긴 수상문에서 찾게 되는 경우가 허다하다. 이를테면 여류 실학자가 쓴 《규합총서閨閤叢書》와 같은 책에는 우리나라 반가의 규방 문화는 물론 부엌에서 이루어지는 사소한 음식 문화까지 망라되어 있고, 허준의 《동의보감東醫寶鑑》에는 당시의 조선 의학이 너무도 구체적으로 담겨 있다. 음식이나 의술과 같은 전문지식이 아닌 경우에는 앞에서 설명한 대로 개인의 문집(혹은 수상집)에서 찾을 수밖에 없지만, 대개가 우연히 읽으며 발견되는 것이지 무슨 이야기가 무슨 책에 쓰여 있다는 식의 목록이 나열되어 있는 경우는 흔하지 않다.

음률에 일가를 이루었던 정조 때의 실학자 홍대용洪大容은 외출할 때면 늘 거문고를 등에 메고 다녔고, 조선 시대 최초로 선글라스風眼鏡(풍안경)를 꼈던 멋쟁이 지식인이었다. 그가 남긴 수상집 《담헌집湛軒

集》에도 정사에 적히지 않은 일상의 일들이 너무도 소상히 남겨져 있어 후학들의 어려움을 덜어 주고 있다.

> 가옥의 구조는 서울 외에는 대부분 초가草家가 10분의 8, 9쯤 된다. 침실은 모두 온돌이며 사방이 벽으로 되어 있고, 모두 들창과 문이 있다. 이는 중국의 구들 형태와는 같지 않으며, 다시 실외에는 나무판자로 마루를 놓았다.
>
> 홍대용, 《담헌집》, 외집 권2 《건정동필담乾淨衕筆談》 상권

우리나라 가옥의 형태와 구조를 살필 수 있는 귀중한 사료가 될 내용이지만, 이 역시 당대의 전문 서적이 아니라 한 사람의 수상집에서 확인할 수 있는 것도 앞에서 설명한 바와 같다.

홍대용과 같은 시대를 살았던 실학자 박제가의 《북학의北學議》에 적힌 다음과 같은 기록도 당시의 풍속을 살피는 데 대단히 중요한 단서를 제공해 주고 있다.

> 우리나라에서는 날마다 소 5백 마리가 죽는다. 나라에서 거행하는 제사와 호궤犒饋(군사들을 위로하여 베푸는 것) 때는 성균관이나 5부 안까지도 24개 소의 고깃간이 생기고, 3백여 주州의 관읍에서도 반드시 고깃간을 벌였다. 혹 작은 고을에서는 날마다 소를 잡지 않지만 큰 고을에서는 몇 마리씩 겹쳐 잡으니 결국은 날마다 잡는 셈이다.
> 또 서울과 외방에서 혼인잔치 때나 장례 때 잡는 것 등 법령을 어기면서

사사로이 잡는 것을 합치면 대충 계산하여도 벌써 그와 같다.

박제가, 《북학의》

국가가 기록한 문건이 아닌데도 역사와 풍속을 살피는 데 필요 불가결한 내용을 담고 있다. 개인의 기록이 역사를 보완하는 데 얼마나 소중한 것인가를 보여 주기도 하거니와 문필가가 글을 쓸 때 무엇을 유념해야 되는지를 잘 보여 주고 있는 예라 하겠다.

우리나라는 동서로 천 리이고 남북으로는 동서의 3배나 된다. 서울은 그 한복판에 있기 때문에, 사방에서 모여드는 물자가 오는 거리는 가로로는 5백 리에 불과하고 세로로는 1천 리에 불과하다.
또 3면이 바다로 둘러싸여 있으므로 바다에서 가까운 곳은 각기 배로 통행한다면 육지 위에서만 통상하는 자가 서울까지 멀어도 5, 6일에 불과하니 가까우면 2, 3일밖에 걸리지 않을 것이다.
그리고 한쪽 가에서 서쪽 끝까지 간다 해도 날짜가 곱이 걸릴 정도일 것이다. 유안劉晏(당나라 시대의 정치가)이 걸음 잘 걷는 자를 각처에 배치하듯 한다면, 4방 모든 물가의 높고 낮은 것을 며칠 안에 고르게 할 수 있을 것이다. 그러나 두메산골에서는 돌배를 담가서 신맛을 메주 대용으로 쓰는 자가 있으며, 또 새우젓이나 조개젓을 보고는 이상한 물건이라 하니 그 가난함이 이와 같음은 어째서인가. 단언하건데 그것은 수레가 없는 까닭이라고 할 수가 있다.

박제가, 《북학의》

박제가의 《북학의》가 간행된 것은 정조 2년(1778)이다. 지금부터 불과 230년 전 조선 땅에 '수레'가 다닐 수 있는 길이 없었던 까닭으로 물류가 이루어지지 못했다는 충격적인 내용을 담고 있다. 경제학을 전공하는 사람들도 역사를 적은 전적에 관심을 두어야 하는 것은 바로 이 같은 귀중한 증언이 실려 있기 때문이다.

이런 종류의 글을 소개하자면 지면이 모자랄 정도로 끝이 없지만, 옛날 기록이 오늘의 일과 같거나 상통되는 일은 너무도 흔하다. 역사가 '지난 한때의 기록일 뿐만 아니라 미래로 이어지는 맥락'이라는 사실은 아무리 강조하여도 부족함이 없다. 그러므로 역사를 적은 문헌을 읽는 것은 가슴에 간직하기 위한 것이지 읽고 버리라는 것이 아니다. 낡은 것을 읽어서 새것으로 간직하는 지혜를 배워야 하는 것은 역사인식을 날 세우기 위해 꼭 필요하기 때문에 더욱 그러하다.

압구정동
엘레지

우리가 젊었을 때도 청년 문화라는 말은 있었다. 듣기만 해도 가슴 설레는 말이었지만, 소득이 높아지면서 청년 문화의 개념도 조금씩 이질화되어 가는 느낌이다. 지금은 일본의 도쿄 도지사가 되어 온갖 국수주의적인 발언으로 연일 세상을 시끄럽게 하는 보수 꼴통 이시하라 신타로石原慎太郎도 20대에는 《태양의 계절》이라는 제목의 소설로 아쿠타가와상芥川賞을 수상하여 소위 청년 문화를 만들어 낸 젊은 이의 우상이었다. 그 소설의 주인공들은 파격적이고 자유분방해서 새로운 인물상을 만들어 냈고, 소설의 제명을 따 '태양족'이라는 명칭이 등장했다. 그리고 이들이 기성세대의 풍조에 반발하는 이른바 젊음의 문화, 새로운 풍속을 만든 것이 전후 청년 문화의 중심이 되었다.

같은 전후前後라는 개념에서 우리의 경우도 별로 다를 것이 없이 60년대에 청년 문화라는 개념이 있었으나, 특별히 눈에 뜨이는 형태로 정착되지는 못했다. 그러나 70년대로 들어서면서부터는 통기타족, 청바지족으로 불리는 활기에 찬 젊은이들의 모습이 등장하더니 마침내 명실상부한 청년 문화의 실상이 드러나기 시작하였다. 80년대로 접어들면서부터는 억압으로부터의 탈출을 시도하는 저항 세력이 청년 문화를 주도하는 듯한 기미도 있었다. 구태여 공과功過로 보자면 반반으로 평가해도 하자가 없을 것으로 안다. 그러나 90년대로 접어들면서 싹트기 시작한 소비 성향의 청년 문화는 그리 바람직한 경향으로 보기 어려우며, 경제적인 기반을 조건으로 하였기에 꼴불견으로 보이기 시작하였다.

압구정동 일대를 중심으로 한 소비 유형은 왠지 서먹서먹한 느낌마저 든다. 헤어젤과 스프레이에 얼룩진 오렌지족이라든지, 벤츠나 BMW와 같은 고급 자동차를 몰고 다니는 젊은이들의 소비 성향에서, 또 그러한 과대 포장이 부러움을 사는 지경이면 패기 넘치는 청년 문화로 분류하기가 어렵다. 게다가 그들의 주무대라고 할 수 있는 압구정동 일대를 이방지대라고까지 말하는 지경이 되었다. 여기에서도 우리가 겪은 역사와 무관하지 않은 '이방異邦'의 새 물결이 재탕되었다는 사실에서 역사의 오묘한 흐름에 예외가 없음을 알게 된다.

조선 시대에 도성에 사는 명사들의 별장은 대개가 지금의 서강대교 근처에 몰려 있었다. 그 지점이 한강이 굽어서 흐르는 곳이고, 때가 되면 백련꽃이 흐드러지게 피었다는 기록이 있다. 지금도 효령대군의 별장이었던 희우정喜雨亭, 望遠亭이 남아 있을 정도이다. 그러나 칠 삭둥이 재상 한명회韓明澮는 임금(성종)의 장인임에도 홀로 한강 건너편에 있는 솔밭 언덕 위에 별장(압구정)을 지었다. 참으로 선견지명이 있었던 것으로 판단된다. 그로부터 6백여 년 뒤에 현대건설의 정주영 회장에 의해 바로 그 자리에 우리나라 최초의 아파트 단지가 건설되리라는 것을 미리 예견이나 하고 있었던 것처럼…….

아무튼 한명회의 별장 압구정은 호화로움의 극치를 이루어 조정의 대관들은 그곳에 초청되어 풍류를 즐기는 것을 일생의 영광으로 삼았을 정도였고, 멀리 중국에까지 소문이 나 조선으로 오는 사신들 또한 압구정에서 연회를 베풀어 주기를 임금에게 간청하는 지경에까지 이르게 되었다.

그때의 법도로는 임금의 허락이 없이는 개인이 중국의 사신들을 초청할 수가 없었다. 사정이 이와 같고 보면 정자의 주인인 한명회도 난처한 일이지만, 임금이나 조정으로서도 난감한 노릇이 아니고 무엇이겠는가. 융숭하게 예우해야 할 중국 사신들의 간청을 거절하기가 어려웠기 때문이다. 이 같은 한명회의 난감한 사정을 적어 놓은 사료가 있기에 여기에 소개해 보기로 한다.

신이 압구정을 지은 것을 스스로 깊이 뉘우칩니다. 신이 옛날 사명使命을 받들고 중국 조정에 들어갔을 때에 학사學士 예겸倪謙과 더불어 접화하고자 하여 드디어 청하기를 "한강에 조그마한 정자를 지었으니, 원컨대 아름다운 이름을 내려 주십시오." 했더니 이에 '압구狎鷗'라고 이름하고 또 기記를 지어 주었습니다. 중국 사신이 이것으로 인하여 이 정자가 있는 것을 알고 가 보고자 하는 것입니다.

《성종실록》, 성종 11년 6월 7일 자

뿐만이 아니라 한림학사 예겸의 인품 탓인지 중국의 학사들이 앞을 다투어 압구정에 대한 시詩와 기記를 지어 보냈다는 기록도 있는 것을 보아서는 압구정의 호화로움과 아름다움이 예사롭지 않았던 것만은 사실인 것 같다. 압구정에 대한 성가가 이 정도가 되면 마땅히 자랑스러워야 할 일이 분명하지만, 그로 인한 고통이 얼마나 컸으면 한명회가 "신이 압구정을 지은 것을 스스로 깊이 뉘우칩니다."라고 토로하였겠는가.

설사 그렇기로 압구정이 건재하고서는 말썽이 이어지게 마련이어서 그 후에도 중국에서 오는 사신들은 압구정에서 연회하기를 강청하기가 일쑤였다. 그들이 귀국한 다음에 압구정에 들러 보지 못했다고 하면 조선에 다녀온 보람이 없다는 풍조가 있었던 모양이다.

결국 압구정 문제는 성종의 진노를 사기에 이른다.

내가 듣건대 재상 중에 강가에 정자를 지은 사람이 매우 많다고 한다. 지금도 중국의 사신들이 압구정에서 놀자고 하거니와 뒤에 오는 사신들도 반드시 강가에 있는 정자에서 놀자고 할 것이니, 나는 강가에 있는 정자를 헐고자 한다. 올해 안에 모두 헐어 없애도록 하라.

《성종실록》, 성종 11년 6월 7일 자

우리가 익히 알고 있는 바와 같이 한명회는 성종의 장인이다. (임금이라 할지라도) 사위가 장인의 별장을 헐어 없애라고 명하였다면 압구정으로 인한 폐해가 얼마나 컸던가는 짐작하고도 남는 일이다. 그런 압구정의 역사지만 언제 지어져서 언제 헐렸다는 정확한 기록이 없는 것은 아쉬움으로 남는다.

한명회의 압구정은 당대 화려한 소비문화를 상징했는데, 그로부터 5백여 년이 지난 지금에 이르러 그 이름을 딴 지역이 소비문화를 상징하고 있는 것은 무슨 연유인가. 역사가 빚어내는 아이러니라면 어떨지 모르겠다. 조선 시대에는 중국의 사신들이 향응을 즐기고자 하였고, 지금은 외래문화가 범람하는 곳이라면 이 또한 아이러니가 아니고 무엇이랴.

강남 지역이 처음 개발될 때, 압구정동은 아파트만 덩그렇게 들어선 벌판이었다. 거기에 상가가 조성될 때까지도 오늘처럼 외래·소비문화가 범람하리라고는 아무도 짐작하지 못했을 것이리라. 그것이 압구정동이라는 이름 때문이라면 살아 있는 역사의 묘미가 아니고 무엇이랴.

나는 압구정동의 화려한 소비문화를 상기할 때마다 사위를 임금의 자리까지 끌어올렸던 칠삭둥이 재상 한명회가 다른 사람들이 앞다투어 별장을 짓던 지금의 서강나루가 아닌, 강 건너 소나무 벌판 언덕 위에 압구정이라는 호화로운 별장을 지은 혜안이 참으로 놀랍다는 생각이 들 때가 많다.

섹스 스캔들

조선왕조는 주자학을 숭상하는 나라였다. 그러므로 모든 행위의 평가는 윤리와 도덕을 척도로 삼을 수밖에 없었고, 나라를 다스리는 치도의 이념조차도 윤기와 강상綱常을 으뜸으로 여겼다. 따라서 사회규범은 엄격하기 그지없었다. 규범이 엄격하다는 것은 규제가 심하다는 뜻이기도 하지만, 조선 역시 사람이 사는 곳이었으므로 규범이나 규제가 무너지는 것도 사람이 사는 상정일 수밖에 없다.

남녀칠세불공석男女七歲不共席이라는 말도 그렇다. 남자와 여자가 일곱 살이 되면 자리를 함께하지 않는다는 규범을 놓고 해석이 구구한 것은 엄격하기는 해도 애매한 규제이기 때문이다. 그 말의 참뜻은 자리를 함께하지 못한다는 뜻이 아니라, 같은 '자리' 위에 함께 앉지 못한다는 뜻으로 풀이하는 것이 옳은 것으로 되어 있다. 설사 그렇다고 하더라도 남녀가 유별하다는 것만은 분명하다. 그런데도 세간을 떠들썩하게 한 섹스 스캔들이 있었던 것을 보면 남녀 간의 본능적인 욕정은 규범이나 규제로 다스려지는 것이 아님이 오늘날의 일과 조금도 다름이 없었음을 여러 기록들이 보여 주고 있다.

세종 조에 있었던 섹스 스캔들의 주역은 단연 유감동俞甘同이었다. 섹스 스캔들과 같은 부도덕한 일이 《조선왕조실록》에 소상히 기록되었다면 당대에 있어서는 대단한 물의를 빚었던 사건임을 입증한다.

《세종실록》에 따르면 유감동은 검한성 유귀수俞龜壽의 딸로 태어나 평강 현감 최중기의 아내가 되었다. 최중기가 무안 군수가 되어 임지에 부임하면서 아내 감동과 함께 갔으나, 감동은 병을 빙자하여 홀로 서울을 오르내리면서 스스로 창기倡妓라 자처하며 많은 사내들과 간음을 했다. 그녀와 관계한 사내들은 대개가 사대부들이라 마침내 사헌부에서 이를 문제 삼기에 이르렀다. 물론 보고를 받은 세종도 진노하여 철저한 조사를 명하게 된다. 《세종실록》은 유부녀 유감동과 관계를 한 사내들의 수를 헤아릴 수 없다고 적으면서 때로는 그 장소까지를 밝혀 놓을 정도로 세세하게 기록하고, 그로 인해 파직을 당했거나 하옥된 사람들의 이름까지를 세세히 적어 놓기에 이르니 그 후손들의 수치심 또한 이만저만이 아니었다. 실제로 필자가 MBC에 〈조선왕조 500년〉을 쓸 때는 유감동의 섹스 스캔들을 다룰 것인지 다루지 않을 것인지를 확인한 후손이 있을 정도로 망측하기 그지없는 사건이었다.

유감동의 섹스 스캔들에 관련된 사람들의 명단에는 이조 판서 정효문, 상호군 이효량, 해주 판관 오만로, 도사 이곡, 호군 전유정을 비롯하여 장연첨, 절제사 박종지, 행사직 주진자, 판관 유승유, 길주 판관 안위, 진해 현감 김이정 등 수많은 관리들과 황희 정승의 아들 황치신을 비롯해 전수생, 김여달과 같은 명문가의 자제들도 끼어 있다. 이들은 대부분 하옥되어 곤장을 맞은 다음 파직되었고, 유감동은 평생 지방 관아의 종으로 부처되었다.

'남녀칠세불공석'은 규제하기 어려운 규범임을 짐작하고도 남는다. 점잖은 강아지가 부뚜막에 먼저 오른다는 속언은 이런 일을 두고 하는 말인지도 모른다.

세종 조를 떠들썩하게 하였던 유감동의 섹스 스캔들보다 더 요란하고 질퍽하였던 근친상간 사건의 주역은 성종 조의 종실宗室 여성인 어우동於乙于同의 파격적인 행적이 아닐까 싶다. 어우동은 성종 조의 승문원 지사였던 박윤창朴允昌의 딸로 태어나서 종실 명문인 태강수泰康守 동仝에게 출가를 했던 탓으로, 외명부의 품계인 혜인惠人으로 봉작되었던 종실의 일원이다. 더 구체적으로 적으면 세종의 형님인 효령대군의 손자며느리였다. 그녀의 스캔들에서 주목해야 할 점은 대개가 근친상간이어서 종실과 양반사회의 타락을 한눈에 볼 수가 있다는 점이다.

어우동은 팔촌 시아주버니가 되는 수산수守山守 기驥(성종의 현촌)와 간통을 하고서도 또다시 육촌 시아주버니인 방산수方山守 난(세종의 손자)과 통정을 했으니 참으로 끔찍한 일이 아닐 수가 없다. 어디 그뿐이던

가. 그녀는 마음에 드는 사내의 몸뚱이에 자신의 이름을 자청刺靑(문신)하기를 강요하였다. 이리하여 전의감 생도였던 박강창은 팔뚝에 '어우동'이라는 글자를 새겨 넣게 되었고, 서리 감의동은 등판에다 사랑하는 여인의 이름을 문신으로 새겨 넣기까지 하였다.

전해지는 기록과 《성종실록》의 기사에 따르면 어우동과 관계한 사람들은 한결같이 그녀의 늪에서 헤어나지 못한 것으로 되어 있다. 병조 판서 어유소와 직제학 노공필과 같은 고위 관리들은 물론, 헌부의 도리 오종연吳從年 같은 아전과도 깊은 관계를 맺었고, 특이하게도 과거에 등과하여 유가遊街 길에 올랐던 홍찬洪燦은 그녀로 인해 평생 신세를 망친 사내 중의 한 사람으로 기록되었다.

어우동에게는 번좌番佐라는 딸이 하나 있는데, 그 아비가 누구인지 모르는 것으로 기록되어 있다. 그녀는 도승지 김계창의 끈질긴 탄핵을 받고 형장의 이슬로 사라졌다.

유감동이나 어우동의 스캔들은 실록에 등재된 사건이어서 그녀들의 대담성이나 사대부들의 성희性戱가 구체적으로 드러나 있지만, 표면으로 드러나지 않은 음행은 또 얼마나 많았을까. 그것을 입증할 만한 재미있는 기록이 있어 여기에 소개해 보고자 한다.

조선 시대 한양성의 북대문은 숙정문肅靖門(지금의 혜화동 소재)이었다. 이 문이 열려 있으면 성 안(서울)의 유부녀들에게 음탕한 바람이 분다는 풍수설을 근거로 많은 사람들이 통행하는 숙정문을 아예 폐문을 했다. 이 사실로 당시 성 안 유부녀들의 풍기가 얼마나 문란했던가를 미루어 짐작할 수가 있지를 않겠는가. 결국 '남녀칠세불공석'이라는 규범은 그야말로 아이들 교육에 필요한 구호에 불과했던 게 분명하다.

TV 드라마의 화면에 갓을 쓴 도령과 머리를 땋은 규수가 서로 얼싸안고 지금과 똑같은 방법으로 키스를 한다면 시청자들은 당혹해하고, 비평가들은 조선 시대의 남녀가 서양식 키스를 한다고 노발대발할 것이 분명하지만, 신체구조에 동서양의 구별이 없고 보면 키스 방법까지 동서양이 다를 수가 없지를 않겠는가.

역시 세종 시대에 있었던 일로 충격적인 화제를 뿌렸던 사건은 대궐에서 일하는 무수리 아이들의 동성애였다. 상궁들은 평생 혼자 살아야 한다. 그 처절한 외로움을 달래기 위해 생겨난 것이 동성애였다. 세종의 며느리였던 빈궁 봉씨는 소쌍召雙이란 무수리와 동성애를 하다가 시어머니인 소헌왕후의 문초를 받게 된다. 소헌왕후는 문초 과정에서 동성애의 방법까지 추궁했다. 소쌍의 자백은 이러했다.

빈궁마마께서 쇤네에게 동침하자 하시므로 쇤네는 이를 사양하였사온데 마마께오서는 쇤네를 윽박지르셨사옵니다. 쇤네가 옷을 반쯤 벗고 병풍 속으로 들어갔더니 빈궁마마께서 저의 옷을 벗기고 강제로 눕게 하여 마치 남녀가 교합하는 형상과 같이 서로 목을 안고 혀를 바꾸어 빨면서 희롱하였사옵니다.

마지막 대목을 《조선왕조실록》은 '교경지설交脛之舌'이라고 적었으니, 지금의 키스와 조금도 다르지 않았음을 알 수 있다.

아무튼 남녀가 서로 사랑하는 일……, 그 사랑에 규제가 가해지면 은밀하게 만나서라도 규제를 넘어설 수밖에 없었던 것은 옛날이나 지금이나 다를 것이 없다.

남녀칠세불공석. 그것은 법도가 아니라 언제든지 뛰어넘을 수 있는 관행이 아니었을까 하는 생각을 하게 된다.

내시들의 미인 아내

청나라가 망했을 때, 자금성의 뒷문으로 3천여 명의 내시들이 작은 보따리를 끼고 쫓겨 나오자 구경하던 사람들이 탄식을 거듭하였다는 이야기는 너무도 유명하다. 결국 그 많은 내시들의 폐해와 음모에 의해 청나라가 망했다는 탄식이 아니겠는가.

중국의 영향을 받은 우리나라의 내시들도 고려 시대 초기까지는 고위 관직을 겸할 수가 있었다. 그러자니 내시들의 음모와 폐단은 이만저만 큰 것이 아니었다. 이를 거울삼아 조선 시대에는 내시가 고위 관직을 겸하는 것을 엄중히 금하였다.

환관이라고도 불리는 내시는 군왕과 가장 가까운 거리에 있었기에 조정의 기밀을 누구보다도 소상히 알 수 있었고, 각 정파 간의 반목과 대립도 정확하게 파악할 수가 있었다. 그러므로 각 정파나 문벌의 두령들은 내시를 매수하여 그들이 알고 있는 정보를 비싼 값에 사들일 수밖에 없었고, 또 군왕은 자신의 손발과 같은 내시들의 노고를 치하한다는 명목으로 토지와 재물을 자주 하사하였다. 내시가 대단한 부를 누리면서 여러 처첩을 거느리고 호화롭게 살 수 있었던 것은 주변의 여러 여건이 그들에게 위세를 제공해 주었기 때문이다.

내시들에게 성한 관리들보다 더한 위세가 있었다는 사실은 명문대가에서 내시에게 다투어 딸을 주었다는 사실로도 알 수 있다. 내시가 성행위가 불가능한 것을 알면서도 귀애하는 딸을 그들에게 출가시키는 것은 딸을 팔아서 치부를 하거나 출셋길을 터 보겠다는 탐욕이 없이는 불가능하다.

내시 사위를 보는 명문가가 늘어나자 연산군은 이례적인 왕명을 내리게 된다.

> 내시들이 외간 사람들과 상통하니 궁중의 일이 혹시라도 누설될 것인데, 더구나 양쪽 사돈과 동서 간의 관계가 되는 자임에랴. 지금 많은 내시들이 조정 관원들의 친족에게 장가를 들어 아내로 삼으니 그 사이에 어찌 인연으로 왕래하여 궁궐 안의 일을 전파함이 없겠는가. 내시의 처족되는 조정 관원은 외방으로 내보내 서울에서 살지 못하게 하되, 내시가 죽은 다음에야 서울로 돌아올 수 있음을 중외에 알리라.
>
> 《연산군일기》, 연산군 10년 5월 14일 자

이 같은 왕명에 따라 엄중히 조사를 하였더니 내시를 사위로 맞은 사람은 첨지사 조한손 등 32명으로 나타났고, 특히 정효창이라는 내시가 왕후의 친족에게 장가를 들었음이 밝혀지자 곤장 1백 대를 때려서 귀양을 보냈다고《연산군일기》에 기록되어 있다.

내시부의 고위직에 있는 내시의 처첩들은 대개가 미인이라고 전해진다. 극형에 처해질 대죄에 몰린 사대부가의 딸이 아버지의 죄에 연좌되어 지방 관아의 관노로 가게 되면, 내시는 임금에게 간청하여 그녀들을 하사받을 수 있었기 때문이다.

내시들의 비정상적인 성행위는 그들의 가정에서만 국한되어 있었던 것은 아니다. 내시들이 궁궐에서도 상궁과 무수리를 사랑하고 때로는 괴롭히다가 발각되어 중벌을 받기도 하거나 대궐에서 쫓겨난 사례도 있다.

> 환관 이경(李瓊)과 석극산(石克山)을 전의감 관원을 시켜 그들의 음근(陰根)을 조사해 보도록 하라.
>
> 《연산군일기》, 연산군 10년 9월 7일 자

얼마나 놀라운 일인가. 이 기사의 내용으로 미루어 본다면 성기능을 갖춘 멀쩡한 사람이 궁궐에 잠입하여 내시 행세를 하고 있었음을 알 수 있다. 그 실례로 연산군이 가끔 모든 내시들을 한곳에 불러 모아 바지를 내리게 하여 그들의 성기를 몸소 눈으로 확인하였다는 기록 또한《연산군일기》에 등재되어 있을 정도이다.

연산군은 내시들에게 '신언패愼言牌'를 목에 걸고 다니게 하였다. 그 신언패에 새겨진 구절이 기가 막히다.

입은 화를 불러들이는 문이요口是禍之門
세 치 혀는 몸을 베는 칼이다舌是斬身刀.

임금이나 비빈들이 주고받은 은밀한 내용이나 지켜져야 할 조정 대사의 내밀함이 내시들로 인해 밖으로 새어 나가는 것을 방지하기 위한 조처로 위와 같은 글귀가 새겨진 신언패를 목에 걸고 다니면서도 연산군의 부도덕함을 입에 담았음은 아이러니가 아닐 수 없다.

'입은 화를 불러들이는 문이요, 세 치 혓바닥은 몸을 베는 칼'이라는 사실은 내시들에게만 해당되는 것이 아니라, 바로 그것이 부메랑이 되어 연산군 자신에게로 돌아간다는 진리를 잘 알고 있었기 때문이 아니겠는가.

세자빈을 두 번 내친
성군 세종

　임금에게도 백성들과 똑같은 사생활이 있다. 부모님을 모셔야 하고, 처자를 거느려야 하기에 가족 간의 유대가 있는 것처럼 갈등도 있게 마련이다. 태조 이성계와 태종 이방원은 극심한 부자간의 갈등을 겪어야 했고, 시어머니 인수대비와 며느리인 성종비 윤씨 간의 갈등은 여염집에서 겪는 고부간의 충돌보다 더하면 더했지 못하지 않았다. 또 수양대군과 단종이 겪은 숙질간의 다툼은 요즘 재벌가의 상속 싸움과 비교될 정도가 아닌 목숨을 건 갈등으로 일관되었다.

　임금 중에서도 사적인 불행을 따지자면 세종의 뒤를 이었던 문종만 하기가 쉽지를 않다. 문종은 세자 시절부터 음률音律과 주색을 멀리하고 학문에만 정진하였기에 아버지 세종으로부터는 극진한 사랑을 받았으나, 아내인 세자빈에게는 원망의 대상일 수밖에 없었다.

첫 번째 지어미(세자빈)로 맞아들인 여인이 휘빈徽嬪 김씨이다. 그녀는 빈궁의 자리에 오르는 날부터 독수공방의 연속이었다. 밤낮으로 책읽기에만 골몰하는 문종은 동궁東宮과 집현전을 오가며 독서 삼매경에 빠지면서 홀로 밤을 지새우면서도 김씨의 거처를 찾는 일이 거의 없었다. 홀로 외로움을 견디지 못한 휘빈 김씨는 멀리 있는 지아비를 가까이 끌어들이기 위해 점쟁이들이 보는 방술서에까지 매달리게 된다. 물론 궁중의 여인들에게는 금기시된 책이다.

휘빈 김씨는 방술서에 적혀 있는 대로 지아비의 신발을 훔쳐다가 불에 태우고, 그 재를 모처럼 찾아온 지아비의 술에 타서 마시게 하였다. 물론 지아비를 가까이 두고자 하는 지어미의 염원의 발로이지만 세자빈의 행실로는 비열하기 그지없다. 이 사실을 알게 된 세종 내외는 격노하였고, 마침내 맏며느리를 폐출하는 아픔을 감내하기에 이른다. 이름 있는 사대부가에서도 맏며느리를 내치는 일이 불미하게 여겨지던 시절인데, 항차 세종 내외의 심기야 오죽하였겠는가.

두 번째 세자빈으로 맞아들인 순빈 봉씨도 지아비가 찾아 주지 않는 독수공방을 견디지 못했다. 게다가 그녀는 동궁의 후궁 출신이라 대궐 안의 법도와 풍속을 누구보다도 소상히 알고 있었다. 당시 대궐 안에는 동성애 풍조가 만연해 있었다.

임금과 왕비를 가까이에서 보살피는 상궁들은 죽지 않고서는 대궐을 나갈 수가 없고, 또 평생을 혼자 살아야 한다. 그 외로움을 달래는 방편으로 대궐 안에 동성애가 은밀하게 퍼져 있었다. 이 사실은 임금과 왕비만 모르고 있을 뿐 상궁들은 모두 알고 있는 궐 안 풍속이나 다름이 없었다. 순빈 봉씨 또한 지아비 세자가 찾아 주지 않는 독수공방을 견디지 못해 대궐 안에 번지고 있던 동성애에 휘말리게 된다.

　순빈 봉씨는 자신이 거느리고 있는 소쌍이라는 무수리 아이에게 동침을 강요한다. 공교롭게도 소쌍에게는 단지端之라는 같은 무수리 애인이 있었던 게 문제였다. 빈궁에게 애인을 빼앗긴 단지의 질투가 타오르면서 대궐 안에는 빈궁과 소쌍 그리고 소쌍과 단지의 삼각관계가 질풍과도 같은 속도로 퍼져 나가게 된다.

　마침내 그 소문은 시어머니인 소헌왕후의 귀에까지 들어가게 된다. 세자빈의 동성애는 왕실의 수치이고도 남는다. 진노한 소헌왕후는 소쌍을 불러 문초를 하기에 이른다. 해괴망측하게도 소쌍은 있었던 일을 가감 없이 고하기에 이른다. 마침내 소헌왕후는 봉씨를 불러 그 진상을 추궁하게 된다. 《세종실록》은 놀랍게도 봉씨의 말을 가감 없이 기록해 놓고 있다.

　　소쌍이 항상 단지를 사랑하고 좋아하여 밤에도 혼자 자는 일이 없었고, 낮에도 서로 껴안고 혀를 바꾸어 가며 빨았다召雙與端之常時愛好, 不獨夜寢. 晝亦交頸砥舌…….

　국가의 공식 문서인 《세종실록》의 기록이 이러하다면 봉씨는 폐빈이 되어 대궐에서 쫓겨나야 하는 것이 마땅하다. 이 불미한 사건은 세종 내외에게 맏며느리를 두 번 내쳐야 하는 고통을 안겨 주고야 만다.

첫 번째 며느리 순빈 김씨를 내칠 때의 수치심이 채 가시지도 않았는데 새로이 맞이한 두 번째 맏며느리를 동성애를 하였다는 죄목으로 내쳐야 하는 일은 그것이 오늘날의 일이라고 하여도 그 수치심이 하늘을 찌르고도 남을 일인데, 세종 내외의 괴로움과 수치심을 어찌 헤아릴 수가 있겠는가.

세종 내외는 쫓아낸 두 며느리가 모두 동궁의 후궁이었으므로 세 번째 빈궁은 팔도에 간택령을 내려서 명문대가의 규수를 맞자고 세자를 설득하였으나, 세자(후일의 문종)는 이미 두 사람의 지어미를 불미한 일로 내친 처지로 어찌 백성들을 번거롭게 할 수 있겠느냐고 사양을 거듭하는 성군의 자질을 보인다. 세종은 성군의 자질을 보이는 세자의 뜻을 받아들이지 않을 수가 없었다. 그리하여 세 번째로 맞이한 맏며느리도 동궁의 후궁 중에서 간택하게 된다. 바로 이 분이 단종을 낳고 세상을 떠난 현덕왕후 권씨이고 보면, 당사자인 문종의 스트레스가 어느 정도였을지는 충분히 짐작하고도 남는다.

아니나 다를까 문종은 재위 2년 서른아홉 살을 일기로 세상을 떠난다. 결국 아무리 성군의 자질을 타고난 임금이라 하더라도 처복이 있어야 하고, 왕실의 가정사에도 탈이 없어야 나라가 평안해진다는 교훈도 함께 배우게 된다.

우리 무술
십팔기

　여러 사람들과 만나서 이런저런 이야기를 나누다 보면 잘못된 상식을 옳다고 믿고 있는 사람들이 뜻밖으로 많다. 그때 하는 말 중에서 특기할 만한 것이 "저도 나름대로 조금은 알고 있습니다만……."이라는 아주 조심스런 겸손을 가장한, 실상은 자신감에 찬 확신을 화두의 조건으로 삼는 경우이다. 따지고 보면 그 '나름대로 조금 알고 있다'는 잘못된 지식이 무지를 드러내는 근원이라는 사실을 대개는 모르고 있다는 데 문제가 있다.
　이 같은 잘못된 상식을 직장 상사가 자신감 넘치게 입에 담으면 아랫사람들은 대부분 아무 이의를 달지 않고 들어주는 것이 우리 사회의 미덕처럼 되어 있지만, 이 잘못된 섬김의 미덕이 그 상사가 지닌 지식의 한계를 드러내고 더러는 승진의 기회를 잃게 하는 경우도 있다. 우리나라 조직사회의 미덕같이 느껴지는 결함이자 함정이 아닐 수가 없다.

그러므로 "저도 나름대로 조금은 알고 있습니다만……"이라는 겸손을 가장한 무지의 기염은 사회 지도층으로 갈수록 도를 더하고 있는 까닭으로 '그 나름대로'의 정답을 알고 있는 아랫사람들이 처신하기 어려운 것이 또한 지식인 사회의 큰 함정이 아닐 수가 없다.

일본에서는 예로부터 무武를 숭상해 칼을 잘 쓰는 사람들을 무사武士라고 하였고, 그들의 행적이 마치 전설처럼 퍼져 나간 경우가 아주 흔하다. 이를테면 미야모토 무사시가 두 자루의 칼二刀流을 휘두르면 날아가는 파리가 두 동강 난다는 식의 신격화된 실화를 바탕으로 칼을 상찬하는 설화가 사람들의 가슴 깊이 자리 잡고 칼의 문화가 발달하게 되는 것이다. 그러나 중국의 문물과 제도가 조선 반도를 통하여 일본에 정착하게 된 것이 수없이 많지만 유독 과거 제도만은 전해지지 않았다. 그 원인은 아주 간단하다. 칼을 잘 쓰는 사람들이 세상의 일들을 주도하는 판국에 글文士을 잘하는 사람들을 길러 낼 필요가 없었기 때문이다.

도쿠가와 막부 시절만 해도 에도江戶(지금의 도쿄)에는 검술도장道場이 성하여 각기 무슨 무슨 '류流'라는 검술의 면허를 주어 전설적인 칼잡이를 길러 내곤 하였다.

이와는 반대로 조선은 문文을 숭상하는 나라여서 누가 얼마나 칼을 잘 썼다는 전설적인 기록은 별로 없고, 이성계가 명궁이어서 날아가는 까마귀를 동시에 몇 마리 쏘아 잡았다는 식의 전설 같은 이야기는 더러 있다. 또 말을 잘 탔다는 기록도 꽤 있는 편이다. 중국의 경우는 관운장과 같은 거인이 그의 긴 수염에 어우러져 긴 창을 자유롭게 휘둘러서 상대를 눕히는 광경을 상상하면서 중국의 무예가 마치 창술로 대표되는 듯한 상식을 나름대로 만들어 내기도 했다.

한때 이소룡李小龍과 성룡成龍에 의하여 범람하기 시작한 홍콩의 무술 영화가 전 세계 극장가를 휩쓸면서 '쿵푸'니 '취권'이니 하는, 손으로 하는 무술의 본산이 소림사小林寺의 고유 자산이 되어 버린 때도 있었다.

자, 그렇다면 '십팔기十八技'라고 일컬어지는 무술은 어느 나라 무술인가. '십팔기'가 조선 고유의 무술이라는 사실을 자신 있게 말하는 사람들은 극히 드물다. 앞에서 잠시 언급하였듯 조선은 문文을 숭상하는 나라여서 문신을 우대하였던 까닭으로 무신 쪽으로는 인재가 모이지 않았다. 그러므로 임진왜란이나 병자호란과 같은 엄청난 국란을 당하여도 병조 판서兵曹判書(지금의 국방장관)와 같은 요직을 문신들이 맡곤 했다. 그러나 그들이 아무리 많은 병서兵書를 읽는다 해도 실제 전투를 지휘하기에는 많은 괴리가 있을 수밖에 없었다. 임진왜란이나 병자호란과 같은 큰 국란을 당했을 때의 국방장관(병조 판서)이 문신이었던 탓에 그 피해가 컸다는 사실을 누구도 부인하지 않는 것도 그 때문이다.

이에 영조는 대리청정을 하던 사도세자에게 명하여 조선의 고유한 무술을 일목요연하게 정리하여 책으로 엮을 것을 명했다. 사도세자는 총력을 기울여 부왕의 뜻을 받들었으나, 뒤주로 들어가 굶어 죽는 불행을 당하여 뜻을 이루지 못하였다. 영조의 뒤를 이은 정조는 세손 시절부터 무예에 관심이 많았고, 무예로 몸을 단련하여 자신을 위해 하려는 세력과 대결할 정도였다. 그런 정조의 가슴에는 아버지 사도세자의 불행(뒤주 사건)이 원한으로 남을 수밖에 없다. 아버지를 흠모하는 마음 또한 남달랐던 정조는 아버지가 못다 한 위업을 자신의 손으로 마치고 싶었다.

마침내 정조는 이덕무李德懋와 박제가朴齊家에게 명해 조선의 역사를 총망라해서라도 우리 고유의 무술을 모두 정리하도록 명했다. 정조의 심정을 누구보다도 잘 알고 있었던 두 사람은 정교한 그림을 곁들인 방대한 내용의 책을 쓰고 《어정무예도보통지御定武藝圖譜通志》라고 이름하였다. 내용을 검토한 정조는 두 사람의 노고를 치하하면서 친히 서문을 썼다. 이로써 우리나라의 정통 무예가 그림으로 그려져 망라되어, 무반들이 공부하는 공식적인 무본武本이 되었다.

규장각에서 발간된 이 무본에는 칼 쓰기, 창 쓰기, 말 위에서의 무술이 아주 구체적으로 설명된데다 그림까지 그려져 있어 누구나 배우기 쉽도록 배려되어 있다. 무반을 꿈꾸는 사람들에게는 교과서와 같은 책이 되었으나, 십팔기가 여기에 수록된 내용임을 아는 사람은 극히 드물다.

그때로부터 많은 세월이 흘렀으면서도 십팔기가 우리의 고유 무술이라는 사실을 아는 사람들이 흔하지 않은데, 그 내용을 충실하게 재현하여 실연實演하는 연구모임이 있다는 사실은 고무적인 일이 아닐 수 없다.

  우리 고유의 무술이 문(文)을 숭상하는 국가에서 장려되었다는 사실을 보다 확실히 해 둘 필요도 있다. 덕수궁이나 광화문 등에서 수문장 교대식을 할 때 우리 고유의 무술인 십팔기를 공연하게 한다면, 우리가 잘못 알고 있으면서도 "……나름대로 알고 있다."라는 식의 허황된 상식을 고치는 데도 큰 도움이 되지 않을까 싶고, 자라나는 아이들에게 우리에게도 고유 무술이 있었다는 자부심을 심어 줄 수 있는 계기가 되지 않을까 싶기도 하다.

  더구나 경복궁이나 덕수궁을 찾는 많은 외국인 관광객들에게 우리 고유의 무술인 십팔기를 실연해 보여 준다면 두 마리의 토끼를 한 번에 잡는 쾌거가 되지 않을까 싶기도 하다.

세계 최고의
조선시계

　유럽 문화의 융성과 강성을 논하게 되면 반드시 거론되는 것이 15세기 유럽의 르네상스 운동이다. 그 르네상스 운동이 오늘의 유럽 문화를 건재하게 하는 버팀목이라는 사실을 부정할 사람은 아무도 없다.

　이른바 문화 운동 혹은 학문 또는 예술의 재생, 부활을 의미하는 르네상스 운동은 14세기에서 16세기 동안 서유럽에서 일어나고 진행되었다. 또 그것은 사상, 문학, 미술, 건축 등 여러 방면에서 경쟁적으로 나타났다. 이 문예부흥 운동은 이탈리아에서 시작하여 프랑스, 독일, 영국 등 북유럽 지역에 전파되어 제 나라마다 각각 특색 있는 문화를 형성하는 근원이 되었으며, 근대 유럽의 문화가 태동하는 기반이 되었다는 사실에도 이의를 제기할 사람은 아무도 없다.

　유럽 문화의 재건으로 일컬어지는 르네상스 운동은 이탈리아의 레오나르도 다 빈치, 미켈란젤로, 라파엘로 등 모두 피렌체에서 경험하고 연마한 예술적 투혼으로 르네상스 미술을 이끌었던 예술가들에 의해 발화되었다. 피렌체 건축 문화의 대표작으로 평가되는 두오모 성당이 완공된 것은 1436년이었고, 체코의 프라하 구시가지 광장에 천문시계가 세워진 해는 1438년이다. 바로 유럽의 르네상스가 꽃피던 이 시절이 조선에서도 르네상스 운동이 활발하게 타오르던 세종 20년 연간이다.

　이때를 전후한 세종 시대의 문예부흥을 살펴보면 유럽의 르네상스 운동에 조금도 뒤지지 않았음을 알 수 있다. 장영실蔣英實에 의해 온 건물 전체가 거대한 시계로 구성된 '흠경각欽敬閣'이 완성된 것이 세종 20년의 일로 프라하 광장에 천문시계가 세워지던 해와 같다면 참으로 놀랍지 않은가.

　흠경각은 경복궁 경회루 곁에 세워진 건물인데, 온 건물 안이 우주의 섭리를 한눈에 알 수 있는 입체적인 초대형 시계로 구성되었다는 사실은 놀랍기 그지없다. 그것이 상상의 시계가 아니라 실제의 시간과 똑같이 움직이고 있었음을《세종실록》은 눈에 본 듯이 적어 놓고 있다.

　　흠경각의 내부에는 7척 높이의 종이산紙山이 서 있고, 그 뒤로 붉은 해가 떠서 실시간으로 진다. 산에서는 폭포수가 떨어져 논밭으로 흘러가고, 논밭에 서 있는 옥인형玉人形은 1각刻(15분)마다 꽹과리를 치고, 나무 인형은 1시간마다 징을 친다. 또 자시子時가 되면 쥐가 그려진 나무판이 벌떡 일어서며 시간을 알려 준다. 물론 여기에는 12간지의 동물이 모두 해당된다.

《세종실록》의 기사는 이보다 훨씬 더 세세하고 구체적으로 적고 있지만 위에 인용한 기사는 그중에서도 핵심적인 것을 발췌하였을 뿐이다.

그럼에도 국민소득이 2만 달러 시대에 들어선 우리 정부에서는 흠경각의 건물을 복원할 줄은 알면서도, 그 내용물을 복원할 엄두조차도 내지 못하고 있다. 물론 원형대로의 복원은 기술상으로 불가능하다. 그러나 컴퓨터 시스템을 이용한다면 흠경각 내부의 움직임만은 복원할 수가 있을 것으로 믿는다. 정부가 나설 능력이 없다면 삼성과 같은 기업이 나서는 것이 기업의 이윤을 국가를 위한 일에 쓰는 책무를 다하는 기업정신과 상통하는 일이라고 믿어진다.

물론 15세기 조선의 과학은 여기에서 그치지 않는다. 세계 최고의 철제 측우기가 발명·제작되었고, 《칠정산내외편七政算內外編》이 저술되면서 일식과 월식을 계산해 냈다. 물론 그때는 '코싸인'도 '탄젠트'도 없었던 시절이지만 음력을 쓰는 나라에서 태양력으로 천문을 계산하는 기적을 연출하고 있었질 않은가.

과학뿐만이 아니다. 조선의 모든 악기가 정비되면서 '종묘제례악'과 같은 세계적인 수준의 조선 음악이 작곡되었고, 우리의 고유 문자인 훈민정음이 창제되어 반포되었다. 그 한글은 6백 년 뒤에 나타난 컴퓨터의 도메인에도, 휴대전화의 문자메시지에도 아무 불편 없이 사용되는 완벽한 문자 체계를 갖추고 있다.

유럽에서 새로운 시대를 열어 가려는 문화운동인 르네상스가 불길처럼 타오르고 있을 때와 같은 시기에 극동에 위치한 아주 작은 나라 조선에서는 세종이라는 걸출한 리더가 주도하는 조선의 르네상스 운동이 요원의 불길처럼 퍼져 나갔다는 사실은 완벽한 기록으로 남아 있다.

이런 엄연한 역사적 사실이 유럽의 르네상스 운동과 꼭 같은 시기의 조선 반도에서 진행되고 있었는데, 왜 우리는 르네상스 운동이라는 이름으로 평가하지 않는지 참으로 딱하기 그지없다. 왜 우리의 교과서에는 세종 시대의 빛나는 업적을 르네상스라는 이름으로 기술하지 않는지 참으로 알다가도 모를 일이다. 학문이 무엇 때문에 존재해야 하는가. 역사 연구의 결과가 제 나라의 정체성과 아무 상관없이 흘러가도 되는 일인가. 제 나라의 역사에 주체성을 부여하면 왜 어용학자가 되는가. 엄연한 역사적 사실을 간직하고 있으면서도 그것을 탁마하지 못하는 어리석음을 우리는 너무 오래 방치해 왔다.

> 15세기 유럽에서 일어난 르네상스 운동이 유럽 문화를 번성하게 하였다면, 그때와 똑같은 15세기 조선에서도 성군 세종이 주도하는 르네상스 운동이 활발하게 타오르고 있었다.

바로 이 간단한 구절을 각급 교과서에 등재하여 초등학교의 어린이들에게 노래처럼 부르게 하고 중·고등학교 청소년들의 꿈과 정체성으로 자리 잡게 하지 않고서는 세계의 선진 문물과 어깨를 나란히 할 나라를 이룰 수가 없다.

사람들은 인문학이 무너진다고들 하면서 태산과도 같은 걱정을 한다. 그러나 인문학은 절대로 무너지지 않는다. 다만 인문학에 종사하는 사람들의 역사인식이 무너질 뿐이다. 인문학은 역사인식과 함께함으로써 그 존립 가치가 인정된다는 사실을 더 늦기 전에 깨닫지 않으면 안 된다.

귀화 일본인, 김충선

1592년 4월 13일.

왜병 3천여 명이 바다를 건너 부산포에 상륙하면서 조선 반도를 쑥밭으로 만들기 시작했다. 이른바 임진왜란의 발발이다. 왜병의 선발대에 해당하는 병사들은 가토 기요마사加藤淸正의 휘하에 있는 병사들이었다. 이들 3천여 왜병을 지휘하고 있는 사람은 우선봉장 사야가沙也可로, 당시 스물두 살의 젊은이였다.

사야가는 일본에서 태어난 것을 큰 불행으로 여길 정도로 중국의 문물을 늘 사모하고 있었다. 그러한 뜻에서 스스로 '모하당慕夏堂'이라고 할 정도의 지식인이었다. 또 그는 "남자로 태어난 것은 천만다행이나 불행하게도 중국에서 태어나지 못하고 오랑캐 나라에서 태어나서 오랑캐의 차림을 면하지 못하고 죽게 된다면 이 어찌 영웅의 한이 아니랴." 했을 정도로 중국의 문물을 숭상하였다.

이러한 생각이 몸에 배어 있던 사야가는 조선 땅에 상륙하여 부산포를 점령하고 보니 조선의 문화와 풍속이 중국에 못지않게 아름다움을 깨닫게 되었다. 그는 설사 자신이 그리던 중국에는 가지 못한다 할지라도 중국에 못지않은 조선에 왔으니 일대 전기를 마련해야겠다고 결심했다. 급기야 그는 군진에 영을 내렸다.

> 남의 나라에 들어와서 남의 토지를 빼앗고 남의 재물을 탐내서 죽이고 노략질하는 것은 병가에서 가장 금하는 일이다. 너희들은 다만 전세를 바르게 하고 군기를 세우며 기운을 가다듬고 마음을 단속하여 나의 명령을 기다리고 있으라.

왜병의 장수로서는 가상하기 한량없는 작전 명령이었다. 사야가는 이런 조처를 취해 놓은 지 이틀 뒤인 15일에 이르러서는 조선 백성들에게 싸울 뜻이 없다는 것을 밝히고 백성들은 안심하고 생업에 종사하라는 〈효유서曉諭書〉를 발표했고, 20일에는 조선 절도사에게 강화를 청하는 글을 보내기까지 하였다.

이 무렵 울산 군수 이언함李彦誠이 좌위장이 되어 동래성으로 달려갔다가 왜병의 세력을 보고 황급히 도망치다 죽으니, 병사들도 뒤질세라 서로 경쟁하듯 도망치기에 이르렀다. 이를 딱하게 여긴 사야가는 마침내 울산 사람 서인충, 서몽호 등의 결사대와 합세해 왜병을 공략하여 큰 공을 세우고 조선의 병진으로 투항했다.

조선군 체찰사는 사야가가 조선군을 위해 큰 공을 세우고 투항하였음을 선조에게 아뢰니, 선조는 왜장 사야가를 어전에까지 부르게 된다. 선조는 친히 사야가의 무예를 시험하여 확인하고 그의 사람됨을 살핀 다음, 가선대부의 벼슬을 내리고 그로 하여금 남쪽 방면의 방위를 책임지게 함으로써 사야가는 조선 장수가 되었다.

사야가는 조선군의 지휘관이 되어 자신의 조국에서 온 왜병과 싸우게 되었다. 그는 조선군의 단점을 완벽하게 파악하여 소속된 병사를 통하여 선조에게 글을 올린다. 그 내용의 요점은 조선군의 무기 체계를 개선해야 한다는 내용이었다. 조총과 화약을 만들지 않고서는 왜병을 물리칠 수 없음을 강력히 주장하고, 또 각지에 있는 조선 장수들과 서신 연락을 하면서 왜병들의 작전을 알리고 그에 대한 대책을 숙의할 정도로 적극적인 자세로 전투에 임함으로써 조선군 장수들을 감동하게 하였다.

다음 해인 1593년 선조는 다시 사야가의 공을 치하하여 성과 이름을 하사하고, 자헌대부의 벼슬을 가자하였다. 이때에 사명賜名(하사된 이름)된 사야가의 조선 이름이 '김충선金忠善'이다. 이로써 왜장 사야가는 꿈에서도 그리던 유학을 숭상하는 나라 조선의 백성이 되었고, 자헌대부라는 높은 지위에까지 오르게 되었다.

조선군의 장수가 된 김충선은 이후에도 우병사 김응서 장군과 만나 작전 수립에 지대한 공을 세우게 되어 그 용명이 날로 더해졌고, 체찰사 유성룡에게도 왜병과 대처하는 구체적인 방안을 강구해 주기까지

하였다.

임진왜란에서 시작하여 정유재란에 이르는 장장 7년 동안의 전쟁이 끝나고 1600년, 김충선은 진주 목사 장춘점張春點의 딸인 인동 장씨와 결혼함으로써 명실상부한 조선인이 되었다.

김충선은 이때의 심회를 다음과 같이 토로하였다.

> 8년간 나의 일은 거의 끝났다. 그러나 고국은 멀고 친척도 떠난지라 나는 어디로 가야 할 것인가. 내가 고국을 사절한 것은 한漢의 이릉李陵과 같이 돌아갈 수 없어서도 아니요, 조선에 붙어사는 것은 흉노에 잡힌 소무蘇武처럼 갇혀서도 아니다. 나라를 떠난 것은 섭섭한 일이지만 오랑캐를 벗어난 것은 나의 원하던 바라. 남산의 남이나 북산의 북, 어디에 간들 마땅하지 않으리오.
>
> 김충선, 《모하당문집》 중에서

참으로 절절하게 표현된 심회라고 아니할 수가 없다.

장기간의 전쟁이 끝나자 김충선은 자신을 따르던 무리를 거느리고 경상도 대구 근교의 우록동에 은거했고, 이를 계기로 우록 김씨의 시조가 되어 5남 1녀의 자녀를 두었다. 지금의 대구 근교에 있는 우록동에는 그의 사당인 녹동사鹿洞祠가 있다.

그 후에도 이괄李适의 난을 평정하기 위해 출병을 한 일이 있었고, 병자호란이 발발했을 때도 몸소 출병하여 큰 공을 세우기도 했다. 1642년에 세상을 떠나니 조정에서도 슬퍼하였고, 향리와 이웃에서도 부모상을 당한 것과 같이 슬퍼하였다는 기록도 남아 있다.

　전 법무장관과 내무장관을 지낸 김치열 씨가 이 분의 후손이다. 왜병의 장수로 이 땅에 와서 이 나라 사람으로 귀화한 김충선의 후예에서 장관이 배출된 셈이지만, 이와 유사한 예는 일본에도 있다.

　임진왜란의 끝자락인 정유년의 재란 때 수많은 우리나라의 도공陶工들이 전쟁포로가 되어 일본 땅으로 끌려갔다. 그들은 천신만고 끝에 일본인들이 세계에 자랑하는 도자기인 하기야키萩燒, 井戶茶碗, 사쓰마야키薩摩燒 등 명품들을 구워 내기 시작하였다. 일본 땅 규슈九州(지금의 가고시마) 지방으로 끌려가 명품 '사쓰마야키'를 구워 낸 도공들의 중심에는 박평의朴平意와 그의 아들 박정용朴貞用이 있다. 지금 우리에게 너무도 잘 알려진 '심수관'의 선조들에게 도자기를 굽는 기술을 전수해 준 사람이 바로 이들이다. 이후 3백여 년의 세월이 흐르면서 이들 또한 조선으로 투항한 사야가의 처지와 같이 일본 이름을 쓰게 되었다. 박평의의 후손들이 쓰게 된 일본 성이 도고東鄕이다. 바로 이들의 후손이 제2차 세계대전 때 일본 외무대신인 도고 시게노리東鄕茂德이다. 일본 성과 이름을 쓰기 전 원래 이름이 박무덕朴茂德임은 본인의 술회뿐만이 아닌 기록으로도 남아 있다.

　임진왜란이라는 미증유의 전쟁을 계기로 일본인 장수는 조선으로 귀화하여 조선인 장수가 되었고, 반대로 전쟁포로가 되어 일본 땅으로 끌려간 수많은 조선인 도공들은 적지에서 도자기를 구우면서 죽지 못해 사는 동안 그들이 구워 낸 도자기가 세계적인 명품으로 평가받기에 이르렀다는 사실은 아이러니가 아닐 수 없다.

그 아이러니가 만들어 낸 우연 중의 우연은 4백 년의 세월이 흐르면서 양쪽의 후손에서 똑같이 장관이 나왔다는 사실이다. 역사가 만들어 내는 신묘함이 아니고 무엇이랴.

사야가沙也可, 성이 사沙 씨요 이름이 야가也可처럼 되어 있지만, 일본을 대표하는 역사 소설가인 시바 료타로는 일본인 장수의 성이나 이름에 그런 표기를 쓰는 사람이 없다는 사실을 들면서 사야가의 실존을 완강히 거부하였다. 그러나 조선 도공의 후예인 심수관은 참으로 절묘한 의견을 제시했다. 물론 학술적인 견해는 아니지만 이야기가 재미있기에 여기에 소개해 본다.

일본 고어에 '사요오左樣까'라는 말은 '그런가?'라는 의문사에 해당된다. 조선어를 잘 알아듣지 못하는 일본인 장수가 '아, 그런가'라는 의미로 '사요오까'라고 자주 수긍하면서 고개를 끄덕인 탓에 그것을 음독音讀으로 적어서 붙인 이름이 '사야가'일 것이라는 설명에는 유머가 담뿍 실려 있다.

그러나 지금까지 전해지는 《모하당문집慕夏堂文集》에 김충선 본인이 성이 사씨요, 이름이 야가라고 분명히 적고 있으니 그렇게 믿을 수밖에 다른 방법이 없다. 또 사야가가 조선에 귀화하여 자헌대부 김충선이 되었고, 그 후손들이 지금도 건재하고 있다는 사실을 어찌 부정할 수가 있겠는가.

돌아온 《조선왕조실록》

1913년, 강원도 주문진 항을 통해 일본으로 강제 반출되었던 오대산 사고의 보존본 《조선왕조실록》 47책이 우리 품 안으로 돌아왔다. 당시의 조선 총독 데라우치 마사다케寺內正毅가 지금의 도쿄대학교의 전신인 도쿄제국대학교에 제멋대로 반출하였던 우리의 귀중한 문화유산(국보 151호)이 93년 만에 돌아온 셈이다.

서울대학교는 1913년 도쿄대학교로 반출된 《조선왕조실록》 오대산 사고본 중 27책을 1932년에 반환받아 규장각에서 관리해 온 데 이어 이번에 다시 오대산 사고본 47책을 되돌려 받게 되었다.

유네스코의 문화재 협약에 정해진 '약탈이 확실한 물건은 본국에 반환되어야 한다'는 정신에 따라 도쿄대학교에서는 '기증'이라는 궁색한 용어를 써 가며 본래의 자리로 돌려보낸 것으로 알려졌다. 문화재청은 우리의 국유 재산이 된 《조선왕조실록》 오대산 사고본을 국보로 지정하는 일, 보관처를 어디로 할지 등 결정을 서두르고 있지만 순탄할 것 같지가 않다.

조선왕조실록환수위원회의 공동의장인 정념 스님(월정사 주지)은 "1965년 한일협정으로 인해 국가기관은 이미 일본에 대한 문화재 반환요구권이 소멸된 상태이다."라며 "유일하게 실록의 환수와 보관을 주장할 수 있는 곳은 실록의 최종 보관처였던 월정사"라고 주장하였고, 유홍준(兪弘濬) 문화재청장은 "최종 보관 장소는 전시회 이후 서울대학교 규장각과 환수를 추진했던 월정사 그리고 실록을 기증한 도쿄대학교의 입장 등을 고려해 결정할 예정"이라고 말했다. 그러나 문화재의 최종 보관 장소는 원래 있었던 자리여야 하는 것이 정도일 뿐 달리 왈가왈부할 일이 못 된다는 점에 유념해야 한다.

1905년에 약탈되어 도쿄 야스쿠니 신사의 경내에 방치되어 있던 북관대첩비 반환 교섭의 주체인 불교계는 북관대첩비를 본래 서 있던 자리인 함경도 길주로 보낸 전례가 있다. 북관대첩비가 용산에 새로 지어진 국립박물관에 전시되었다가 북한으로 보내질 때, 얼마간 서운한 감정이 들었다고는 하더라도 그것이 본래 있었던 자리로 돌아간다는 사실 앞에 다른 할 말이 없었음은 이미 경험한 터이다.

그러나 같은 문화재라고 하더라도 그 성격에 따라 보존과 보존 장소가 정해지지 않으면 안 된다. 북관대첩비는 돌로 된 금석문화재요, 《조선왕조실록》 오대산본은 문헌문화재라는 사실이 보존 장소를 정하는 조건이 된다. 탑이나 종 혹은 불상과 같은 금석문화재는 보존에 따른 큰 문제가 없지만, 문헌으로 된 문화재인《조선왕조실록》은 보존의 조건이나 상태에 따라 훼손될 위험이 있기 때문에 온도, 습도, 지진 등 자연재해나 도난, 훼손 등 인재에 의한 결손 방지 체계를 완벽하게 갖추지 못한 곳에 보존할 수가 없음은 상식에 속한다.

제자리로 돌아온《조선왕조실록》이 새로 지어진 오대산 사고에 영구 보존되어야 하는 것은 두말할 것 없이 당연하지만, 그 장소가 과연 곧 국보로 지정될 귀중한 문헌을 보존할 수 있는 시설과 보존 조건을 완벽하게 갖추었는지를 깊이 통찰하는 것이 선행 조건이 되어야 한다.

오대산 사고지史庫址는 문화재청이 지난 1961년 사적 제37호로 지정했다. 6·25전쟁 때 전소됐던 사고는 문화재청이 1992년 문헌과 각계의 고증을 받아 복원했다. 텅 비어 있는 오대산 사고에 일본에서 돌아온《조선왕조실록》을 보관하기 위해서는 사고의 본래 의미뿐만이 아니라 현대 과학기술을 적용한 완벽한 기능을 살려 놓지 않으면 안 된다.

사고의 시설과 관리 체계가 부실하여 돌아온《조선왕조실록》을 보관하기 부적절하다면 그 또한 문화재청이 완벽한 시설과 기능을 갖춘 곳을 임시 보관 장소로 정하는 것이 마땅하지만, 오대산 사고의 보존 기능을 끊임없이 보완하여 최종적으로 본래 있었던 자리에 약탈해 간 일본으로부터 환수한《조선왕조실록》을 보관하는 것이 최상의 방법임을 잊어서는 안 된다.

정부가 눈에 보이는 현실의 일에만 집착하고, 먼 훗날의 일을 소홀히 하는 것은 중차대한 국가의 일을 소홀히 하는 것이나 다름이 없다. 엄중히 경계되어야 할 일이다.

용알뜨기와 새해맞이

　섣달의 마지막 남은 달력이 새해가 다가오는 것을 알리면 다사다난했던 묵은해의 일들을 뒤돌아보게 된다. 그리고 막연하지만 새롭게 전개될 밝은 새해에 기대를 걸게 되는 것이 우리네 평범한 사람들의 삶이다.

　옛날은 지금과 달라서 묵은해를 보내고 새해를 맞는 과정을 납일臘日, 제석除夕, 세수歲首의 세 과정으로 나누어서 생각하였다. 1년의 마지막 날을 '납일'이라고 한 것은 마지막 달인 섣달을 납월臘月이라고 했기 때문이다. 그러나 납일은 꼭 섣달 그믐날이 아니라 동짓날부터 세 번째 미일未日로 정했던 것으로 보인다. 그러므로 임금님이 계시는 대궐에서는 이 납일에 한 해를 뒤돌아보고 매듭을 짓는 제사를 올리고 여러 가지 부대행사를 거행하였다.

왕실과 궐 안의 건강을 살피는 내의원에서 납일에 맞추어 청심환, 소합환과 같은 좋은 구급약을 만들어 임금에게 올리면, 임금은 그 약을 국가 원로들에게 하사하여 지난 한 해 동안의 노고를 치하하는 등 군신 간의 신뢰를 돈독히 하는 아름다운 관행도 있었다.

또 납일에 내리는 눈을 '납설臘雪'이라고 하였기에 납설을 녹인 물을 납설수라고 하였다. 이 납설수를 수건에 적시면 잡균이 없어지고, 장독에 넣으면 장맛이 변하지 않으며, 눈병을 앓는 사람들의 눈에 넣으면 안질이 말끔히 가신다고 믿었기에 납일에는 눈이 내리기를 기원하기도 하였다.

제석은 오늘날의 섣달 그믐날에 해당된다. 제석을 맞으면 제일 먼저 해야 하는 일이 빚을 갚는 일이다. 이날 묵은 채무를 청산하지 않으면 정월 보름까지 빚 독촉을 못하기 때문에 돈을 꾸어 준 사람보다 꾸어 쓴 사람들이 솔선하여 빚을 갚았다는 기록이 우리를 흐뭇하게 한다. 또 섣달 그믐날에는 '묵은세배'를 다닌다. 묵은세배는 이웃 어른들을 찾아뵙고 지난 한 해 동안에 베풀어 주신 은혜로움에 감사를 표시하는 것이므로, 설날의 새해인사보다 더 소중히 여겼다.

섣달 그믐날에는 방, 다락, 부엌, 광 등 모든 공간에 환하게 불을 밝혀서 잡귀의 근접을 막으며, 경건한 마음으로 새해를 맞이하기 위해 잠을 자지 않는 풍속도 있었다. 잠을 자면 눈썹이 하얗게 세어 버린다고 하면서 어린아이들에까지 경건한 새해를 맞게 했다. 그래도 쏟아지는 잠을 참지 못하여 잠깐이라도 눈을 붙인 아이들에게는 눈썹에

밀가루를 칠하여 하얗게 만들어서 잠을 자서 눈썹이 세었다고 놀려 대곤 하였다.

자정 무렵이 되면 대궐 안에서는 마지막 날의 예포라 하여 연종포(年終砲) 108발을 쏘았다. 그 대포 소리가 도성 안에 울려 퍼지면 사람들은 다사다난하였던 한 해가 저물고 있음을 실감하였다.

세수(歲首)는 연수(年首)와 함께 설날이라는 뜻이다. 설날은 신일(愼日)이라고도 한다. 물론 경건하고 신중하게 처신해야 하는 날이라는 뜻일 것이다. 그 설날의 풍속 중에서도 가장 아름다운 것은 뭐니뭐니해도 '용알뜨기'가 아닐 수 없다. 용(龍)이 섣달 그믐 밤에 동네의 우물에 알을 낳고 간다는 전설에 따라 부지런한 며느리들은 그 용의 알을 뜨기 위해 먼동이 터오를 무렵에 우물로 나간다. 새해의 첫 두레박으로만 용의 알을 뜰 수가 있었기 때문이다. 그러므로 첫 두레박질을 한 사람은 반드시 우물에 다녀갔음을 알리는 짚오래기를 띄워서 뒤에 온 사람의 수고를 덜어 주었다는 아름다운 고사는 부지런하고 경건한 새해맞이의 의미를 한층 더 아름답게 한다.

옛 새해의 세시풍속 중에도 배울 만한 것이 있다. 사대부가에서는 섣달그믐이 되면 대문에 세함(歲銜)이라고 불리는 광주리를 내건다. 새해인사(세배)를 온 사람들에게 자신이 다녀갔음을 알리는 쪽지를 담을 광주리이다. 요즘 말로 하면 세배를 받아야 할 명망가의 대문에 매달린 광주리에 명함을 넣고 가면 세배를 마친 것이 된다. 이렇듯 시간과 낭비를 줄이는 지혜롭고 아름다운 세시풍속이 오랜 세월 변치 않고 전해진 것은 세배를 받아야 할 고위 벼슬아치나 평소 남의 존경을 받는 선비들이 스스로 세함바구니를 대문 밖에 내다 거는 것으로 자신이 거느린 수하들이나 제자들에게는 시간과 경비를 절약하게 하고, 집안의 식솔들에게는 번거로운 고통을 덜어 주는 따뜻하고 어진 마음을 실행에 옮기고 있었기 때문이 아니겠는가.

망상과도 같은 염원이지만, 오늘의 국무총리나 정당의 총재를 비롯한 큰 기업의 회장님들이 이른바 세함바구니를 대문에 내다 걸고 찾아온 수하들의 노고를 덜어 줄 수는 없는지, 옛 지식인(선비)들의 흉내만이라도 낼 줄 안다면 우리네 힘없는 백성들에게는 얼마나 행복한 일이겠는가. 그러나 21세기를 살고 있다는 요즘도 정초의 신문 기사를 보면 유명인사인 아무개의 집에는 헤아릴 수 없는 세배객이 다녀갔다는 등 그 숫자로 인기를 가늠하려는 한심한 작태들이 아직도 되풀이되고 있다.

'온고지신溫故之新'이라는 옛 말이 새롭게 다가오는 것은 모두가 사람이 겪었던 일이기에 날로 새삼스러워지는 까닭이 아닌가 싶기도 하다.

아름다운 이름, 청백리

　조선 시대의 공직자가 평생에 누릴 수 있는 가장 큰 영예는 '청백리淸白吏'의 반열에 오르는 일이다. 그러므로 지금도 가통을 소중히 여기는 명문가에서는 우리 집안에는 '청백리'가 몇 분 있었다고 자랑하는 것을 쉽게 접할 수가 있다.

　옛 사람들도 '청백리의 똥구멍은 송곳부리 같다'라고 비아냥거렸다. 너무도 청렴하기 때문에 재물을 모으지 못하고 아주 가난하게 산다는 뜻이 아닌가 싶다. 정승이나 판서처럼 권력을 휘두를 수 있는 벼슬자리에 있으면서도 청렴결백하여 가난에서 헤어나질 못하였기에, 청백리로 예우받던 사람이 세상을 떠나면 장례를 치를 수 있는 돈이 없다 하여 그 비용을 국가가 부담해 주었다는 기록이 즐비할 정도이다.

우리 민족의 위대한 유산《조선왕조실록》을 읽고 있노라면 평생을 청빈하게 살았던 사람들의 아름다운 행적을 자주 접하게 된다. 대개가 빗물이 새는 초가삼간에서 살았으며 관복이 한 벌뿐이어서 퇴청하면 빨아 널게 되는데, 바로 그때 임금이 급히 찾으면 그보다 난감한 일이 없었다.

"대감, 어쩌면 좋지요. 관복이 이렇게 젖었는데……."

관복을 빨아 넌 정경부인은 죄지은 사람처럼 고개를 들지 못한 채 간신히 말한다.

"허허허. 그냥 입어야지요. 비 오는 날도 입질 않았습니까."

한 나라의 정승, 판서가 물방울이 뚝뚝 떨어지는 관복을 입고 입궐하는 모습을 상상하면서 오늘을 사는 고위 공직자들의 천박한 행실을 살펴보고 있노라면 정말로 딱하고 한심하기 그지없다.

세종 때의 우의정 유관柳寬은 동대문 밖 초가삼간에서 살았다. 비라도 내리는 날이면 방 안에도 빗물이 주룩주룩 샐 정도로 낡고 볼품없는 초가삼간이었다. 일인지하요 만인지상이라는 신임 정승의 거처가 이 정도라면 그의 청빈함이 어느 정도였는지를 짐작하기는 어렵지 않다. 비가 오는 날이면 방 안인데도 유관은 우산을 쓰고 책을 읽으며 정경부인의 모습을 바라보았다. 정경부인은 빗물이 새지 않는 방 한 구석에서 바느질에 열중하고 있었다.

유관은 정색을 하고 부인에게 물었다.

"오늘 같이 비가 오는 날, 우산이 없는 집에서는 어떻게 살꼬……?"

어떤 이는 이 이야기를 들으면서 한 나라의 정승이 그 정도로 고지식하고서야 나라 꼴인들 온전하게 되었겠느냐고 한탄 조의 비아냥거림을 입에 담았다고 하지만, 나는 정말로 아름답고 고귀한 광경이라고 생각한다.

세종은 유관의 초가삼간을 빗물이 새지 않을 정도로 수리를 해 주고 싶었다. 그러나 유관이 받아들이지 않을 것임을 너무도 잘 알고 있었기에, 우선 유관 몰래 초가삼간의 담장을 먼저 수리해 보기로 하였다. 유관이 등청하는 것을 기다렸다가 공조(工曹) 낭청들의 지휘 아래 담장을 고치는 기능공들이 달려들어 눈 깜짝할 사이에 유관의 집 담장을 말끔하게 수리했다. 만에 하나라도 유관이 별말 없이 수리된 담장을 기정사실로 받아들인다면 세종은 초가삼간의 수리를 명할 생각으로 그의 반응을 살피기로 하였다.

자신이 사는 초가삼간의 담장이 공조에 의해 수리되었다는 사실을 안 유관은 다음 날 입궐하는 즉시 세종의 배알을 청하고 충정어린 목소리로 직언을 입에 담았다.

"전하, 어리석은 신은 전하께서 수리해 주신 신의 집 담장을 모두 헐어 버리고 입궐하는 길이옵니다. 원컨대 신의 불충을 통촉하소서."

세종은 올 것이 왔구나 싶은 심정으로 용안을 붉히고 있는데, 유관의 카랑카랑한 목소리는 더욱 거세게 이어진다. 대체 어느 나라 법도에 백성들의 피땀이 서린 국고의 돈으로 정승의 집 담장을 수리하였다는 예가 있으며, 대체 어느 책에 적혀 있는지를 알려 주신다면 신 또한 읽어 보고 싶다고 항변하면서 그렇게 국고를 낭비하였다가 국가에 재난이라도 생겼을 때는 무슨 자금으로 대처하시려 하는지도 알려 줄 것을 청한다.

난감해진 세종이 모든 잘못이 자신에게 있다고 실토하면서, 유관의 고매한 인품에 감동하였다는 일화는 읽는 사람들을 감동하게 하고도 남는다. 조선왕조가 가난하면서도 5백 년 동안이나 사직이 유지될 수 있었던 정수를 보여 주는, 정말로 아름다운 광경이 아닐 수 없다. 이렇듯 공직자의 삶에서 가장 큰 보람으로 평가되는 청백리는 어떤 기준으로 선임했을까.

물론 요즘같이 한때 혹은 한 해의 선행을 기준으로 정하는 것이 아니었다. 평생의 공덕을 기준으로 삼았기에 청백리는 관직에 등용된 지 수십 년이 넘은 정승이나 판서의 서열에서 선임될 수밖에 없었고, 또 선임하는 절차나 방법도 합리적이었다.

청백리의 선임은 임금이 단독으로 정하는 것도 아니며, 당시의 조정에서 임의로 정하지도 못했다. 형식적으로 혹은 한두 가지의 선행으로만 정하는 것이 아니기 때문에, 재야의 한림翰林들에게 선임을 의뢰하기도 하였다는 사실은 두고두고 음미할 가치가 있다. 청백리의 선임과 같은 명예로운 일을 제도권 밖에서 추천을 받아야 했던 것은 사견私見의 개입을 배제하고 공정성을 확보하기 위해서였다. 조선 시대 같은 절대 왕권의 시대에 이 같은 민주적인 방법이 채택되고 시행되고 있었다는 사실이 얼마나 놀라운 일인가.

그러기에 청백리에 선임되면 당대의 명예는 말할 나위도 없거니와 당사자의 사후까지 가문의 영광이 되는 것이며, 아름답고 명예로운 이름을 후세에까지 영원히 남기게 된다.

다산 정약용은 《목민심서》에 다음과 같은 말을 적고 있다.

청렴은 목자의 본무요, 모든 선의 원천이요, 모든 덕행의 근본이니, 청렴하지 않고서는 절대로 목자가 될 수 없다. 청렴이야말로 다시없는 큰 장사인 것이다. 그러므로 큰 욕심쟁이일수록 반드시 청렴한 것이니, 사람이 청렴하지 못한 까닭은 그 지혜가 짧기 때문이다. 그러므로 예로부터 깊은 지혜를 가진 선비로서 청렴을 교훈 삼고 탐욕을 경계하지 않은 이가 없었다.

읽기는 편하지만 담겨 있는 내용은 태산과도 같은 교훈을 시사하고 있다. 자, 그렇다면 조선 시대에는 청백리의 칭호를 받은 분이 몇 사람이나 있었을까. 조건이 이같이 까다롭다면 흔하지 않아야 당연하다.

여러 기록이 조금씩 다르기는 하지만 《조선왕조실록》은 137명이라 적고 있고, 《조선조청백리지》는 115명으로 기록하고 있다. 또 《문헌비고文獻備考》에 적힌 수는 142명이다. 그렇다고 하더라도 5백 년 조선 왕조에서 이만 한 청백리가 있어 많은 사람들의 존경을 받았고, 그 후손들이 자랑으로 삼고 있다는 사실은 우리 시대의 공직자들이 귀감을 삼아 마땅한, 아름답기 그지없는 일이고도 남는다.

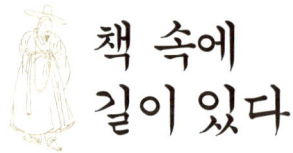
책 속에 길이 있다

율곡 이이는 열여섯 살이 되던 해 하늘과도 같았던 스승이자 삶의 귀감이었던 어머님 사임당과 사별한다. 어린 율곡은 세상의 허무를 통탄하며 눈물로 삼년상을 마치고, 금강산으로 들어가 불교에 심취한다. 그것은 삶에 대한 회의를 풀고자 하였던 큰 방황이나 다름이 없었다. 그러나 성리학이 몸에 밴 율곡은 1년 만에 방황을 끝내고 강릉 죽헌리 외가로 돌아온다.

유교를 숭상하는 나라의 선비가 잠시나마 불교에 심취하였던 자신의 과오를 달래고 경계하기 위해 스스로 〈자경문自警文〉을 지어 좌우명으로 삼았다면, 하나의 반성문이자 자신의 행동강령을 세우는 결단이 아닐 수가 없다. 그러나 아무리 자신을 경계하고 채찍질하는 다짐이라고 하더라도 스무 살 남짓한 젊은이의 결단이라는 점에서는 참으로 놀랍기 그지없는 내용을 담고 있다.

그 내용이 오늘을 사는 지식인들에게도 귀감이 되겠기에 여러 항목을 모두 거론하여 보고자 한다.

첫 번째. 큰 뜻을 세우고 성인을 본보기로 삼아야 하되 털끝만큼이라도 성인에 미치지 못한다면 나의 일은 끝나지 않는다.

두 번째. 마음이 안정된 자는 말이 적다. 그러므로 마음을 안정시키는 일은 말을 줄이는 일이다.

세 번째. 마음이란 살아 있는 사물과 같다. 잡념과 헛된 망상을 없애기 전에는 마음의 동요를 안정시키기 어렵다.

네 번째. 항상 경계하고 두려워하며, 혼자 있을 때는 삼가는 마음을 가슴에 담으며 게을리하지 않아야 한다.

다섯 번째. 항상 경계하고 두려워하며 홀로 있을 때도 생각을 게을리하면 안 된다. 글을 읽는 것은 옳고 그른 것을 분별하기 위한 것이니, 만약 이를 살피지 아니하고 오롯이 앉아서 글을 읽는다면 쓸모없는 배움에 지나지 않는다.

여섯 번째. 재물을 이롭게 여기는 마음과 영화로움을 이롭게 여기는 마음을 비록 쓸어 낼 수 없다고 하더라도, 만일 일을 처리할 때 조금이라도 편리하게 처리하려 한다면 이 또한 이로움을 탐하는 마음이 된다.

일곱 번째. 해야 할 일이라면 정성을 다하여 해야 하고, 해서 안 될 일이라면 일체 끊어 버려서 가슴속에서 옳으니 그르니 다투게 해서는 안 된다.

　여덟 번째, 한 가지의 불의를 행하고, 무고한 사람을 죽여서 천하를 얻을 수 있다고 하더라도 그런 일은 해서는 안 된다.
　아홉 번째, 어떤 사람이 나에게 이치에 어긋나는 악행을 저지른다면 나는 스스로 돌아서서 반성을 하면서 그를 감화시켜야 한다.
　열 번째, 밤에 잠을 자거나 몸에 질병이 있는 경우가 아니면 누워서는 안 되고, 공부는 급하게 해도 늦추어서도 안 되는 것은 죽은 뒤에야 끝이 나기 때문이다.

　아무리 읽어도 버릴 곳이 없다. 옛 성현들은 하늘의 이치를 거역하지 말아야 하고, 책 속의 가르침에 어긋남이 없어야 바른 삶을 살았다고 생각하였다.
　율곡 이이가 살았던 시대로부터 450여 년이 지난 오늘 우리가 이이의 〈자경문〉을 염두에 두고, 실천요강으로 삼아서 실행해 간다면 온전한 삶을 누릴 것이 분명하다.
　선조는 이이와 같이 학덕이 높고, 성품이 올곧은 신하를 가까이 두기를 원하였다. 때로는 동료 신료들의 무책임을 통박하고, 백성들의 고통을 바로 알려서 치도를 확립하게 하였기에 이이를 가까이에 두고 싶어 하지만, 다른 한쪽에서는 바른말 하는 신료들을 탄핵하는 세력들이 공존하는 것은 예나 지금이나 다를 것이 없다.
　율곡 이이는 조선의 사회 체제를 전면적으로 개혁하지 않으면 안 된다고 믿었다. 그러므로 이이의 상소문은 언제나 국가의 일을 우선으로 하였고, 말만을 앞세우는 자들을 경계하는 내용으로 일관하였다.

국가의 정체성보다 정당의 이익에 매달리는 이 땅의 사이비 지식인들에게 이이의 〈자경문〉은 몸과 마음을 다스리는 최고의 이치를 망라하고 있다. 이 글을 읽으면서 실천해 갈 수 있는 사람은 반드시 성공할 수가 있다. 이미 이이가 약관이나 다름이 없는 스물두 살에 쓴 이 〈자경문〉을 실천하였던 결과 조선 제일의 성리학자이자 가장 존경받는 공직자의 한 사람이 되었음을 증명하지를 않은가.

책 속에는 길이 있다. 어찌 〈자경문〉뿐이겠는가? 선현들이 남긴 글 속에는 우리가 가야 할 길이 명확하게 제시되어 있음을 얼마든지 경험할 수가 있다. 그리하여 옛 사람들은 죽음에 임하여 "책 속의 가르침에 어긋남이 없었다."라는 말로 자신의 삶이 아름다웠음을 확실하게 말하곤 하였다.

역사란
무엇인가

제 4 장

역사,
사실과 픽션 사이

새로운 방송채널로 온 국민을 계도하게 될 〈조선일보〉, 〈중앙일보〉, 〈동아일보〉는 활자매체를 통하여 지난 1세기에 가까운 세월 동안 온 국민과 함께 고락을 같이하여 왔다는 자부심에 대해 국민들은 공감하고 있다. 〈매일경제신문〉이라 하여 다를 것이 없다. 앞으로 이들 방송사가 뿜어내게 될 전파가 행여라도 시청률 위주의 저급하고, 선정적이며, 무가치한 전파 낭비로 기존 방송국과의 경쟁에 나선다면 지난 한 세기 동안 국민과 함께한 노고가 도로에 그치게 되는 것은 물론, 우리 방송 문화를 더 저질의 구렁텅이로 몰아가는 선봉이 될 것이 분명하다. 엄중한 각성이 요구되는 시점이다.

역사 드라마가 막 가고 있다

　역사 드라마 광풍이 불고 있는 요즘이다. 방송사마다 경쟁적으로 역사 드라마를 만들어서 내보낸다. 평생을 그 일에 종사한 나 같은 사람에게는 무척 고맙고 반가운 노릇이어야 옳지만, 실상은 역사 드라마를 볼 때마다 치미는 울화통을 가늠할 길이 없는가 하면, 가슴이 조마조마하게 조여드는 민망함을 견디지 못하다가 결국 채널을 돌리게 되는 것은 아무래도 아이러니가 아닐 수 없다.

　역사 드라마가 많이 만들어진다는 점은 역사정신의 고양과 국가 정체성 확립에도 필요 불가결한 것이지만, 그러자니 고증이 맞느니 틀리느니 하는 볼멘소리가 터져 나오고, 사실史實과 같으니 다르니 하는 격론이 벌어지기도 한다. 엄격하게 생각하면 드라마와 사실은 같지 않아야 정상이지만, 사람들이 역사 드라마가 사실과 같기를 희망하고, 역사 드라마를 통하여 역사를 배우고자 하는 순박함에서 헤어나지 못하는 것이 문제로 지적되곤 한다.

작가가 쓰는 모든 소설이나 드라마가 픽션虛構(허구)의 범주 안에 드는 것은 너무도 당연하다. 그러나 역사 드라마나 소설의 경우 있었던 사건, 실제의 인물을 다룰 때는 작가에게 주어진 절대 권한이나 다름이 없는 픽션도 제한을 받게 된다. 바로 이 점에서 드라마 작가나 소설가의 식견과 표준이 요구된다.

예컨대 고려 말의 혼란과 조선왕조의 창업 과정을 드라마로 쓰게 되면, 이방원의 〈하여가何如歌〉와 정몽주의 〈단심가丹心歌〉를 교차하면서 수구 세력과 개혁 세력의 갈등을 그려 가게 된다. 이 상황 안에서라면 어떤 픽션의 도입도 작가의 권한에 속한다. 그러나 픽션을 구사하는 권한은 작가에게 주어진 자유방임적인 것이 아니라는 사실은 픽션의 구사보다도 더 중요하다.

정몽주는 어떤 경우에도 56세에 죽어야 하고, 그 죽음은 반드시 선죽교에서 조영규가 휘두른 철퇴를 맞아야 한다. 이 엄연한 역사적인 사실은 작가의 픽션으로 무너뜨릴 수도 없거니와 또 무너뜨려서도 안 된다. 그러나 요즘의 역사 드라마는 이 엄연한 룰(규칙)을 무시하는 경우가 너무 흔한 까닭으로 시청자들을 어리둥절하게 하고 작가 스스로 학계의 비난을 자초하는 경우는 말할 것도 없고 심지어 작가를 일러 '저질' 운운하게 하는 입초사까지 듣게 하니, 민망하고 심란해지는 마음을 가늠할 수가 없을 정도이다.

역사를 소재로 한 소설이나 드라마는 '사실'과 얼마간 다를 수가 있겠지만, 그 시대가 지닌 '시대정신'이 달라져서는 안 되고, 왜곡되어서는 더욱 안 된다. 우리의 현대사에도 '문민정부', '국민의 정부', '참여정부' 등 집권자의 통치신념을 제시하는 포괄적인 시대정신이 있는 것처럼, 조선 시대에도 집권자의 통치이념에 따라서 시대마다 어떤 형식이든 시대정신이 깔리게 마련이고, 바로 그것이 그 시대를 흘러가게 하는 근원적인 힘이 될 수밖에 없다. 그러므로 역사 드라마를 쓰는 작가들은 몇 월 며칠에 무슨 일이 있었다는 식의 사실적인 기사記事에만 매달릴 것이 아니라, 그 시대의 의미가 오늘날의 시청자가 겪는 현실의 일과 어떻게 연결되는 것인지를 살피게 하는 단초를 제공할 수가 있어야 한다.

가령 KBS에서 방송되고 있는 〈대왕 세종〉의 경우라면 태종 시대의 '시대적 상황'과 정신을 이탈해서는 그 시대를 바로 그려 갈 수가 없다. 아버지 이성계를 도운 태종 이방원은 조선왕조 창업의 2인자나 다름이 없었지만, 세자 책봉에서 제외되는 좌절을 겪으면서 스스로 집권하기 위한 야망을 불태우게 된다. 그리하여 나이 어린 이복동생(방석)을 죽였고, 자신의 진로에 방해가 되는 동복형님들까지 죽이면서 왕권을 손아귀에 넣었지만, 아버지 태조(이성계)와도 상상을 초월하는 부자간의 갈등을 겪었다.

태종 이방원은 왕위에 오르면서 장남이자 세자인 양녕대군을 가차없이 내치고, 어질고 착하며 학문에 정진하는 충녕대군(훗날의 세종)을 세자로 책봉하여 후대를 위한 포석까지 굳건히 한다. 그 포석(세종 시대)

의 일환으로 친처남(민무구, 민무질 등) 네 사람을 원지에 부처하였다가 사약을 내려서 죽게 하였다. 이 일에 대한 원경왕후(태종비)의 울분은 하늘을 찌르고도 남는다. 사가의 아우들이야말로 태종을 임금이 되게 하는 데 결정적인 공헌을 하였던 사람들이기 때문이다. 그런 혼란과 어려움을 겪으면서 새 왕조는 자리를 잡아 간다.

태종 이방원은 자신의 소임이 열매 맺어지는 것을 확인하면서 재위 18년 만인 춘추 52세의 젊은 나이로 세자에게 양위하고 상왕의 자리로 물러난다. 이때 세종의 춘추는 약관이나 다름이 없는 22세였다. 마치 어린아이와도 같은 아들에게 임금의 자리를 물려주고 스스로 물러나는 태종 이방원의 아름다운 퇴진은 절대 권력자들에게는 귀감이 되고도 남는다. 세종 시대의 새로운 물결을 일궈 내려는 태종 이방원의 희생정신은 드라마의 중심으로 잡아도 감동하게 될 치도의 정신이 분명하다. 그와 같은 결단은 세종의 정권이 확실하게 자리 잡을 때까지 후견인(상왕)이 되어야겠다는 전대前代의 책임감의 발로나 다름이 없다.

아니나 다를까. 북경에 사신으로 가 있던 세종의 장인이자 국구國舅인 심온沈溫이 "왕명이 두 군데서 나오면 정치에 혼란이 있게 된다."라는 당연한 말을 했음에도 그가 압록강을 건너기를 기다려서 긴급히 체포하고, 스스로 목숨을 끊으라고 명할 만큼 단호하고도 혹독한 감시자(상왕) 노릇을 한다. 착하고 어진 왕비(세종비 소현왕후 심씨)는 상왕전의 마당에서 머리를 풀고 흰옷을 입은 죄인의 모습으로 석고대죄를 올리면서 "죄인의 여식된 처지라 세자빈의 자리에서 폐하여 줄 것"을 눈물로 호소한다.

이때 상왕이 된 태종의 하교는 오늘날 재판의 판례보다도 더 명쾌하였다.

"출가한 여식은 사가의 아비가 지은 죄에 연좌되지 않으므로 아무 걱정 말고 세자빈의 소임을 다하라."

얼마나 기막힌 판별력인가. 결국 태종의 재위 18년과 상왕으로 있던 4년은 태평한 다음 시대를 열기 위한 자기희생의 시기였다 해도 과언이 아니다. 그러므로 태종 시대만을 드라마로 그린다면 자칫 절대 권력을 휘두른 폭군의 모습으로 그려질 위험이 있으며, 세종 시대를 전제로 하는 태종 이방원의 시대를 그릴 때는 다음 시대의 정치적인 부담을 덜어 주기 위한 의도적인 절대 권력으로 그려지게 된다. 역사 드라마에 시대정신 또는 시대의 정황이 고려되지 않고서는 좋은 드라마로 만들어 낼 수가 없음은 이 때문이다.

지금 우리 시대는 화두는 세종 시대와 세종의 통치철학을 살펴서 미래를 설계해야 하는 시기라는 데 이의를 제기할 사람은 없다. 그러기에 KBS에서 〈대왕 세종〉을 제작, 방영하는 것은 시의적절하다 아니할 수가 없다. 그러나 그 시대에 담겨진 귀중한 체험과 정신을 외면하거나 왜곡한다면 모처럼의 좋은 뜻도 물거품이 되는 것은 당연하다.

우선 제목부터가 그렇다. 〈대왕 세종〉이라는 타이틀은 너무 보편적이다. 조선왕조에는 27명의 임금이 있었고, 그 모든 분을 통칭하여 '대왕'이라고 높여서 부른다. 그러나 세종은 단종이나 예종 혹은 철종과 같은 반열에 두기에는 인품과 업적이 너무도 크고 자랑스럽기에,

일반적으로도 다른 임금들과 구분하여 '성군聖君' 세종이라고 부른다. 스물일곱 분 조선왕조의 군왕 중에서 '성군'으로 불릴 정도의 업적을 남긴 분은 세종 한 분이다. 그러므로 드라마의 타이틀은 당연히 〈성군 세종〉이어야 옳다. 성군 세종은 세계사에서도 그 유례를 찾을 수 없을 정도로 찬란한 업적을 남겼고, 자신의 몸이 병마에 시달려서 시체로 변해 가는데도 자신의 병구완보다 국사를 살피는 데 전념하였다는 엄연한 사실이 왜 드라마의 타이틀에 반영되지 않는지, 나로서는 도저히 이해가 되지 않는다.

앞에서도 지적하였듯 드라마의 내용이 꼭 사실史實과 같아야 할 필요는 없다. 그렇다고 하여 터무니없는 일들을 늘어놓을 수는 더욱 없다. 드라마는 기본이 픽션이기 때문에 작가의 상상력이 얼마든지 허용된다. 이 같은 상식을 적용한다고 하더라도 지금 방영 중인 〈대왕 세종〉에는 허점이 너무 많다.

아직은 방송 초기인데도(12회까지 보고 쓴다) 너무 많은 잘못을 저지르고 있기에 그중의 몇 가지를 지적하여 두면서 앞으로의 과실을 막아주기를 바라는 마음 간절하다.

첫째, 가장 알기 쉽게 이야기하면 태종이 너무 한가하다. 앞에서 약간 거론하였듯 태종은 자신의 시대를 초강력하게 이끌었고, 그것이 곧 세종 시대를 열어 가는 계기가 되었음을 전제로 한다면 무엄하게도 세자나 중전, 신료들이 태종의 면전에서까지 임금을 능멸하는 듯한 간언諫言을 입에 담을 수가 없다. 그러나 드라마에서는 그런 일들이 다반사로 벌어진다. 당시의 태종에게는 절대로 용납될 일이 아니다.

둘째, 세자(양녕대군)가 드나드는 방이 어디에 있는 무슨 방인지가 분명치 않다. 당시의 정부기관인 이조, 예조, 병조, 호조 등과 같은 건물은 광화문 밖 육조관아에 위치해 있었고, 임금이 불러야 궁으로 들어갔으나, 세자가 거처하는 곳은 궐 안에 있는 동궁이다. 그런데도 패거리를 지어서 아무데서나 모이고, 헤치고 하는 것은 민망하기 그지없다.

셋째, 세자가 되기 전의 충녕대군(훗날의 세종)이 사는 집은 궐 밖에 있다. 대군이 입궐하자면 반드시 관복을 입어야 한다. 충녕대군이 사복 차림으로 대궐에 들어와 아무데나 돌아다니면서 감 놔라 대추 놔라 하며 참견하는 것은 어불성설이고, 더구나 충녕대군의 언동에서 임금이 되고 싶어 하는 기미가 실리는 것은 역사(세종)를 잘못 그리는 대표적인 사례가 된다. 그랬다면 양녕대군처럼 폐세자의 길을 가야 마땅하다.

넷째, 더 끔찍하고 낯 뜨거워지는 대목은 양녕대군이 아우들이 지켜보는 백주대낮에 큰 아버지(정종)가 총애하는 기녀 초궁장에게 수작을 거는가 하면 거처에까지 끌어들인다. 이 불륜(不倫)이 용납될 수가 있는가. 작가는 폐세자의 빌미를 만들어 가고 있다고 변명하겠지만, 양녕대군이 폐세자가 되는 과정은《태종실록》에 정말 상세하게 나와 있다. 서둘러 참고할 것을 권한다.

다섯째, 세자 양녕대군이 명나라 사신의 술상을 엎는 대목은 무지의 절정이 아닐 수 없다. 당시 명나라와 조선과의 관계가 어떤 조건에 있었는지를 모르는 무지에서 기인했다고 하더라도, 일국의 세자가 외교사절에게 그렇게 무도하고 몰상식한 광태를 보이고도 무사할 수가 있을까. 만에 하나라도 작가나 제작진(PD을 포함한)이 그같이 무도한 양녕대군의 행태를 나라를 사랑하는 '애국혼'의 발현이라고 생각한다면 치기稚氣에 불과할 뿐, 역사적 사실조차 이해하지 못한 사람들이 된다.

여섯째, 더 놀라고 무지한 행태는 정인지, 최만리 등이 모여서 정도전의《삼봉집三峰集》을 읽는 비밀결사를 하는 데 세자가 참석한다. 정도전은 태종의 왕위 승계를 반대한 대표적인 인물로 이방원(태종)에 의해 참살된 사람이고, 그로부터 4백 년이 지난 고종 때까지도 그의 이름조차 거명되는 것이 금기시되었다는 엄연한 사실을 작가는 알고나 있는지……. 더구나 아직 그가 죽은 지 10년도 되지 않았고, 그를 죽인 태종이 마치 폭군과도 같이 군림하고 있을 때에 정인지와 같은 지식인들이 장소를 옮겨 가면서《삼봉집》을 읽는다는 것은 망발 중에서도 말이 되지 않는 정도의 망발임을 알아야 한다.

일곱째, 세종 조의 명신 윤회尹淮는 시장바닥을 헤매는 주정뱅이로 나오는가 하면, 명나라 사신들이 묵는 태평관의 부엌일까지 참견하는 정체불명의 꼴불견으로 등장한다. 윤회는 태종 1년(1401)에 문과에 급제하고, 태종 10년(1410) 무렵에는 관직의 꽃인 '이조 정랑 겸 춘추관 기사관'이었다. 이런 사람이 난전을 떠도는 주정뱅이면 어찌 되는가.

여덟째, 중전(태종비 원경왕후)이 명나라 사신을 죽이기 위해 상궁을 시켜 독살을 기도하는 것은 아무리 드라마라도 어불성설이고도 남는다.

아홉째, 장차 세종 시대를 대표하는 과학자로 성장하게 될 장영실이 반정부군에 몸담으면서 명나라 사신이 머무는 태평관을 포탄으로 공격하는 것은 무지의 극치이고도 남는다.

열 번째, 태종의 후궁 효빈 김씨가 아들 경령군을 후사로 만들 욕심으로 공신이자 태종의 최측근인 이숙번을 찾아가 아들의 스승이 되어줄 것을 청하는데, 실제로 이런 일이 있었다면 이숙번은 효빈 김씨의 멱살을 잡고 태종에게 끌고 가서 패대기를 칠 인물이었다. 이숙번은 태종의 오랜 친구이자 그의 분신과 같았던 인물임은 태종 시대를 이해할 때 필요한 상식이나 다름이 없다.

열한 번째, 〈대왕 세종〉이 국민 모두가 함께 보고 감동하는 드라마를 표방하고 나섰다면 모든 시청자가 보아야 하는 프로그램이어야 옳다. 그런데도 TV 화면의 오른쪽 상단에는 ⑮라는 표시가 붙어 다닌다. 15세 미만의 청소년들이 보아서는 안 되는 프로그램이라는 뜻이다. 중학교 2학년이면 15세인데, 공영방송인 KBS에서 이들이 보아서는 아니 될 〈대왕 세종〉을 왜 만들어야 하나. 드라마와 관련된 부서가 아니더라도 이 같은 하자를 미리 살펴서 조처하는 것이 공영방송의 사명이라는 사실조차 망각하고 있음이 아닌가.

MBC의 〈이산〉의 경우는 비교적 성실하게 잘 만들어지고 있는 역사 드라마임에는 분명하나, 법도에서 벗어나는 몇몇 과장된 장면이 작품 전체의 품격을 떨어뜨리고 있다. 역사 드라마는 사실과 일치하느냐 하는 문제는 앞에서도 여러 차례 지적한 대로 그다지 중요하지 않다. 그보다는 삼강三綱의 법도를 유지하는 것이 매우 중요하다. 임금과 신하와의 관계, 아버지와 아들의 관계, 남편과 아내의 관계, 이 세 가지를 삼강이라고 한다. 삼강은 옛날에만 있었던 것이 아니라 지금도 상존한다. 정부나 기업에서 상하 관계가 문란해지고, 가정에서 부자의 관계가 무너지고 부부의 관계가 깨지면 그 사회가, 그 나라가 천박해지게 마련이다. 그러므로 21세기를 살면서도 이 법도의 정신이 유지되어야 하는 것이 우리의 '모럴'이어야 한다.

역사 드라마에서 삼강의 도리를 무너뜨리는 것은 사실을 잘못 호도하는 것보다 역사정신을 무너뜨리는 것이므로 사실史實의 왜곡보다 몇 배 더 위험한 경우가 있다는 사실을 명심해야 될 일이다.

첫째, 영조비 정순왕후가 사복을 입고 궐 밖으로 나와서 조정 중신들을 몽땅 한자리에 불러 모으곤 하는데, 장소는 어디쯤이며, 대체 누구의 집인지도 알 수 없다. 요즘 식으로 설명하면 대통령의 안가인지 모르지만, 아무리 픽션이라도 설정의 무리가 아닐 수 없다.

둘째, 창덕궁에서 얼마나 떨어진 위치에 있는지 도무지 석연치 않은 곳인데도 정순왕후는 거의 매일 밤 그렇게 나간다. 그 행동은 한 번이라도 위험천만한 발상인데 정순왕후는 매회 그런 몰골로 궐 밖을 쏘다니고 있으니 딱하기 그지없는 노릇이고, 어느 날은 "주상과 세손 중에서 한 사람을 죽여야 할 것이다."라고 당당하게 발설한다. 상식으로도 통하지 않을 언동이다. 예컨대 정순왕후의 뜻을 잘 받드는 사람이 대신 말해도 되는 일을 왜 굳이 정순황후의 입을 통해 발설해야 하는가.

셋째, 사도세자에 관련된 기사를 세초先草 한답시고 책을 찢어서 시냇물에 헹구는데, 인쇄된 책의 먹물은 빠지지 않는다는 사실을 작가는 그렇다 치고라도 역사 드라마의 베테랑 연출자인 이병훈 감독이 몰랐다면 말이 되지 않는데도 버젓이 드라마에 나오고 있다. 그러므로 이 같은 행태는 '세초'가 될 수 없다. 인쇄된 사서史書를 고치자면 주서朱書(붉은 글씨)로 고치는 것이 정도이다. 《조선왕조실록》이나 정부 문건은 모두 그렇게 고쳤다.

넷째, 어느 날 밤에는 영조가 곤룡포와 익선관을 벗어 놓고, 창덕궁을 빠져나갔는데도 아무도 모른다. 궐문을 지키는 병사들은 뭘 하였고, 더구나 세손이 그 사실을 모른다면 대궐이 아닌 여염집의 사정과 무엇이 다른가.

다섯째, 정조의 화려한 즉위식과 당당한 정조의 모습은 사료를 읽지 않은 전형적인 잘못으로 지적되어 마땅하다. 정조는 아버지 사도세자의 생각이 나서 울고 또 우느라 즉위식에 참석하지 않으려 했지만, 대신들의 간곡한 소청을 못내 저버릴 수가 없어 즉위식에 늦게 참예했던 터라 즉위식은 상당히 뒤로 미루어지고 또 간소하게 치러졌다고 《정조실록》이 기록하고 있다면, 드라마의 화려한 즉위식보다 사실을 따라 간소하게 치러지는 즉위식이 더 아름답고 교훈적이지 않았을까 하는 생각을 하게 된다.

역사를 학문으로 읽는 역사학자들은 사서에 적힌 문자만을 읽게 된다. 그러므로 '실증사학實證史學'이라는 말이 성립한다. 역사 드라마 작가는 사서에 적힌 문자보다는 그 행간을 읽어 낼 줄 알아야 능력 있는 작가로 평가받게 된다. 또 역사적 사실을 하나하나 쪼개 읽는 것보다 전체적인 흐름으로 파악할 수가 있는 것도 역사 드라마를 쓰는 작가들에게 주어진 필수적인 안목이자 교양이 된다.

예컨대 영월 땅에 부처되어 있던 단종이 죽던 날을 《세조실록》은 다음과 같이 적고 있다.

노산군(단종)이 이를 듣고 스스로 목매어 졸하니 예로써 장사지냈다.

《세조실록》, 세조 3년 10월 21일 자

이 기사만을 읽으면 소년 단종의 장례는 세조의 아량으로 '대군大君'의 예로써 거행된 것이 된다. 바로 《조선왕조실록》이 승자의 기록이어서 믿을 바가 못 된다는 일부 사학자들의 주장을 뒷받침하는 대목이 아닐 수 없다.

위의 기사가 잘못된 것임을 입증할 수 있는 또 다른 기사는 이로부터 장장 74년이라는 세월이 흐른 뒤에야 등장한다. 세조가 단종을 죽였다는 사실이 《중종실록》에 등재되기에 이른 것이다.

승지 이자화李自華의 발설이 고스란히 《중종실록》에 등재되어 있다.

일찍이 듣건대 노산이 세조께 전위하였는데 세조께서 즉위한 뒤 인심이 안정되지 않으므로, 부득이 군君으로 강등하였다가 이어 죽임을 내렸다 합니다.

《중종실록》, 중종 26년 11월 11일 자

단종이 자살했다고 적힌 《세조실록》과 세조가 단종을 죽였다는 기사가 같은 《조선왕조실록》에 실리기까지는 무려 74년이라는 시간이 필요하였다. 역사 드라마 작가나 역사 소설가는 이와 같은 역사의 흐름을 읽어 낼 수가 있어야 능력을 갖춘 작가로 예우받는다.

요즘 여러 방송국에서는 시청률에만 의지하여 드라마를 평가하려는 단세포적인 사고가 횡행하고 있는 모양이지만, 설혹 시청률이 좋았다고 하더라도 국민의 역사인식을 호도하고 해악을 주는 드라마는 자라나는 청소년들의 역사정신을 혼란하게 하고, 그나마 드라마를 통하여 역사를 익히고자 하는 일반 시청자들에게 이보다 더 큰 해악을 주지 않을 수 없다. 그러므로 설혹 시청률이 높았다고 하더라도 그 작품이 국민들(시청자)의 역시인식에 해악을 주었다면 작가나 PD는 큰 죄악을 짓게 된다는 사실을 명심할 필요가 있겠다.

조선 시대를 드라마로 만들면 남아 있는 기록들이 너무도 세세하여 작가나 PD 들이 속박받게 되고, 또 지탄받게 되는 경우를 우리는 왕왕 경험하였다. 이 같은 속박에서 벗어나기 위해 우리나라의 역사 드라마는 신라, 백제, 고구려 시대로 옮겨 간 듯한 요즘이다. 삼국 시대를 드라마로 만들었다 하여 비난받을 이유는 없다. 그러나 그 시대를 다루는 드라마가 대형 몹씬(전투 장면)으로 짜여지는 현상까지 찬성할 수는 없다. 가령 60분짜리 드라마에서 20분 내외가 전투 장면이라는 점은 아무리 생각해도 상식 이하이다. 인력과 시간과 예산 낭비가 전제되기 때문이다. 요즘의 역사 드라마가 대형 전투 장면으로 승부처를 삼으려는 짧은 생각은 반드시 고쳐져야 한다.

현대 드라마든 역사 드라마든 드라마의 본질은 사람을 그리는 작업이다. 등장인물이 많다 하여 좋은 드라마가 되는 것은 결코 아니다. 사람과 사람의 관계를 아름답고 정겹게 그리는 것이 드라마의 본령이라면, 전투 장면이 없는 역사 드라마가 사람들이 사는 모습을 정겹고 아름답게 그려서 그 시대의 정신을 오늘의 귀감으로 삼게 한다면 그보다 더 좋은 드라마가 어디에 있을까.

역사 드라마와 시대정신

    역사 드라마를 보는 대부분의 시청자는 그 드라마가 사실史實과 어느 정도 가깝느냐에 관심을 두는 경우가 많다. 엄격히 따진다면 소설이나 드라마는 모두 픽션을 구사하는 것이므로 역사적 '사실'과 똑같을 필요가 없는 것이지만, 읽는 사람들이나 보는 사람들은 내심 그 소설이나 드라마에서 역사적 사실을 터득하려는 마음을 가지고 있어서 사실과 같았으면 하는 희망을 지워 내지 못하고 있기 때문이 아닌가 싶다.

    "선생님, 요즘 나가는 역사 드라마가 맞는 이야깁니까?"

    이렇게 물어 오는 사람들의 수가 뜻밖으로 많다는 사실이 시청자들이 요구하고 희망하는 것이 무엇인지를 잘 말해 주고 있다.

벌써 여러 차례 적어 온 내용이지만, 역사를 소재로 한 소설이나 드라마가 '사실'과 꼭 같아야 한다는 논리는 성립되지 않는다. 역사 소설이나 역사 드라마는 실제로 있었던 일史實과 얼마간 다른 것이 정도라 하더라도, 반드시 살아 있어야 하는 것은 그 시대가 지닌 '시대정신'이다. 다른 말로 바꾸면 역사인식이 드라마의 바탕에 깔려 있어야 한다는 뜻이다.

우리의 현대사를 살펴 봐도 그렇다. 박정희 시대가 비록 군사독재 시대여서 수많은 옥고를 치루는 반체제 인사들이 있었고, 대학에서 퇴학을 당하는 학생들이 있는 가운데서도 경부고속도로가 깔리고, 중화학 시대로 진입하는 노력의 일환으로 '우리도 잘살 수 있다'라는 국민적인 노력까지 외면할 수가 없다는 뜻이다. 지루하고 답답하였던 30여 년 세월의 군부통치가 물러가고 '문민정부', '국민의 정부', '참여정부'의 시대로 들어서면서도 정치적인 현안은 복잡하였지만, 그들 정부가 내세운 이른바 시대정신이 있었던 것은 조선 시대 각 임금들의 통치이념에 시대정신이 깔려 있었다는 사실과 조금도 다름이 없다.

그런데도 우리의 역사 소설이나 역사 드라마는 각 왕조의 시대인식, 정신적인 문제는 전혀 도외시한 채 언제 누가 누구를 어떻게 모함하고 죽였는지, 임금은 어떤 상궁을 얼마나 사랑했는지를 그리는 것을 역사 드라마의 본령으로 삼고 있다. 바로 여기에 우리의 역사 드라마가 지닌 모순과 문제점이 내재되어 있다.

역사 드라마를 온전하게 쓰기 위해서는 드라마 작가의 역사 공부가 필수 조건이다. 내 개인적인 이야기를 여기에 적기에는 좀 민망한 일이지만, 후대의 작가들을 위하여 짧게나마 소개해 두고자 한다. 우선 요즘의 역사 드라마를 쓰는 작가들에게 역사 드라마 작가라는 전문성을 부여할 수가 없다. 미니시리즈의 경우라면 6개월 동안 드라마를 쓰고 나면, 그 정도의 시간이거나 더 많은 시간을 쉬어야 한다. 그러나 그 쉬는 꿀 같은 시간에 역사책을 뒤적이기는 정말 쉽지가 않다. 쉬지 않고 역사책만 읽는 학자의 노고와 비교하면 이해하기 쉬울 줄로 안다. 그리고 다시 역사 드라마를 쓰게 되면 써야 하는 시대를 다시 공부해야 한다. 먼저 경험한 역사 탐구는 이미 무위로 돌아갔음을 어찌하랴. 이런 악순환은 30대의 작가들, 특히 역사극을 쓰는 여류 작가들에게는 죽기보다 더한 고통일 것임을 나는 누구보다도 잘 안다. 그런 까닭으로 나는 우리나라의 미니시리즈 중에서도 역사 드라마는 작가의 생명력을 갉아먹는 악순환의 반복이라고 단언한 일까지 있다.

  이 같은 살인적인 악조건에 비한다면 내게 주어진 역사 드라마 쓰기의 조건은 실로 하늘이 내려 주신 행운이 아닐 수가 없다. 설혹 그것이 방송국의 강압적인 요구였다고 하더라도 나는 장장 30여 년간을 단 한 주도 쉬지 않고 역사 드라마를 쓰는 일에 일생의 황금기를 모두 바쳤고, 특히 MBC에 실록 대하 드라마 〈조선왕조 500년〉의 경우는 나의 50대 10년의 황금기를 아낌없이 쏟아부을 수가 있었다. 그 30여 년을 보내는 동안 3천여 권의 장서는 모두 역사책으로 바뀌었고, 민족의 자랑인 《조선왕조실록》 국역본 413권을 밑줄을 그어 가면서 장장 9년간에 걸쳐 완독을 할 수가 있었다. 천 번을 자랑해도 끝내기 어려운 나의 자부심이다.

그 30년 세월 동안에 나는 역사를 기록하는 사관들은 금욕적인 방법으로 역사를 적으면서 자신이 기록한 사초를 목숨보다 소중히 할 수 밖에 없었지만, 그들의 후대를 사는 나는 금욕적인 방법을 뛰어넘어서라도 글자와 글자 사이의 행간을 읽을 수 있어야 한다는 사실을 온몸으로 터득하였다. 바로 그 행간 안에 시대의 정신, 바로 역사정신이 녹아 흐르고 있다는 사실을 알게 되면서 나의 역사 읽기가 학자들보다도 정확하다는 사실을 확신하게 되었다.

역사 드라마는 국민 모두에게 역사정신을 심어 주는 데 이바지하여야 한다. 바로 이 점이 역사 소설이나 역사 드라마를 쓰는 작가들에게 주어진 최소한의 책무임이 분명하다. 그러므로 설혹 시청률이 높았다고 하더라도 그 작품이 국민들(시청자)의 역사인식에 해악을 주었다면 작가나 PD는 시청자들에게 큰 죄악을 짓게 되는 것이나 다름이 없다.

이웃나라 일본의 공영방송인 NHK는 주기적으로 그들의 근대화 시기인 메이지유신을 드라마로 만든다. 메이지유신에는 일본의 근대화 정신이 깔려 있기 때문이다. 아무리 그렇다고 하더라도 어떻게 같은 시대, 같은 소재를 그토록 반복하여 만들 수가 있는가. 이를테면 개인의 지도력을 그릴 때는 사카모토 료마의 생애를, 그를 제거하려는 폭력조직을 그릴 때는 신센구미新選組를, 수구 세력의 방어를 중심으로 그릴 때는 도쿠가와 막부로, 또 여성의 시각에서 그리고 싶으면 아츠히메篤姬 등과 같이 같은 소재를 제목과 작가와 배우만 바꾸어 되풀이해 방송한다.

거기에 일본 근대화 정신의 모든 것이 담겨 있기 때문이다. 역사 드라마에서 시대정신(역사인식)의 발현은 국민 선도라는 큰 뜻을 담고 있어야 한다는 것을 명심해야 할 일이다. 역사인식으로 무장한 국가가 세계를 바로 이끄는 지도국이 되는 것처럼, 역사인식으로 무장한 국민이 그 국가의 미래를 이끄는 동력이 된다는 사실을 잊어서는 안 된다.

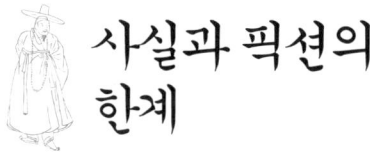 사실과 픽션의
한계

역사 드라마가 실제로 있었던 사건을 다룬다 하더라도 픽션의 구사나 개입을 탓할 수는 없다. 픽션의 설정과 가미는 작가에게 주어진 가장 큰 무기이기 때문이며, 또 무엇과도 바꿀 수 없는 일종의 권한일 수도 있다. 그렇다고 하더라도 작가에게 주어진 픽션의 구사는 어떤 경우에도 자유 혹은 방종 그 자체가 될 수 없다.

KBS의 주말 드라마 〈서울 1945〉가 대한민국 건국 주역들을 헐뜯고 해방전후사를 좌편향 시각으로 왜곡하였다는 반발에 시달리며 법정 문제로까지 비화된 것도 바로 그 때문이다. 이럴 경우 집필 작가는 픽션임을 내세우면서 역사적 사실이 아니라 창작된 이야기임을 강조하게 된다. 그러나 픽션이라는 특권을 누리기 위해서는 거기에 따르는 식견이 전제되어야 하고, 사료를 취사선택하는 안목과 표준이 살아 있어야 한다. 다시 말하면 당대의 시대정신을 정확히 파악하여야 한다는 뜻이다.

일제 때 귀족의 딸로 '황군 위문공연'을 다녔다는 창작된 인물이 이승만의 수양딸이 되어 돈암장을 드나들게 되자, 이승만의 후손들이 천만부당한 설정이라면서 반발하고 나섰다. 이에 대해 제작진은 시인 모윤숙도 이승만의 사랑을 받았으므로, 그 사실에 근거를 두었다는 식으로 강변하였다. 시인 모윤숙은 이승만의 수양딸이 아니라 정치적 노선이 같았으므로 건국을 전후하여 이승만의 지대한 협력자로 건국에 공헌을 하였기에 창작된 드라마의 인물과는 단순 비교가 될 수가 없다. 또 여운형 암살 사건이나, 정판사 위폐 사건에 관해서는 "이 드라마는 당시의 정치적 문제가 아니라 인물들 간 멜로가 중심이 되는 작품"이라고 변명하고 있지만, 그것은 변명이 될 수가 없다. 실제로 있었던 사건의 진위를 가리는 데 혼란을 야기한다든가 혹은 오해의 소지를 남기는 드라마를 온당하다고 할 수가 없기 때문이다.

특히 우리나라의 해방전후사는 이른바 좌파와 우파의 대결구도와 깊은 관계가 있음을 상기한다면 드라마가 어느 한쪽의 주장을 내세우는 것은 오해의 여지를 제공하게 된다. 이 또한 역사를 읽는 식견이 모자란 탓이며, 사리를 판단하는 표준이 서 있지 않기 때문이다.

작가가 쓰는 모든 소설이나 드라마가 픽션의 범주 안에 드는 것은 너무도 당연하다는 점은 이 책에서도 수없이 지적해 온 터이다. 역사 드라마나 있었던 사건, 실제의 인물을 다룰 때는 작가에게 주어진 절대 권한이나 다름이 없는 픽션도 제약을 받게 된다는 점 역시 누누이 지적하였다. 사실史實을 어떻게 읽을 것이며 특정 인물의 언어 구사와 행동을 어떻게 할 것인가에 대한 식견과 표준을 가지고 사실 그 자체가 시대정신과 어떤 관계를 누리고 있는가를 염두에 두어야 하고, 인물에 관해서 그 인물의 문집까지를 살펴서 생각과 행동 등을 파악해 두어야 한다.

가령 수양대군의 집권 야망을 중심으로 한 계유정난을 드라마로 그려 가기 위해서는 주역들인 수양대군, 한명회, 신숙주 등 수많은 인물들이 등장하게 된다. 그들은 모두 실존하였던 인물인 까닭으로 족보나 행장 등이 고스란히 남아 있다. 그러므로 그들의 아내, 자식들까지도 기록으로 남아 있는데, 작가의 픽션임을 내세우면서 생몰을 바꾸고 행적을 창작할 수 있겠는가.

KBS의 주말 드라마 〈서울 1945〉 또한 이승만, 장택상 등 실제 인물이 등장하고, 여운형 암살 사건, 정판사 위폐 사건과 같은 실제로 있었던 민감한 사건들을 다루면서도 스토리의 핵심은 창작된 인물에 의해 진행된다. 이를테면 실제로 있었던 사건을 다루면서 창작된 인물을 등장시킨다면 해석이 자유로워질 것이라는 생각부터가 위험천만한 발상이다. 그것이 이데올로기가 대립되는 해방전후사라는 대단히 민감한 사안이기에 제작진은 보다 정확한 사료와 시대상을 면밀하게 검토부터 했어야 옳다.

우리나라와 같이 분단의 시름을 안고 있고, 이데올로기의 대립이 진행 중인 시대에 드라마는 자타가 공인할 수 있는 완료형의 사료를 따르는 것이 대단히 중요하다. 그러나 새로이 발견된 사료가 학자들의 손으로 들어가기 전에 방송 작가에 의해 빛을 보게 된다면, 우선 먼저 논픽션적인 방법이나 해석에 의해 공개되는 것이 정도일 수밖에 없다.

내가 실록 대하 드라마 〈조선왕조 500년〉을 쓰던 9년 동안에 겪었던 가장 쓰리고 아픈 경험은 정보기관에 불려가 말도 되지 않는 협박에 시달린 것이 아니라, 여러 종친회로부터 당한 고발과 폭력이었다. 그들은 자신의 선조는 '드라마의 내용과 같은 비열한 행동을 하지 않았다'라고 강변하면서 내 연구실의 기물을 파손하는가 하면 때로는 법원에 고발하기도 하였다. 그 고발과 폭력을 잠재우는 방법은 하나밖에 없다. 신뢰할 수 있는 논거(실록)를 제시하여 그들 스스로 선조의 과실을 인정하게 하는 것이 최선이었다.

픽션이 작가에게 주어진 가장 큰 특권이라고 하더라도 그 픽션을 구사하는 규칙이 있다는 사실을 명심해야 한다. 쓰고 있는 작품에 대한 광범위한 식견과 그것을 취하고 버리는 표준이 없이 실제로 있었던 인물의 인격이나 행실에 훼손을 가하는 것은 픽션의 한계를 넘어선 작가의 월권이거나 폭력이 되는 것처럼, 픽션이라는 특권으로 특정 사안에 대한 학문적인 경계를 함부로 넘나드는 것은 대단히 위험한 발상이다.

신 칭과 법도

 역사 드라마의 범람인가 아니면 전성기라고 해야 하나. 여러 텔레비전의 채널을 돌리면 여기저기에서 역사 드라마가 펼쳐진다. 총체적으로는 바람직한 현상이지만, 그러자니 고증에 대한 시비와 볼멘소리가 터져 나오기도 하고, 특히 필자에게는 시시콜콜한 것까지 두루 물어 오는 사람들이 많다. 그중에서도 가장 궁금하게 여기는 것이 사실史實과 맞느냐 틀리느냐 하는 물음이다. 총체적으로 보아서는 맞지 않는 것이 당연한데도 많은 시청자들은 사실과 같기를 요구하는 경우가 대부분이다.

 작가가 쓰는 소설이나 드라마는 픽션의 범주 안에 드는 것이 당연한 까닭으로 꼭 사실에만 매달릴 필요는 없다. 그러나 역사 드라마나 역사 소설의 경우는 있었던 사건, 실제로 있었던 인물을 다룰 때가 많아서 작가에게 주어진 절대 권한이나 다름이 없는 픽션도 제한을 받게 된다는 점은 앞에서도 누누이 지적한 바와 같다.

우리가 일반적으로 시청하게 되는 역사 드라마를 보면서 얼굴을 붉히게 되는 것은 사실의 여부보다는 법도와 관행을 무너뜨릴 때가 많아서이다. 임금과 신하와의 도리, 아버지와 자식 간의 도리, 지아비와 지어미 간에는 눈에 보이지 않는 법도가 살아 있어야 한다. 이른바 '삼갑三綱'이라고 불리는 이 법도를 무너뜨리면 아무리 스토리가 사실에 충실했다 하더라도 품격이 없는 역사 드라마로 전락되고 말기 때문이다.

조선 시대에는 다음 시대의 전권을 떠맡을 세자를 미리 정해 두고 있었지만, 모든 신료들로 하여금 세자에게 신 칭臣稱을 하지 못하도록 하였다. 가령 어떤 정승이나 판서가 세자의 앞에 이르러 "세자저하, 신 영의정 아무개는 돈수백배頓首百拜(머리가 땅에 닿도록 수없이 계속 절을 함)하고 아룁니다."라고 말하였다면 세자에게 신 칭(신 아무개)을 한 것이 된다. 이 사실을 임금이 알게 되면 그 영의정에게는 파직과 같은 중벌이 내려진다. 다음 시대를 고려한 아첨으로 보았기 때문이다.

세자에게는 신 칭은 고사하고 아첨하는 기미만 보여도 혹독한 형벌을 가하는 것으로 '세자에게 줄 서기'를 죄악시하였다. 그것은 단순히 왕권의 누수현상을 방지하자는 것이 아니라 사림의 도리를 확립하여 공론이 법리를 앞서는 투명한 사회를 이룩하기 위해서였다.

이 엄격한 법도를 무시한 채 세자의 앞에 앉은 고위 관료들이 "신 아무개 아룁니다." 혹은 "소신의 생각은 이러합니다." 하는 식의 말을 했다면 모두 그다음 날 엄중 처벌되어야 하는 것이 당시의 법도이다. 그러나 단 한 번의 예외가 있었다. 성군 세종이 나이 든 아드님(훗날의 문종)이 세자의 지위에 오래 있었고, 학문이 높아서 이미 정무를 이양하고 있었기에 "신료들은 세자에게 신 칭을 하라." 하고 특별히 명한 예가 있었을 뿐이다.

그래서 역사를 읽을 때는 흐름으로 읽어야지, 어느 대목만을 끊어서 읽으면 앞뒤의 사정이 맞지 않게 되는 것이 필연이다. 또 역사의 흐름에서 보다 구체적으로 적을 수가 없고, 비유가 심하여 사실을 이해하기 어려운 대목도 자주 만나게 된다. 이러한 경우에도 사실이 생략되었거나 과분하게 기록된 것이 포함되어 있는 까닭으로 글자(사실)만을 읽지 말고 문자와 문자 사이에 남겨진 빈칸行間(행간)을 읽어서 여러 사정을 길게 살필 줄 아는 안목이 필요하게 된다.

중전(왕비)이 영의정이나 판서를 만난 자리에서 "신첩의 생각은 이러합니다."라고 공손히 말하는 장면은 우리 역사 드라마에서 아무렇지 않게 나오는 대목이다. '신첩'이라는 말은 '당신의 신하이자 마누라'라는 뜻이다. 그러므로 왕비가 '신첩'이라고 말할 수 있는 자리는 오직 어전御前(임금의 앞)에서만 가능하다. 그럼에도 왕비가 영의정이나 판서 앞에서 '신첩' 운운하면 '당신의 신하이자 마누라'라는 뜻이 되지를 않겠는가. 더 자지러질 대목은 영의정이나 판서가 중전의 앞에서 "신 아무개……."라고 신 칭을 하는 경우도 부지기수로 나온다. 조선의 관원은 왕비의 신하가 될 수가 없다. 그러므로 정승이나 판서가 왕비의 면전에서 신 칭을 했다면 대궐의 법도를 무너뜨리는 일이 된다.

이 말도 되지 않는 대사들이 우리 역사 드라마에서는 아무렇지 않게, 당연지사로 쓰이고 있다. 결국 역사 드라마가 법도를 망치는 판이라 정말로 자라나는 아이들이 볼까 겁날 때가 많다.

드라마 작가들이 사실의 탐구에 매달리는 것도 중요한 일이지만, 궁중의 법도나 반가의 관행을 헤아릴 줄 알아야 하는 것은 역사 드라마의 품격을 위해서도 불가피한 노릇임을 마음에 새겨 두었으면 한다. 그러므로 특정 시대의 역사 드라마를 쓸 때는 정사 사료를 살피는 일도 중요하지만 《계축일기癸丑日記》, 《인현왕후전仁顯王后傳》, 《한중록閑中錄》과 같이 궁중의 언행이나 풍속을 적은 사료(수기나 소설)까지도 섭렵해 두는 것이 정도라 하겠다.

일본의
공영방송

　일본의 공영방송인 NHK에서는 매주 일요일 밤 8시가 되면 대하 드라마를 방영한다. 1회분을 45분짜리 길지 않은 역사극으로 제작하여 총 50여 회를 1년간에 걸쳐 방송하는데, 1963년 〈꽃의 생애花の生涯〉로 첫 방송을 시작한 이래 어언 46년의 역사를 간직한 NHK의 대표 프로그램으로 정착했다.

　장장 46년 동안을 한 해도 거르지 않고 방송된 46편의 드라마가 모두 시청률이 높았던 것은 아니지만, 그동안 단 한 번도 편성이나 포맷을 바꾸지 않은 NHK의 양식과 뚝심에 갈채를 보내지 않을 수가 없다. 또 채택되는 소재만을 살펴도 NHK 나름으로 시대적인 사항을 고려하여 일본 국민들의 역사인식이나 정체성을 점검하도록 배려함으로써 공영방송이 국가에 기여해야 하는 책무까지도 소홀히 하지 않고 있음은 참으로 배울 만하다.

2008년도 NHK 대하 드라마 〈아츠히메〉도 예외가 아니어서 격동하는 개화기의 일본과 그 시대를 헤쳐 나가는 일본 젊은이들의 꿈과 야망을 그려 가고 있다. 이야기의 핵심은 일본의 근대화 과정인 메이지 유신이 시작될 무렵(1853년) 도쿠가와 막부의 13대 장군인 도쿠가와 이에사다德川家定의 짧으면서도 극적인 생애와 거대한 음모를 안고 그의 곁으로 다가선 아내 아츠히메와의 아름답고 절절한 사랑과 허망한 사별을 가슴 저미도록 아름답게 다듬어 놓으면서도 격동하는 일본의 개항 과정을 박력 있게 담아내고 있다.

여류 작가 미야오 도미코宮尾登美子가 쓴 장편 소설 〈텐쇼인天璋院 아츠히메〉는 소설이라기보다 '보고서'라는 편이 더 어울릴 정도로 역사적 사실을 충실하게 적고 있지만, 이를 각색하는 중견 작가인 다부치 구미코田渕久美子의 시나리오는 원작 소설을 훨씬 더 능가하는 정교함을 구사하면서 일본 최대의 격정적인 시대상을 깊이 있게 담아내고 있다.

나도 역사 드라마를 쓰는 작가의 처지라 NHK 대하 드라마 〈아츠히메〉를 보면서 우리나라의 역사 드라마와 비교하게 될 때가 많다. 그 결과 드라마의 외형상 혹은 내용이나 묘사의 면에서 서로 다른 몇 가지 사실 때문에 때로는 부럽고, 때로는 얼굴을 붉힐 때도 있었다.

첫째는 장장 1년 동안 방송하는 대하 드라마인데도 이른바 군중 장면이라고 불리는 몹씬이 없다는 점이 부럽다. 동인도함대의 사령관인 페리 제독이 이끄는 군함黑船 4척이 일본 도쿄 만 남쪽인 우라가浦賀港에 나타나면서 일본을 개항의 소용돌이에 말려들게 하였고, 또 초대 주일 미국영사 해리스가 시모다下田에 상륙하면서 수호통상조약을 강요하는 것으로 일본은 메이지유신의 혼란 속으로 빠져든다.

　메이지유신은 전쟁을 방불케 하는 내란이 되어 엄청난 살생이 난무하게 되는데도 드라마 〈아츠히메〉는 '몹씬'을 배제하고 사람과 사람이 엮어 내는 아름다운 관계를 섬세하게 그려 간다. 그럼에도 시청률은 20퍼센트를 넘기고 있다는 것이 현지의 소식이다. 결국 TV 드라마의 본질이란 무엇인가. 사람과 사람의 관계를 진솔하고 섬세하게 그려야 성공한다는 정도를 지키고 있음이 아니겠는가.

　이에 비한다면 우리나라 역사극은 드라마의 본질과는 아무 상관도 없는 전쟁 장면을 필요 이상으로 늘어놓고는 내금위(근위병)들이 임금을 방어하는 훈련을 했다는 식으로 둘러댄다. 또 다섯 사람 정도면 충분한 장면에 으레 1백여 명의 엑스트라를 동원하여 제작비를 물 쓰듯 하는 것이 눈에 보인다. 게다가 1주일에 60분짜리 드라마를 2편씩 방송하는 소위 미니시리즈라거나 주말 드라마는 방송국의 편의에 의한 것일 뿐인데도 시간과 제작비의 낭비를 부르고, 작가의 생명을 갉아먹는 덫이 된 지 이미 오래인데도 개선할 기미조차도 보이지 않는다.

　둘째는 모국어에 대한 사랑이다. NHK 대하 드라마 〈아츠히메〉의 모든 대화는 이른바 '소로투候文'라는 옛 말투를 되살리는 극존칭極尊稱의 일본어를 구사하면서 자신들의 모국어가 얼마나 아름답고 품위 있는지를 과시한다. 물론 원작 소설에서도 그런 어투를 구사하고 있으나, 그것을 각색한 다부치 구미코의 극본은 한술 더 뜨고 있다.

　모국어를 갈고 다듬어야 하는 것은 시인이나 소설가에게 주어진 일차적인 책무라 해도 과언이 아니다. 외설적인 단어와 비속어를 경쟁적으로 써 대는 우리 극영화의 저급한 대화문과 아무 말이나 멋대로 구사하여 말초신경을 자극하려는 우리 드라마 작가들도 이제는 모국어를 탁마하고 사랑하는 작가 본연의 길을 가야 하지 않을까 생각하게 된다.

　공영방송의 본분을 지켜 가려는 NHK의 식견과 공헌 그리고 두 여류 작가의 아름다운 헌신에 뜨거운 박수를 보내고 싶은 요즘이다.

# 두 편의 드라마

　일본의 공영방송인 NHK에서는 지난 연말과 올 초에 괄목할 만한 대하 드라마 두 편을 방영하였다. 지난 해 12월 매주 일요일 밤 8시에 방송된 〈언덕 위의 구름〉은 모두 13부작으로 된 90분짜리 대하 드라마로 2009년에 1부(5부작)를 방송하고, 2부(5부작)는 2010년 12월에 방송하며, 나머지 3부(3부작)는 2011년 12월에 방영하겠단다. 우리나라의 외주제작 드라마 〈선덕여왕〉이나 〈아이리스〉보다 훨씬 더 많은 제작비를 투입하면서도 외주제작처에 제작을 맡기지 아니하고 자체제작으로 3년에 걸쳐 방송하겠다는 것은 한 치의 하자도 없는 완벽한 드라마를 만들겠다는 NHK의 저력을 새삼스레 느끼게 하는 대목이다.
　제작은 그렇다 치고 드라마의 내용은 또 어떠한가. 메이지유신을 끝낸 신생 일본은 새로운 나라의 체제를 갖추기 위한 급물살에 휩쓸린다. 이 드라마에 처음 나오는 자막은 "국가國家"였고, 처음 등장한 해설은 "보잘 것 없는 작은 나라가 개화기를 맞고 있었다."이다.

시코쿠四國의 작은 고을松山에 가난에 시달리는 세 소년이 있다. 이 세 소년들 중에서 아키야마秋山 형제는 각각 일본군 육군 기병대의 사령관과 러일전쟁 때의 연합함대의 작전참모가 되어 청일전쟁과 러일전쟁을 승리로 이끈다. 그리고 나머지 한 사람인 마사오카 시키正岡子規는 피를 토하는 폐병을 앓으면서도 하이쿠俳句와 단가短歌를 일본 근대문학의 한 장르로 자리매김시켜 나간다.

이들 젊은 세 사람은 말할 것도 없고, 이들을 에워싼 동료, 선배 그리고 스승 들 또한 입만 열면 새로운 국가를 만들어 강대국으로 도약하고, 세계의 열강과 어깨를 나란히 하겠다는 열망을 입에 담는다. 이 같은 절체절명의 과제를 무려 3년에 나누어 방송하는 NHK의 느긋한 자신감에 부럽다는 생각이 드는 것은 말도 되지 않는 역사 드라마를 마구잡이로 만들어 대는 우리의 방송 풍토가 너무도 한심해서이다.

또 NHK에서는 매주 일요일 밤 8시가 되면 대하 드라마를 무려 47년간이나 방송함으로써 NHK의 대표 프로그램으로 정착하게 하였다. 1회분이 45분짜리 드라마라면 결코 긴 드라마일 수가 없다. 우리나라의 역사 드라마가 미니시리즈로 방송되면 1주일에 무려 120분을 방송하는데, 그 내용이 시청자의 기대에 보답하지 못하고 있다. 그러나 45분짜리 일본의 일요 역사 드라마가 온 일본 국민의 사랑을 받고 있다는 사실을 우리 방송 실무자들은 경건한 마음으로 반성해야 한다.

또 채택되는 소재만을 살펴도 NHK 나름으로 시대적인 사항을 고려하여 일본 국민들의 역사인식이나 정체성을 점검하도록 배려함으로써 공영방송이 국가에 기여해야 하는 책무까지도 소홀히 하지 않고 있음은 참으로 배울 만하다.

일본의 3대 무장인 오다 노부나가織田信長, 도요토미 히데요시豊臣秀吉, 도쿠가와 이에야스德川家康 등 이들 세 사람의 주변 이야기는 일본 근대사의 핵이나 다름이 없다. 참으로 놀라운 것은 NHK는 이들의 생애와 얽힌 드라마를 3년 정도의 주기로 다른 작가, 다른 배우를 기용하여 방송한다. 일본의 근대사 정신을 전하기 위한 방도라고 생각되지만, 정부의 당부나 명을 받은 것이 아니라 NHK 스스로 일본의 진로를 모색하고 있음을 잘 보여 주고 있다. 또 일본의 어느 언론도 이와 같은 중복된 내용을 수시로 방송하는 NHK에 대해 전파 낭비니 기획의 빈곤이니 따위의 말을 하지 않는다. 국민들의 역사정신을 선도하는 NHK의 실천의지에 무언의 박수를 보내고 있음이라고 생각되는 대목이다. 이 또한 우리나라의 역사 드라마를 만드는 관계자들이나 아무 의미 없이 헐뜯는 각 언론사의 보도 태도에 반성을 촉구하는 일이 아닐까 생각된다.

2010년 1월 첫 일요일에 방송된 대하 드라마는 〈료마전龍馬傳〉이다. 물론 메이지유신의 영웅 사카모토 료마의 일대기를 그리게 되면 역시 '국가', '변화', '꿈', '국가의 미래' 등을 외치지 않고는 불가능하다. 약 4년간이라는 짧은 기간이지만 메이지유신의 중심에서 (그의 회심의 작품인) '대정봉환大政奉還'을 이루어 낸 사카모토 료마는 메이지유신의 성공을 4개월 앞에 두고 암살된다. 31세의 아까운 나이로……. 아무리 열혈 같은 청년이요, 유신의 화신이라고 하더라도 이 이야기가 2, 3년에 한 번씩 영화나 TV 드라마로 만들어진다는 사실을 어떻게 받아들여야 하나. 일본 공영방송의 책임의식을 엿보게 하는 대목이기도 하지만, 그의 인기가 얼마나 큰 것인가도 함께 생각하게 된다.

1835년 도사 번土佐藩(지금의 시코쿠高知市) 고오시鄕士(하급 무사)의 아들로 태어난 료마는 19세가 되어서야 검술 공부를 하기 위해 에도로 떠난 촌놈 중의 촌놈이다. 그는 검술도장에서 호쿠신잇토류北辰一刀流의 연마에 전념하고 있을 때 소위 구로부네黑船(검은 배) 소동과 함께 일본은 존황토막尊皇討幕(황실의 존엄을 되찾고, 막부를 때려눕힌다)의 소용돌이 속으로 휘말려 든다.

열혈청년 사카모토 료마의 운명을 바꾸게 한 것은 후일 일본의 해군을 창설하는 개화의 선각자이자 13년 연상인 가쓰 가이슈勝海舟라는 걸출한 선각자와 만나게 되면서이다. 그는 사카모토 료마가 급변하는 세계 정세를 정확하게 읽고 행동할 수 있는 모든 논리와 체험의 길을 터 준 후원자요, 선각의 스승이었다.

29세의 열혈청년 사카모토 료마는 가쓰 가이슈의 사숙私塾인 고베 해군조련소의 우두머리가 되어 후진을 양성하면서 해원대海援隊 대장이 된다. 그 후 사카모토 료마는 가쓰 가이슈가 주선한 상선을 타고 전 일본 국토의 연안을 누비고 다니면서 국제공법國際公法을 몸으로 익혀 간다.

1865년, 31세 때 사카모토 료마는 동지 50명을 규합하여 일본 상사

日本商社의 원형이라고도 평가되는 가메야마샤추亀山社中를 조직하여 사무소를 나가사키長崎에 두고, 운수, 개척, 투기, 수입대행 등의 업무를 개시했는데, 모든 직원의 월급을 차등 없이 동일하게 지불할 만큼 신감각의 소유자이기도 했다. 이 일에 대해 료마의 친구이자 후일 미쓰비시 상사三菱商社의 창업자가 되는 이와사키 야타로岩崎弥太郎는 참으로 놀라운 상술에 경탄하지 않을 수 없었다고 회고했을 정도로 파격의 상혼을 실천해 보인다.

젊은 사카모토 료마가 이루어 낸 최대의 공헌은 사이가 벌어진 조슈와 사쓰마를 화해하게 한, 이른바 삿쵸 동맹薩長同盟(사쓰마―조슈 동맹)이라는 회천回天의 대업을 성사시킨 일과 '선중팔책船中八策'이라고 불리는 이른바 평화적 대정봉환이라는 획기적인 계책을 마련하여 성공하게 한 일이다. 다시 말하면 270년간 독재정권이었던 막부를 피 한 방울 흘리지 않고 접수하게 하는 회천의 대업을 혼자서 이루어 낸 것이나 다름이 없다.

물론 사카모토 료마가 드라마화된 것은 이번이 처음이 아니다. 속된 말로 심심하면 영화나 드라마로 만들어서 일본의 청소년들에게 '국가'란 무엇인가를 상기하게 하고, 아울러 꿈과 희망을 심어 주었다. 〈료마전〉 제1회는 무려 23퍼센트의 시청률을 기록하였고, 또다시 사카모토 료마 붐이 일 것 같다는 견해가 쏟아져 나왔다. 참으로 놀랍고 부러운 노릇이 아닐 수 없다.

똑같이 국민의 시청료를 걷어서 운영하는 이웃나라 공영방송의 드라마는 국가, 미래, 희망을 역설하고, 청소년들을 열광하게 하는데,

우리 방송은 '국가'나 '꿈'이라는 개념은 고사하고, 억지 춘향으로 꾸며진 스토리에 쓰잘 데 없는 말장난이나 군중 장면을 만들어 내는 데 전념하면서 마치 현대극의 경우와 같이 출생의 비밀을 바탕에 까는 이른바 막장 드라마에만 매달리고 있으니 참으로 한심하기 그지없다.

  이 문제를 개선하지 아니하고서는 우리 공영방송이 설 자리가 없어진다. 공영방송이 일반 상업방송국의 프로그램과 구별이 안 되는 질의 내용으로 시청률 경쟁에 나서고 있고, 단 몇 퍼센트만 시청률이 높아지면 마치 전국의 방송을 제패한 양 호들갑을 떠는 광경은 이젠 제발 좀 그만 보았으면 하는 마음이 간절하다.

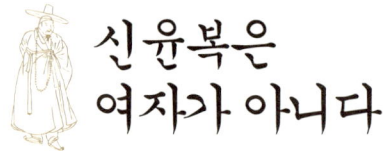# 신윤복은 여자가 아니다

　역사 소설이나 역사 드라마는 역사(있어 온 역사적 사실)를 조건으로 성립한다. 설혹 어느 특정 시대가 역사가에 의하여 기술되지 않았다 하더라도 작가는 그 시대를 문학적 혹은 예술적인 방법에 의해 훌륭히 그려 낼 수가 있다. 그것은 역사로 기술되지 않아도 '사실事實'로서의 역사가 존재하기에 가능한 일이다. 이런 경우 역사 소설은 당연히 역사 기술을 대신하는 가치를 지니게 되겠지만, 만일 소설이 발표된 이후에 새로운 '사실史實'이 발굴되어 작가가 쓴 역사 소설이 사실을 왜곡할 만큼 잘못된 것으로 입증된다면, 그것이 설사 예술적인 차원으로 승화되어 있다 하더라도 소위 '고증'이라는 과정을 거치면서 역사 소설로의 가치를 상실하게 되는 극단의 경우도 상정해 볼 수가 있다.

요즘 참으로 어처구니없는 역사 소설 한 편이 영화와 드라마로 만들어지면서 장안은 고사하고 전국적인 화제가 되고 있다. 《바람의 화원》이 바로 그것인데, 화가 신윤복申潤福을 여자로 둔갑시켜 놓았다. 작가가 쓰는 모든 소설이나 드라마가 픽션의 범주 안에 드는 것은 너무도 당연하지만, 있었던 사건, 실존했던 인물을 다룰 때는 작가에게 주어진 절대 권한이나 다름이 없는 픽션도 제한을 받게 된다는 사실은 앞에서도 누누이 지적해 둔 바가 있다.

신숙주申叔舟의 처 윤씨의 죽음은 《세조실록》에 명기되어 있다.

> 23일(계사) 햇무리하였다. 임금이 대제학 신숙주의 처 윤씨의 병이 위독하다는 말을 듣고 명하여 오빠 동부승지 윤자운尹子雲에게 약을 가지고 가서 구료하게 하였더니, 갑자기 부음訃音을 듣고 임금이 놀라고 애도하여 급히 철선撤膳하게 하였다.
>
> 《세조실록》, 세조 2년 1월 23일 자

이 기록을 확인하지 않은 춘원 이광수의 《단종애사》나, 월탄 박종화의 〈목매이는 여자〉에는 윤씨 부인이 죽지 않은 채 살아서 등장한다. 성삼문을 비롯한 이른바 사육신을 문초한 '병자년의 옥사'는 같은 해 6월 2일부터 시작된다. 신숙주의 처 윤씨는 옥사가 있기 4개월 전에 이미 죽고 없는 사람이다. 그러나 위의 두 소설은 이미 죽고 없는 윤씨를 살려 놓으면서 신숙주라는 인물을 터무니없이 매도한다.

《조선왕조실록》을 열람하지 않은 채 야사의 집대성인 《연려실기술》만을 토대로 하고, 더구나 같은 항목에 쓰인 '이미 4개월 전에 죽었다'라는 대목을 의도적으로 묵살한 데서 기인된 명백한 과실임에도, 춘원과 월탄이라는 작가의 권위에 힘입어 이 작품은 고등학교의 국어 교과서에까지 등재되었다. 그리고 또 얼마의 세월이 흐른 다음 그 기록이 잘못되었음이 확인되면서 교과서에서 삭제되었다.

비록 문제의 글은 삭제되었더라도 그 후유증은 실로 엄청난 것이어서 '신숙주는 배신자요, 그리하여 숙주나물도 먹지 않는다'라는 터무니없는 속설이 만들어졌고 그 속설이 지금도 식자들의 입에서 만만치 않게 회자되는 지경이면, 한 편의 잘못된 역사 소설이 국민들에게 미치는 악영향이 얼마나 큰 것인가를 알게 된다.

우리가 겪은 이 뼈아픈 경험이 채 가시지도 않았는데 화가 신윤복을 여자로 둔갑시킨 소설이 버젓이 나왔고, 그 터무니없는 내용을 드라마로 만들어서 방영하는 공중파 방송의 파렴치는 무지를 넘어서는 폭력이나 다름이 없다. 나는 방송국의 간부에게 전화를 걸어서 항의하였다. 대답은 실로 어처구니없었다.

"선생님도 역사 드라마를 쓰시면서 픽션을 문제 삼으시면 곤란합니다."

도대체 이렇게 무책임한 대답이 있을 수가 있는가. 나는 다시 말을 이었다.

"픽션이라니요. 하면 픽션을 빙자하여 안중근은 여자가 되고, 유관순이 남자가 되어도 상관이 없다는 말인가요?"

무례한 상대는 전화를 끊고 만다. 이런 무책임한 자세로 어떻게 역사 드라마를 만드는지 내게는 지금까지도 소름끼치는 경험으로 남아 있다.

신윤복이 남자인 것은 고려대학교 중앙도서관이 소장하고 있는 《성원록姓源錄》 중 〈고령高靈 신씨보申氏譜〉에도 명백히 기록되어 있다. 신윤복의 아버지 신한평申漢枰은 홍천 피씨와의 사이에서 두 아들을 두었다. 큰 아들이 윤복閏福이요, 둘째 아들이 윤수閏壽이다. 족보에서 아들임을 표시할 때는 반드시 '자子'자 밑에 이름을 쓴다. 딸인 경우에는 '여女'라고 쓰지 않고 대신 사위의 이름을 적는다.

역사 소설이나 역사 드라마를 쓰는 작가는 자신이 그려 가고자 하는 사람이 실제의 인물이라면 그 가문의 족보부터 살피는 것이 기본이며 정도이다. 거기에는 직계존속은 물론이요, 처족, 사돈까지 등재되어 있기 때문이다.

이 기초적인 상식을 어긴 탓에 소설 《바람의 화원》은 화가 신윤복을 여자로 둔갑시키는 만용을 부리면서도 수치심을 느끼지 못한다. 이 터무니없는 소설을 읽거나 드라마를 보면서 자란 청소년들이 신윤복이 정말 여자였다고 생각하면서 성인이 된다면, 작가나 방송국이 저지른 무지는 폭력이 되고, 죄악이 된다는 사실을 명심해야 한다.

마침내 고령 신문의 종친회에서 소설가를 불러 심하게 질타하였다. 작가는 모든 잘못이 자신에게 있음을 시인하면서 백배사죄하였다. 이런 순간에도 소설은 계속 팔려 나갔고, 드라마는 드라마대로 시청률이 높아졌다. 도대체 어떻게 이런 일이 생겨날 수 있는가. 옳고 그른 일을 가려내지 못하는 우리 사회의 모순이 이젠 방송의 타락까지 부추긴 꼴이다.

　물론 이건 후일담이다. 드라마 〈바람의 화원〉은 동남아시아에 수출되어 대단한 호평을 받으면서 우리 인구의 열 배가 넘는 5억 이상인 시청자의 갈채를 받았다는 소식이다.

　아, 정말로 걱정되는 일이 아닐 수 없다. 필리핀이나 베트남 사람들이 옛 조선에는 신윤복이라는 절세미인의 여류 화가가 있었다고 믿으면서 살아간다면 누가 우리에 대한 이 잘못된 편견을 고칠 수가 있겠는가.

조선의 굴욕외교와
그 원천

　얼마 전 KBS에서 방영 중인 〈대왕 세종〉이라는 드라마에서 딱하기 한량없는 장면을 보면서 작가와 감독은 고사하고, 방송국 전체 사람들의 무지가 위험 수위에 달해 있음을 알게 되었다. 이를테면 양녕대군으로 하여금 명나라 사신의 술상을 엎게 하고, 그것이 세자의 애국심으로 회자되기를 바랐던 모양인데, 정말로 그런 일이 있었다면 양녕대군은 명나라 황제를 욕보였다 하여 목숨을 잃었거나, 명나라에 인질로 잡혀가야 하는 무례를 저지른 것이 된다.
　당시 조선과 명나라의 외교 관계에는 다음과 같은 굴욕적이면서도 비극적인 요인이 있었다는 사실을 알아 둘 필요가 있겠기에 이 글을 쓴다.

조선은 명나라에 보내는 사신을 주청사奏請使라고 했다. 뭔가를 청해야 했기에 주청사일 수밖에 없다. 여기에는 어이없고 분통 터지는 사달이 있었지만, 그 사연을 아는 사람들은 그리 많지 않다.

조선왕조가 창업되면서 명나라의 국가 문서에 태조 이성계가 고려 말의 역신逆臣 이인임李仁任의 아들로 기록되는 불상사가 있었다. 물론 이성계는 이자춘李子春의 아들이어야 옳지만, 어찌하여 고려의 역신 이인임의 아들로 적히게 되었는지 그 연유는 분명치 않다. 그러나 새로 생긴 조선왕조를 옥죄고 길들이기 위한 명나라의 비열한 술책임을 미루어 짐작하기도 그리 어렵지가 않다.

조선 조정이 명나라에 청해야 하는 가장 시급한 중대사가 바로 '이성계가 이인임의 아들'이라고 적힌 명나라의 국가 문서를 바르게 고치는 일이었다. 이제 막 새로 태어난 조선이라는 나라의 태조(이성계)가 고려 말의 역신 이인임의 아들로 굳어진다면, 나라의 자존심은 고사하고 국가의 체면이 송두리째 무너지는 분통 터지는 일이 아닐 수 없다. 그러나 분통을 터뜨리는 것을 능사로 삼는다면 그 문건은 영원히 고쳐지지 않는다. 그 문건이 바르게 고쳐질 때까지 조선은 뇌물을 바리바리 실은 사신들을 1년에 몇 차례씩 명나라에 보내서라도 '이성계가 이인임의 아들이 아니라 이자춘의 아들'임을 통사정할 수밖에 없었다.

이와는 반대로 명나라는 수시로 조선에 사신을 보내 분탕질하는 것을 다반사로 여겼다. 조선왕조가 가장 시급하게 여기는 사달을 간파하고 있었기에, 명나라는 조선으로 보내는 사신 중 정사正使는 언제나 조선인 내시를 골라서 보냈다. 조선을 가장 잘 알고, 조선 조정에 대한 원한이 있는 내시를 보낸다면 명나라 사람보다 더 조선을 괴롭힐 것이라고 믿었기 때문이다. 그중에서도 대표적인 자가 정동鄭同이라는 내시이다.

정동은 황해도 신천 사람이다. 세종 10년(1400) 10월 3일에 명나라 사신에게 발탁되어 북경에 끌려갔는데, 20여 년이 지나면서 명나라의 정사로 조선을 내왕하게 된다. 정동이 조선에 오면 상상할 수 없을 정도로 분탕질을 일삼았지만 조선 조정은 그에게 그야말로 '칙사 대접'을 할 수밖에 없었고, 명나라 조정은 만족하였다. 정동으로 인한 폐해가 어느 정도였는지를 《조선왕조실록》에 적힌 내용을 살펴보면 실로 소름끼치는 울분을 맛보게 된다. 그 개요는 이렇다.

> 정동이 북경을 떠났다는 소식을 접하면 조선 조정은 우선 황해도 신천에 있는 그의 집수리에 들어간다. 그가 압록강을 건너면 그의 가족과 친척들에게 가자加資(계급을 올려 주는 것)를 하였고, 정동이 대동강을 건너면 그의 처족妻族들에게까지 가자를 해야 하였다. 그리고 정동이 도성 가까이에 당도하는 날이면 임금이 친히 태평관까지 나가서 정중히 맞이야 하였고, 호화찬란한 연회를 열어 주면서 값진 금은보화를 뇌물로 올렸다.

정동이 고향인 신천을 방문할 때는 예조 판서를 동행하게 하여 모든 편의를 돌보게 하면서도 황해도 관찰사에게는 따로 문서로 명을 내리곤 했다.

> 신천군 정 사신의 집 담 밑에 있는 평민의 밭 사흘갈이三日耕를 본 군의 관둔전官屯田으로 측량하여 바꾸어서 사신의 본가에 주고, 만일 둔전이 없거든 '그 값으로' 관고官庫의 면포로 넉넉하게 주어라.
> 《성종실록》, 성종 11년 5월 9일 자

조선 조정이 모든 비열함을 감내하면서 정동의 비위만을 맞춘 것이 아니다. 때로는 공녀貢女라는 이름으로 양가의 처녀들을 공개적으로 뽑아서 명나라에 보내야 했고, 또 부처의 사리舍利를 요구하면 팔도에 있는 모든 사찰의 탑을 헐어서까지 사리를 찾아서 보내야 하는 지경이었다.

조선왕조를 창업한 태조 이성계가 고려 말의 역신 이인임의 아들로 적힌 명나라의 문서를 고치지 못한다면 조선의 임금들은 자신의 무능과 불충을 감당할 길이 없었기에 "우리의 태조는 환조桓祖 이자춘의 아들"이라고 눈물로 호소하는 일에 '올인'해야 하는 것을 탓할 수만은 없다.

이 눈물겹고 가슴 아픈 사연은 장장 180여 년 동안이나 계속되다가 마침내 선조 6년(1573) 11월 1일에야 매듭지어진다. 그때 명나라에서 조선에 보낸 칙유勅諭의 내용은 대략 다음과 같다.

> 그대의 태조 모某는 오래도록 불미스런 이름을 받아 오다가 우리 열성

조가 진실을 파악하신 덕분에 이미 누명을 씻고 개정하였다. (중략) 짐은 그대의 나라가 예의를 지키는 나라인데다 또 이 일이 대의에 관계된 것임을 생각하여 특별히 요청한 대로 윤허한다.

조선이 명나라의 잔혹하고 비열한 탄압에 굴종할 수밖에 없었던 것은 바로 이 같은 어처구니없는 사달이 가로놓여 있었기 때문이다. 그 후 조선이 사대모화事大慕華를 떨쳐 내지 못한 것은 위와 같은 관행에서 벗어나지 못한 자승자박이나 다름이 없다.

KBS의 대하 드라마 〈대왕 세종〉의 작가나 연출부 혹은 고증위원회는 이와 같은 단순한 사료조차도 읽어 보지 않았음을 입증하고 있음이며, 설혹 읽었다고 하더라도 굴욕적인 조선의 처지를 그리는 것이 바람직하지 않았다고 강변할 수도 있다.

역사를 바로 적어 후대에 전하는 것은 후대 사람들이 이 같은 오만과 치기에서 헤어나게 하기 위한 것이 아니겠는가.

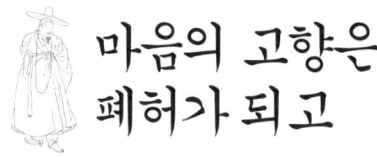
마음의 고향은
폐허가 되고

　영화관은 내 젊은 날의 꿈과 추억이 살아서 숨 쉬는 마음의 고향이다. 대학생이던 20대에는 비토리오 데 시카의 〈종착역〉, 캐럴 리드의 〈제3의 사나이〉, 페데리코 펠리니의 〈길〉, 르네 클레망의 〈금지된 장난〉 등 당대 최고의 명작들과 만나는 재미로 어떤 날은 하루 종일을 같은 영화관에서 보낼 때도 있었다.

　30대가 되어서는 내가 쓴 시나리오 〈말띠 여대생〉, 〈저 하늘에도 슬픔이〉, 〈갯마을〉, 〈팔도강산〉 등이 스크린에 옮겨지던 시절이었으므로 관객들의 반응을 살피면서 그들과 호흡을 같이한다는 구실로 영화관을 공부방으로 삼으면서 살았다. 그런 추억의 산실이요, 마음의 고향인 영화관이 60년대에 들어서면서는 조폭들이 장악하고 있는 을 씨년스러운 폐허로 변하고 말았다. 영화관에 갈 때마다 욕바가지를 뒤집어써야 하는 경우는 참을 수 없는 모욕감에 젖기가 일쑤이다.

요즘 한국 영화를 보노라면 그 욕설과 비속어에 소름이 끼치다 못해 분노가 치솟곤 한다. 문자로 작품을 써야 하는 작가들에게 주어진 덕목 중에서 가장 소중한 것이 모국어를 탁마하는 일이다. 국어를 갈고 닦아서 아름답게 꾸미는 것은 국민들의 마음을 아름답게 하는 일과 조금도 다르지 않기 때문이다. 그런 소임은 국어학자에게만 주어진 것이 아니라 애초부터 작가들에게 주어진 의무이자 권리라고 말한다 해도 아무 하자가 없다. 제 나라 말 중에서 가장 품위 없고, 천박한 말들만 주워 모아서 작품을 쓰고, 그것을 배우들에게 외치기를 강요하는 감독이라면 작가이기 전에 지식인의 반열에도 들 자격이 없다. 이들의 무지와 만용이 저지른 욕설과 비속어 구사는 마침내 국회위원, 장관 들의 입에서까지 자연스럽게 흘러나오는 지경이 되고 말았다.

나의 50대를 아우르는 10년 세월은 실록 대하 드라마 〈조선왕조500년〉 한 편을 쓰는 일에 소진되었다. 드라마 한 편의 길이가 1주일에 2시간씩, 8년 9개월이라는 기록은 전대미문이라는 말을 써도 민망할 것이 없다.

이 한편의 드라마를 쓰기 위해 나는 50대의 천금 같은 10년을 국보 제151호이자 유네스코에서 세계기록유산으로 지정한 《조선왕조실록》을 완독하는 고초와 함께했다. 그때는 아직 《조선왕조실록》의 국역 사업이 완결되지 않은 때여서 한자로 된 원전을 읽어야 하는 고통은 피를 말리는 일이나 다름이 없었다. 게다가 《대동야승》으로 총집叢輯된 1백여 권의 야사집을 스승 없이 훑어야 하는 답답함은 장님이 코끼리의 다리를 만지는 격이나 마찬가지였다. 그런 노고를 밑천으로 60대 중반까지 역사극에만 매달려 왔던 탓에 '정사의 대중화'에 이바지하였다는 분에 넘치는 찬사도 들었다.

그런 처지로 70대에 들어서면서부터는 욕바가지를 뒤집어쓰기가 싫어서 되도록 영화관 출입을 삼가고 있지만, 대학원에서 시나리오 창작을 강의해야 하는 처지라 싫어도 가야 할 때가 많다. 내 청춘의 꿈과 추억이 묻어나는 영화관에 앉아 아무 수치심도 없이 연출되는 격정적인 장면과 욕설이 난무하는 우리 영화의 천박한 화면과 천박한 대사를 보고 있노라면 울화가 치밀어서 숨이 가빠질 때가 있다. 그럴 때는 슬며시 일어서서 극장 밖으로 나오곤 한다. 그리고 그 내용을 그대로 대학원 학생들에게 전할 수도 없다. 교수의 입까지 영화의 화면처럼 천박해질 수 없지 않은가.

요즘 방송되고 있는 텔레비전 드라마를 보면서도 즐거움보다 짜증이 날 때가 훨씬 더 많다. 불륜을 싸고도는 결손가정의 이야기는 아침 드라마부터 시작하여 밤늦게까지 계속된다. 적어도 아침 드라마만은 그날 하루의 활력이 되고 지혜를 제공해 주는 밝은 홈 드라마라야 되는 것이 상식인데, 이 정도의 상식도 통하지 않는 것이 요즘의 우리 방송이다. 역사 드라마를 보아도 우리말에 대한 소양은 수준 이하이다.

대궐에서 쓰는 왕실의 말이 시정잡배들의 입에 오르내리고, 임금의 앞에서 발설하는 신하들의 대화에도 예절이라곤 없다. 역사 드라마라 하여 옛말을 그대로 쓸 수는 없다. 신라 시대의 말을 그대로 쓴다면 전달이 되지를 않듯 조선 시대의 궁중용어를 그대로 써도 시청자들은 알아들을 수가 없다. 그러므로 역사 드라마가 현대어를 구사하는 것은 나무랄 수 없다. 다만 특수한 경우는 그때의 말을 써서 드라마의 분위기를 살리면 되는 것이 원칙이다. 이를테면 "전하, 기뻐하소서. 중전마마께서 원자 아기씨를 생산하셨습니다." 이 정도면 모두가 알아들을 수도 있고 역사 드라마의 분위기를 살리는 데도 일조하는 대사가 아닐까 한다.

그러나 막상 역사 드라마에 나오는 대사를 들으면 배우의 무지와 연출자의 무지를 함께 느낄 때가 비일비재하다. 예컨대 '어전'은 임금의 탑전이라는 뜻이지만, 짧게 발음하면 생선을 파는 가게가 된다. 음의 장단도 구별하지 못하는 세태가 정말로 한심하다. 보다 못해 그 까닭을 캐물었더니 연습을 할 시간이 없단다. 극본이 늦어서 녹화 당일에도 완결된 대본이 아닌 쪽대본으로 나온다는 소리도 들린다. 이렇게 되면 시스템이 무너진 채로 방송국이 운영되고 있다는 뜻이 된다.

히트한 만화를 원작으로 했다는 사이비 역사 드라마는 그 내용이 만화만큼이나 황당한 것이야 당연하지만, 이 드라마의 대사는 인터넷의 댓글에서나 사용되는 속어들을 입에 담으면서 친절하게도 자막을 넣어서 해설을 곁들이는데, 그 자막도 글자를 거꾸로 뒤집어서 흐르게 하는 등 장난치듯 드라마를 만들고 있다. '대략난감', '열공' 등과 같은 네티즌들이 쓰는 은어성 용어들을 공중파 방송이 앞장서서 사용하고 퍼뜨린다면 방송의 역기능을 정당화하고 있다는 뼈아픈 지적을 들어도 변명의 여지가 없어진다.

내 청춘이 고스란히 담겨 있는 영화관에서는 선정적인 장면과 욕설이 난무하고, 방송 드라마까지도 날로 품격을 잃어 가는 것이 안타깝기 그지없다. 이제는 도리 없이 원로 방송인이라는 레테르를 달고 다니는 친구 김동건 아나운서는 나를 만날 때마다 따지듯 한마디씩 던지곤 한다.

"신 형, 나 같은 사람도 편안하게 볼 수 있는 드라마 한 편쯤은 있어야 할 게 아니요!"

아, 그의 말이 소름끼치도록 절실한데도 대책이 없다. 온 가족이 오순도순 모여 앉아 우리의 지난 역사를 진솔하게 뒤돌아볼 수 있는 좋은 역사 드라마를 한편 써야 하겠는데, 이런 생각을 내색이라도 하면 "노인네가 주제 파악도 못한다."라고 핀잔을 주는 세태가 되었으니 '벙어리 냉가슴 앓는다'라는 말을 실감하는 요즘이다.

정말로 내 젊은 날의 고향, 아름다운 영상 문화를 재건하는 길은 내 힘이 미치지 못하는 곳에 있는가. 때로는 소리 내 울고 싶을 때도 있다.

〈괴물〉과 〈시간〉

　봉준호 감독의 〈괴물〉이 한국 영화가 세워 온 모든 기록을 갱신하면서 달갑지 못한 문화현상을 드러냈다. 새로운 문화 권력의 등장이 바로 그것이다. 대형 멀티플렉스(복합상영관)를 중심으로 재편된 영화산업의 구조는 스크린의 독과점이라는 논란의 불씨를 안고 있었는데, 그 불씨가 잘못된 방향으로 타오르기 시작하는 것이 확연하게 드러났다는 점에서 안타깝기 그지없다.

　지난 여름의 극장가는 단연 강우석 감독의 〈한반도〉와 봉준호 감독의 〈괴물〉로 회자된다. 모든 언론과 평론가 들이 이 두 작품을 위해 청사초롱을 밝혔다고 해도 과언이 아닐 만큼 새로운 문화 권력에 아첨하고 휩쓸리는 아주 천박하고도 위험한 광경이 태연히 연출되었고, 영상 이론에 대한 논리적인 적응력을 갖추지 못한 일반 관객들은 보고 싶은 영화에 대한 선택권까지 박탈당하는 느낌이었을 것이 분명하다.

영화 〈태풍〉이 장악했던 540개 스크린보다는 적지만 〈한반도〉가 470개 스크린을 거느리며 등장하였고, 뒤이어 개봉한 〈괴물〉이 가공하게도 620개 스크린으로 극장가를 휩쓸고 나섰다. 이는 우리나라 전체 스크린 수의 40퍼센트에 이르는 수치이고, 더구나 〈한반도〉와 〈괴물〉이 같은 시기에 개봉되었다는 점을 감안한다면 단 두 편의 영화가 전국 스크린 수의 70퍼센트를 점유했다는 가공할 만한 기록이 된다. 이 같은 물결에 모든 언론과 평론가 들까지 휩쓸린다면, 이 어처구니없는 물결에서 벗어나 있는 영화 예술인들은 피눈물을 흘리게 되는 것이 당연하지를 않겠는가.

이런 와중에서 한국 영화의 기린아 김기덕 감독의 실언이 구설수에 올라 언론의 뭇매를 맞으면서 마침내 "내 영화는 쓰레기오. 조용히 한국 영화계를 떠나겠다."라는 자학적인 선언이 있었고, 그의 영화 〈시간〉이 비록 아주 적은 스크린이지만 빛을 보게 되었다. 나는 〈시간〉을 보면서 착잡해지는 심경을 가늠할 길이 없었다.

영화 〈시간〉은 김기덕 감독의 작품 중에서도 상위에 속해야 할 만큼 잘 다듬어진 영화였고, 한국 영화의 평균 수준을 훨씬 더 웃도는 깔끔한 영화였다. 그럼에도 그 많은 언론과 젊은 평론가들은 김기덕 감독의 구설에 논란을 벌일 줄만 알았지, 정작 그의 작품 〈시간〉에 대해서는 왜 입 다물고 있는지 알 수가 없다. 이 괴이한 형상이 새로운 문화 권력의 등장 때문이고, 그 문화 권력의 근처를 배회하는 것이 편하게 살아가는 도리라고 생각한다면 우리 영화의 미래를 걱정하지 않을 수 없다. 새로운 문화 권력의 탄생은 영화산업의 양극화 현상을 부채질하게 마련이다. 양극화 현상으로 온 나라가 시끌벅적한 시점에서 영화예술의 현장까지 양극화 현상으로 치닫게 된다면 이 땅의 영화예술은 정도를 갈 수가 없다.

나는 〈괴물〉의 흥행이 대규모 배급사의 스크린 독과점 때문이라고만은 생각하지 않는다. 영화가 그만큼 재미있으면 관객이 몰려드는 것이 당연하지만, 관객이 몰려든다 하여 꼭 좋은 영화가 되는 것은 아니다. 이에 대한 일반인들의 생각은 어떤가. 영화 〈괴물〉의 흥행이 스크린 독과점 때문이라는 의견은 37.9퍼센트이고, 그렇지 않다는 의견이 38.2퍼센트로 팽팽하게 맞서고 있다면 관객의 수준은 합격점이다. 더구나 스크린 독과점 때문이라고 대답한 젊은 층(19~29세)이 51퍼센트라는 것은 우리 영화의 젊은 관객들이 입 다물고 있는 언론이나 평론가 들의 수준을 훨씬 더 웃돌고 있음을 잘 보여 주는 현상이 아니고 무엇인가.

새로운 문화 권력의 그늘에서 안주하는 일보다 김기덕 감독의 새 영화 〈시간〉에 대해 입을 열어야 하는 양식이 필요한 때다. 각 언론사의 젊은 영화 담당 기자들, 젊은 영화평론가, 영화학 교수들이 정녕 이 땅에서 만들어지는 영화를 사랑한다면 김기덕 감독의 새 영화 〈시간〉에 대해 입을 열어야 한다. 그런 식견이 건재하지 않고서는 이 땅의 영화예술이 온전하게 발전할 수가 없다. 그리고 전국 극장의 스크린을 장악한 새로운 영화 권력은 관객 수익을 올리는 데만 급급하지 말고, 때로는 새로운 감각의 한국 영화를 위해 문호를 활짝 여는 아량을 보이는 것이 정도가 아니겠는가.

성기를 잘라 낸 사람들

 영화나 텔레비전의 역사 드라마를 보노라면 임금의 곁에 그림자처럼 붙어 다니면서 경박한 몸놀림과 이상한 목소리로 아첨하여 시청자들의 눈살을 찌푸리게 하는 내시(內侍(혹은 宦官)들이 있다. 그러나 대개의 경우 출연하는 배우들의 무지가 만들어 내는 캐릭터일 뿐 실제의 내시가 그랬던 것은 아니다.

 내시가 일종의 신체장애자임은 누구나 다 아는 일이다. 그들이 장애자임은 확실하지만, 어디가 얼마만큼의 장애인가 하는 문제는 왕왕 논란의 대상이 되기도 했다.

 첫째는 성기인 남근과 고환이 모두 없어서 남녀의 성적인 접촉과 생산 기능을 모두 상실하였다는 설이 있고, 둘째는 남근은 있으나 고환만 없어서(혹은 거세하여서) 남녀의 성적인 접촉은 가능하지만 생식 기능이 없다는 설이다. 어찌 되었거나 소위 고자라고 불리는 장애자이어야 궁중으로 들어가 내시가 되겠지만, 여기에도 선천적인 고자냐, 아니면 궁형과 같은 형벌에 의해 인위적으로 만들어진 고자냐 하는 것이 논란의 대상이 될 때도 있었다.

이상의 상태, 즉 '남근은 있으나 고환이 없다'와 '남근과 고환이 모두 없다'는 두 종류의 장애자 중에서 혹은 태어날 때부터의 고자와 인위적으로 만들어진 장애자 중에서 어느 경우가 내시에 합당할 것인가를 따진다면 논란의 여지는 얼마든지 있겠지만, 모두 내시의 요건을 갖추었다는 점에는 의심할 여지가 없다.

선천적인 고자, 다시 말하여 고자로 태어나는 것은 의학적인 문제이기에 내가 거론할 일은 아니나, 인위적으로 남근이나 고환을 거세하는 것으로 생식 기능을 제거하게 된 연유나 배경에 대해서는 옛 기록을 상고해 볼 수가 있다.

인위적으로 고환을 잘라 내어 고자를 만드는 것(거세를 하는 일)에는 세 가지 종류가 있다고 전해진다. 첫째는 로마 시대로 거슬러 올라간다. 그 시절 궁전에서 노래를 부르는 소년합창단이 있었는데, 소프라노 파트에 있는 소년들이 변성기를 맞으면서 목소리가 탁해졌던 탓에 좋은 화음을 유지할 수가 없었다. 잘 훈련된 화음을 더 오래 유지하기 위해 변성기가 오기 전에 소프라노 파트의 소년들의 고환을 거세하기 시작하였다는 기록이 있다. 고환을 제거하면 호르몬 작용에 큰 변화가 일어나 수염이 나지 않고 목소리가 맑아진다는 의학적인 뒷받침까지 있으니 일단은 의학적으로도 신빙성이 있는 기록임이 분명하다. 그러므로 내시의 체격은 거세를 당한 돼지의 경우와 같이 우람하고 당당한 것이지, 병신이나 바보의 행세를 하는 것은 당치 않다.

둘째는 궁형이라는 형벌로 성적인 기능을 강제로 제거하여 임금의 여자들인 비빈들의 시중을 들게 하거나 감시하게 한 경우이다. 선천적인 내시는 아니지만 궁형을 당했기에 비빈들의 거처에 출입할 수 있었던 노나라의 역사가 사마천의 경우가 여기에 해당된다.

셋째는 스스로 고자가 되기를 자청하여 남근과 고환을 잘라 내고 내시가 되는 경우이다. 여기에도 그에 합당한 여건이 마련되어 있었음에 유의할 필요가 있다. 우리나라의 역사에서도 고려 시대 초기까지는 내시가 중국의 예에 따라 고위 관직을 겸직할 수 있었으므로 인위적으로 생식 기능을 제거하는 한이 있어도 입궐했을 가능성이 있었을 것이지만 그 구체적인 기록은 찾아보기가 어렵다.

그러나 중국과 같은 큰 나라에서는 내시의 지위가 상서尙書(조선 시대의 판서와 같음)의 자리에도 오를 수 있었기에 선천적인 고자만으로 그 수요를 충당할 수가 없었다. 그러므로 남성을 상징하는 신체의 일부를 훼손해서라도 내시가 되어 권좌에 오를 수가 있다면 한 번 해 볼 만한 일이 아닐 수가 없다. 사정이 이와 같았다면 남근과 고환을 제거하는 시술이 은밀하게 성행할 수도 있다.

이와 관련된 기록은 남근과 고환을 제거하는 시술 과정을 세밀하게 적어 놓지는 않았으나 '……남근과 고환을 제거하고 나서 요도에 밀대롱을 꽂고 재를 뿌린다. 상처가 아물고 밀 대롱으로 오줌이 흘러나

오면 시술은 성공한 것'이라고 적은 문건을 찾아볼 수가 있다. 이 과정은 오늘날 우리의 농촌에서 원시적인 방법으로 돼지를 거세하는 방법과 조금도 다르지가 않다. 그리하여 시술은 성공하였다고 하더라도 절단된 부분은 어찌하는가. 더러는 찾아가기도 하고, 더러는 시술한 곳에 맡겨 놓았다고 하는데, 어떤 방법으로 어떻게 보관하였다는 기록은 없다. 다만 독한 술에 담그어 보관했을 것이라고 짐작되지만, 그것을 보관해야 하는 필요성에 대한 해답은 분명하다. 전통적인 동양 사상에 '신체발부수지부모身體髮膚受之父母 불감훼상효지시야不敢毁傷孝之始也'라는 것이 있으니, 몸이며 머리칼은 물론이고 피부에 이르기까지 모두가 부모님이 물려주신 귀중한 것이니, 감히 훼손할 수 없음이 효도의 시작이라는 뜻이고 보면 잘라 낸 남근이나 고환이 없고서는 죽어서도 관에 들어갈 수가 없다. 그러므로 고위 관직에 오른 내시나 부를 누리게 된 고자들은 잘라 낸 부분을 비싼 값으로라도 다시 사들여야 할 수밖에 없다.

우리나라에서도 인위적으로 남근이나 고환을 제거하는 경우가 더러 있었다. 심산유곡深山幽谷에서 사는 화전민들이나 극도로 빈한하여 입에 풀칠하기가 어려운 사람들이 갓 태어난 사내아이의 남근과 고환을 제거해 주는 것으로 가난에서 해방(내시라도 할 수가 있다면)되기를 기원하는 풍조가 바로 그것이다. 이런 경우 갓난아기의 남근에 명주실을 감아 놓으면 발육이 부진하다가 어느 시기에 이르면 떨어져 나가게 된다. 또 다른 경우는 고위 관직에 있는 내시들이 자신의 후계를 위하여 미소년들을 양자로 맞아서 거세를 하는 경우이다.

내시들은 임금의 총애를 받을 수가 있었기에 많은 재물을 축재할 수가 있었고, 그 재물로 아내와 양자를 사들이는 경우가 허다했다. 그런 까닭으로 내시에게도 자랑할 만한 족보가 있었고, 내시의 무덤은 대개가 호화로웠다는 기록도 보인다.

조선 조 최고의 내시로 평가되는 김처선(金處善)은 연산군에 의해 잔인하고 가혹한 죽임을 당했지만, 그의 양자가 김처선과 성이 다른 이공신(李公信)이라는 것이 《연산군일기》에 적혀 있는 것을 보아서도 출세한 내시의 당당함이 어떠했는지를 능히 짐작할 수가 있다.

역사와
역사 소설

한국의 역사 소설에 오류가 많은 것은 작가들이 1차 사료의 탐구에 매달려야 하는 어려운 여건 때문이다. 춘원 이광수나 월탄 박종화의 경우도 예외일 수가 없어서 자신들의 작품에 많은 오류를 남겼는데, 그럼에도 역사 소설의 애독자들은 '역사 소설의 내용'을 곧 역사적인 사실로 착각하는 경우가 많다. 그런 여건들이 우리 작가들로 하여금 역사 소설의 집필을 어렵게 하였다.

한 편의 좋은 역사 소설을 쓰기 위해서는 우선 사서史書를 깊이 읽어야 하는데, 읽어야 할 사서나 문집이 아직도 국역이 되지 않았다면 한문으로 된 원전과 씨름을 해야 하고, 그 내용에 따라 현장을 방문하며 확인해야 하는데 있어야 할 현장은 이미 사라지고 없다. 이런 막막함을 해결하는 방법이 고지도를 살펴야 하는 일이다. 그러나 위치 정도는 파악이 되지만, 그 주변에 소나무가 있었는지, 시냇물이 흘렀는지까지는 알기 어렵다.

요즘의 한국 문학에 역사 소설 분야가 전멸하다시피 된 것은 이 같은 어려운 여건을 작가들이 감내하기 싫어하기 때문이다. 또 역사적 사실에 해박한 평론가들도 없는 형편이라 그에 대한 온당한 진단이 없는 것도 우리 역사 소설이 설 자리를 잃게 된 원인일 수도 있다.

나는 조선 근대화의 화신이나 다름이 없었던 승려 이동인의 생애를 3권의 역사 소설에 담고 제목을 《이동인의 나라》라 하였다. 이 작품이 완성되기까지의 과정은 일종의 지옥이나 다름이 없었다. 그때 겪었던 여러 가지 체험을 진솔하게 적어서 남긴다면 후일에라도 역사 소설이나 역사 드라마를 쓰려는 젊은 작가들에게 도움이 될 것이라는 확신으로 어려웠던 저간의 사정을 적어 두고자 한다.

내가 이름 없는 승려 이동인에 대해 관심을 갖게 된 것은 독립운동가 서재필徐載弼 박사의 《회고록》에 적힌 다음과 같은 내용을 접하고 나서였다.

> 이동인 선사가 일본에서 가지고 온 역사, 지리, 서양사 등의 서적은 일본어로 적혀 있었으나 한문의 뜻을 살피면 그 내용을 이해하는 데 큰 어려움이 없었다. 당시만 해도 이런 책을 읽는 것은 혹세무민의 죄목으로 벌을 받을 수가 있어 우리는 봉원사와 동대문 밖의 암자를 빌려서 비밀리에 돌려 읽으면서 비로소 신문물에 눈뜨게 되었고, ……사람들은 그

때부터 우리를 개화당이라고 불렀다.

이때가 갑신정변이 일어나기 4년쯤 전이라면 일본 서적을 돌려가면서 읽은 사람들은 김옥균, 박영효, 유길준, 홍영식 등이 된다. 사실이 이러하다면 본격적인 조선의 개항은 이동인에게서부터 시작된 것이나 다름이 없다. 그렇다면 이동인은 어떤 경로로 일본에 건너갈 수가 있었을까.

19세기 말 주일 영국공사관의 2등 서기관이었던 어니스트 사토가 쓴 일기체의 외교 문서 〈사토 페이퍼〉가 공개되면서 마침내 이동인의 활약상 일부가 구체적으로 드러나게 되었다. 어니스트 사토는 이동인에게 조선어를 배우면서 그와 함께 이야기하고 행동한 내용 등을 상세하게 기록함으로써 조선 근대화의 가장 빛나는 선각자 이동인의 모습을 되살아나게 하였다. 그렇더라도 이동인은 어떻게 일본 땅으로 건너갈 수가 있었을까. 밀항이라면 고깃배를 탔다는 말인가. 바로 그런 미비함을 완벽하게 보완할 수 있는 또 다른 사료를 입수할 수 있었던 것은 큰 행운이었다.

내가 일본인 승려 오쿠무라 엔신奧村圓心이 쓴 《조선국 포교일지》를 입수하게 된 것은 큰 기쁨이자 엄청난 수확이었다.

1875년 일본의 유신 정부는 다섯 척의 군함을 거느리고 강화도를 포격하는 이른바 '운양호 사건'을 자행하였다. 그때 조선 최초의 불평등조약인 '강화도조약'을 강제 체결한 일본 정부는 서울에 조선공사관을 두는 것과 동시에 부산포에 '히가시혼간지東本願寺'의 부산 별원

(교토에 본찰이 있다)'을 개원하였다.

주지 오쿠무라 엔신과 여동생인 오쿠무라 이오코奧村五百子가 부산에 상주하면서 일본 불교의 포교에 나섰다. 일본이 조선을 침략하면서 무슨 까닭으로 사찰부터 상륙하게 했을까. 그 진의는 아직도 밝혀지지 않았지만, 오쿠무라 이오코라는 미모의 여성은 관심의 대상이 아닐 수 없다. 그녀는 이때 이미 3번의 이혼 경력이 있었고, 청일전쟁과 러일전쟁에서 일본 최초의 여성 종군기자로 활약했으며, 후일 일본 애국부인회를 창설하고 초대 총재로 취임할 만큼 진취적인 여성이었다.

특히 갑신정변이 실패한 후 일본에 망명하였던 금릉위 박영효의 통역이자 간호원으로 때로 수행비서를 자청하였다는 기록은 그녀와 조선 개화당 주역들과의 밀접한 관계를 읽을 수 있는 중요한 단초가 되고도 남는다.

바로 이 《조선국 포교일지》에 이동인이 일본으로 밀항하게 되는 과정과 교토에 있는 히가시혼간지 본찰의 승려로 득도하는 경위, 또 도쿄로 진출하여 활약하게 되는 행적을 아주 세세히 적고 있기에 비로소 이동인의 생애를 복원하는 것이 가능하게 되었다.

열다섯 살 까까머리 소년 이동인은 병인양요를 체험하면서부터 바다 건너에 새로운 문명국이 있음에 눈뜨게 된다. 그는 프랑스 군과 미국 해병대의 분탕질을 지켜보면서 그 야만과도 같은 문명국으로의 밀항을 꿈꾸면서 메이지유신에 성공한 일본 유신정부의 눈부신 발전상을 알게 된다. 물론 그를 지도한 의원 유홍기劉鴻基, 역관 오경석吳慶

錫 등과 같은 빼어난 스승이 있었으나 두 사람 모두가 중인中人이었으므로 근대화의 필요성을 알고 있으면서도 전파할 통로가 없었다. 이 같은 와중에 이동인은 부산포에 상륙한 히가시혼간지로 달려가 오쿠무라 남매의 협력을 얻어 일본으로 밀항하는 데 성공한다.

단 6개월 만에 교토 본찰에서 일본 승려로 득도한 이동인은 도쿄로 진출하여 아사쿠사 별원 淺草別院에 머물게 된다. 우연하게도 아사쿠사 별원은 조선 수신사들이 묵는 숙소로 이용된다. 그것을 인연으로 조선 수신사 김홍집과의 인연이 맺어진다. 그때를 전후로 이동인은 후쿠자와 유키치 福澤諭吉(게이오기주쿠대학교 설립자)와 같은 일본 최고의 지식인 등을 만나면서 이노우에 가오루 井上馨 등과 같은 메이지유신의 주역들과도 교류하게 되었고, 또 서양 외교관들과도 접촉하면서 어니스트 사토의 조선어 교사가 되었다.

이동인에 의해 서양의 문물이 조선 땅에 알려지면서 개화파의 젊은 이들은 개항의 깃발을 세우게 된다. 마침내 칠흑과도 같은 조선 땅에 근대화의 횃불이 타오르게 되었다. 임무를 마치고 돌아온 수신사 김홍집으로부터 이동인의 존재를 알게 된 고종과 명성황후는 이동인을 창덕궁으로 불렀다. 배불숭유의 나라 임금이 중인 신분의 승려를 대궐로 불러 조정 대사를 논의하였다는 경천동지할 사실은 《고종실록》에서도 확인할 수 있다.

이동인의 선견지명에 감동한 고종은 그에게 신임장을 써 주면서 다시 도쿄로 건너가 서양의 외교관들과 더불어 조선의 개항과 수교 문제를 타진하게 한다. 벼슬을 할 수 없던 일개 승려가 임금의 밀사가 되고, 국정을 논의하는 것은 당시의 지배 계급인 양반들에게는 위협이 아닐 수가 없다.

"양반이 어찌 중놈 따위에게 머리를 숙일 수 있는가!"

조선의 개항이 신분 제도가 무너지고 만민이 평등하다는 사상에서 시작되어야 한다면, 조선의 양반들은 모든 기득권을 포기해야 하는 용단을 내려야 한다. 불행하게도 그것을 받아들일 조선의 양반은 존재하지 않았다. 옹졸한 조선의 양반들은 이동인의 제거를 모의한다. 나라가 망하더라도 양반이라는 신분을 지키고자 했던 기득권 세력들의 조직적인 반발이 조선의 근대화를 물거품으로 사라지게 하고 만다. 정말로 답답하고 안타까운 사건이 현실의 일로 터져 나온 셈이다.

지금부터 꼭 120년 전인 임오년(1881.1)에 조선 근대화의 불꽃과도 같았던 이동인 선사는 서른한 살의 아까운 나이로 행방불명이 된다. 너무도 국제 정세를 몰랐던 양반들에 의해 암살된 것이 분명하지만, 지금까지도 누구의 소행인지에 대해서는 아무 단서도 밝혀진 것이 없다.

이동인의 생애를 복원하는 것은 불행했던 우리 근대사의 비어 있는 부분을 보완하는 큰 작업이었기에 나는 모든 자료의 확인에 나섰다. 아이러니하게도 우리 땅인 한국에서는 이동인의 행적을 확인할 만한 사료도 없었고 그가 움직인 동선도 그리기가 어려웠는데, 일본 땅에서는 그가 움직인 동선 그리고 그가 만났던 사람들의 행적을 고스란히 찾아 낼 수가 있었다. 노고는 컸어도 얻은 것도 그에 못지않았다. 그러나 그보다 더 어려웠던 일은 이 작품에 메시지를 담는 일이었다.

이 땅의 지식인들에게, 이 땅의 청소년들에게 나라의 미래에 대한 꿈을 심어 주는 것 그리고 그들 자신의 비전을 살찌게 하는 것, 호연지기에서만 찾아지는 도덕적 용기를 북돋우는 일에 몰두하면서 장장 15년을 소비하고서야 비로소 소설《이동인의 나라》를 완성할 수가 있었다.

내게는 참으로 버겁고도 보람 있는 일이어서 나는 이 소설의 머리말에 아버지가 먼저 읽고, 아들에게 읽게 하는 소설이 되었으면 한다고 적었다.

역사를
흘러가게 하는 동력

역사를 적은 전적을 읽노라면 오묘한 가르침이 샘물처럼 솟아오르는 경우가 허다하다. 특히 사람에 관한 것, 사람 중에서도 지도층의 행태를 보면 소름이 끼칠 때가 많다. 가령 남에게는 상당한 존경을 받으면서도 실제로는 아무 쓸모없이 사는 사람이 태반이고, 이와는 반대로 남에게는 때로 무시를 당하면서라도 자신의 처지를 굳건히 지키며 살아가는 사람도 있다. 그러므로 역사는 지식인 사회의 각성과 실천을 촉구하는 동력으로 흘러가게 된다.

세종대왕은 치도治道의 중심을 오직 '민본民本' 하나에 두었다. 민주주의의 상징인 미국이라는 나라가 생기기 4백 년 전인데도 정책의 모든 순위를 오직 백성들의 안위에 두는 민주적인 방법을 택하였다는 뜻이다. 세종은 오늘날의 국민투표와 같은 방법으로 백성들의 뜻을 살폈고, 그리하여 백성들이 원치 않는 제도는 실행하지 않았다. 이렇게 그분의 탁월한 지도력을 적어 가자면 끝이 없을 것이지만, 여기에서는 그분의 따뜻한 인간미가 담긴 신하들과의 소통을 적어 보고자 한다.

세종 시대 중기에 윤회尹淮, 신장申檣, 남수문南秀文 등 당대의 주호酒豪들이 있었다. 이들 세 사람은 모두 학덕과 문명을 떨치던 집현전의 학사들이었다. 이분들 세 사람이 모여 앉으면 누구라 할 것 없이 두주斗酒(말술)를 불사하였고, 시와 경서를 입에 담으면 해가 지는 것을 몰랐다고 전해진다. 뿐만이 아니라 재담을 시작하면 낮과 밤이 바뀌는 줄을 몰랐다 하여 당대의 사람들은 이들을 '3주호'라고 불렀다.

세종은 이들 세 사람을 한자리에 불러 술 때문에 몸을 해치게 되고, 또 일찍 목숨을 잃게 되는 것이니 과음을 삼가라고 간곡히 타일렀다. 그리고 윤회와 신장에게는 한자리에서 세 잔 이상은 절대로 마시지 말 것을 엄명하였다.

그 후 윤회와 신장은 세종의 하교를 받들어 어떠한 경우에도 세 잔 이상은 마시지 않았지만, 양푼과 같은 큰 그릇으로 세 잔을 마셨던 탓에 주량은 오히려 전보다 늘어난 셈이 되고 말았다. 세종은 이 말을 전해 듣고 술을 덜 마시게 한 것이 술을 더 마시게 하는 결과가 되었다고 탄식하였다. 신장이 일찍 세상을 떠나자 정승 허조許稠는 "술이 신장을 망쳤도다!"라고 한탄하였다. 그리고 얼마 뒤 남수문마저도 세상을 뜨자, 세종은 술로 인해 세상을 뜬 신하들의 삶을 너무도 안타까

위하며 술의 해독을 명료하게 열거하면서 다음과 같은 경계의 윤음綸
音(임금이 신하나 백성에게 내리는 말. 오늘날의 법령과 같은 위력을 지녔다)을 내리기까
지 하였다.

> 술의 해독은 매우 크다. 어찌 곡식을 썩히고 재물을 허비하는 일뿐이겠
> 는가. 술은 안으로는 마음과 의지를 손상시키고, 겉으로는 사람의 위엄
> 과 품위를 잃게 한다. 혹은 술 때문에 부모를 봉양하는 일마저 저버리게
> 되고 혹은 남녀의 분별을 문란하게 하니 그 해독이 크면 나라를 잃고 집
> 안을 망치게 만들며, 그 해독이 작으면 성품을 거칠게 하고 생명을 잃게
> 만든다. 술이 강상綱常을 더럽히고 문란하게 만들어 풍속을 퇴폐하게
> 하는 것은 이루 다 일일이 그 예를 들기가 어려울 정도이다.

오늘을 사는 우리가 읽어도 가슴을 저미게 하는 내용의 글이 아닐
수가 없다. 나라를 다스리는 군왕이라 하여 다스리는 일에만 매달리
는 게 아니라, 신하들이나 백성들의 성정性情에까지 마음을 쏟아야 함
을 참으로 명료하게 보여 주고 있음이 아니고 무엇인가.
 세종의 치세가 가장 훌륭했던 태평성대로 평가되는 것은 정법正法
과 조화를 무엇보다도 소중히 하였던 그분의 정치철학이 실행에 옮
겨진 시대이기 때문이다. 세종은 정무를 살피면서도 상경常經(사람이 지
켜야 할 변치 않는 법도)과 권도權道(왕명으로 임기응변에 대응하는 것)를 존중하여 어
느 한쪽에 치우치지 않았으며, 특히 몸소 원칙을 실행해 보이는 것으
로 신료들로 하여금 귀감을 삼게 하였다.

오늘의 정치 지도자들이 성군 세종의 따뜻한 인품과 강력한 실천의지를 닮지 못하는 것은 그들의 역사인식에 하자가 있기 때문인데, 그 하자로 인해 겪어야 하는 고통은 모두가 우리 국민들의 몫으로 돌아온다. 배가 조금 고픈 것은 구걸을 해서라도 참을 수가 있는데, 지식인들의 말장난에 시달리는 우리네 처지는 정말 피곤하고 한심하다.

역사를 읽으면서 연도와 사건을 외는 것은 아무 도움이 되지를 않는다. 한 시대를 이끌어 간 지식인들의 양식과 행동을 바로 살펴야 역사가 흘러가는 동력을 알게 되기 때문이다. 그것이 바로 역사인식에 눈뜸이다.

쪽대본 시비

우리나라 드라마의 고질병의 하나인 쪽대본 시비가 다시 도마 위에 올랐다. '쪽대본'이라는 말은 촬영하는 당일 현장에 도착하는 그날 찍어야 할 분량의 불완전한 극본(시나리오)이라는 뜻이다. 이 쪽대본이 빚어내는 어처구니없는 불합리를 조금만 더 구체적으로 설명하면 먼저 드라마 제작의 모든 책임을 지고 있는 PD나 연출자(감독)는 자신이 촬영해야 할 드라마의 내용이 무엇인지도 모르고 현장에 나와서 쪽대본이 도착하기를 기다리는 격이고, 다음으로는 출연하는 배우 또한 무슨 내용을 찍는지도 모르고 촬영장에 나와서 당일치기 대본을 기다린다면 연기 플랜을 세우거나 성격을 만들기는 고사하고 앵무새처럼 대사를 외기도 버거운데 무슨 연기를 제대로 하겠는가.

대학에서 영화과 학생들에게 시나리오를 가르칠 때, 극본은 건축의 설계도와 같아서 부실한 설계도로는 좋은 건축물을 지을 수가 없으며, 따라서 완벽한 시나리오가 없이는 좋은 영화(드라마)를 만들 수 없다고 강조한다. 이런 판국에 완성된 시나리오가 아닌 그날 찍을 분량의 부분 시나리오이자 미완의 극본인 쪽대본으로 만들어진 드라마가 버젓이 방송이 되고 있는데도, 각 방송사들이 이를 근절할 대책을 강구하지 않는다면 비난을 들어 마땅한, 한심한 방송 풍토가 아닐 수 없다.

비슷한 예를 들어본다. 새로운 교향곡을 발표하려는 교향악단이 완성되지 않은 악보로 연습을 하다가 그나마 공연 현장인 무대에 오르고서야 쪽대본과 같은 미완의 부분 악보를 받게 된다면 연주가 성립되겠는가. 지휘자는 말할 것도 없고 연주자들도 그런 무책임한 작곡가의 작품은 연주하지 않을 것이 분명하다. 그것이 자신의 소임에 임하는 예술가의 자존심일 것이기 때문이다.

그럼에도 우리의 드라마 연출자나 PD 들은 물론 이름 있는 배우들까지도 쪽대본에 매달려서 명성을 얻고 먹고살고자 한다면 예술가의 자존심까지 내다 버린 꼴이 아니겠는가. 이 형편없는 현실에 대한 원로배우 이순재 씨의 지적은 참으로 통렬하다.

이로 인해 얼마 전에는 한 방송사 드라마에서는 방송사고까지 났고, 대체 어느 나라가 이렇게 드라마를 만드는가. ······상황이 이렇다 보니 배우들이 드라마를 안 하려고 한다. 그래서 돈이나 받아 보자고 회당 출연료가 2천만 원까지 간다.

　반드시 예술 작품이 아니더라도 여러 부품을 조립하여 생산하는 자동차 공장이나 휴대전화기를 만드는 공장에서도 일정 부품이 갖추어지지 않으면 제조라인을 가동할 수가 없다. 어떤 특정 부품이 기한 내에 도착하지 않았다면 그 부품을 담당한 중소기업은 배상을 하게 되고 공장을 운영하는 실무진은 문책을 당하는 게 상식이다. 그럼에도 쪽대본에 대한 방송계의 태평무사는 어떻게 해석해야 될까.
　영상예술이 한류의 원천을 이끄는 콘텐츠이고, 전략산업이라고 추켜세우면서도 그 원시적인 제작 현장을 방치하는 것은 각 방송사 사장들의 직무유기가 아닐 수 없다. 그들의 마음 먹기에 따라서 간단하게 개선될 일이기 때문이다. 그러나 그들은 당치 않은 변명으로 책임을 회피한다. 자신의 방송국에서 방영되는 드라마는 '외주제작사'에서 만든 것이어서 자신들과는 아무 상관이 없다는 식으로. 그런 안일무사로는 쪽대본으로 제작되는 한심한 현실을 개선할 길이 없다. 이런 터무니없는 현장을 방치하면서 시청료의 인상에만 매달리는 것도 직무유기에 해당된다.
　물론 미완성의 쪽대본을 당일치기로 촬영 현장에 보내거나, 더구나 '휴대전화의 문자'로 대본을 감독이나 연기자들에게 보내는 작가는 작품을 쓸 능력을 갖추지 못하였거나, 설혹 능력이 있다고 하더라도 작가가 갖추어야 할 소양이나 자부심이 부족하다는 사실을 스스로 인정하고 있을 것으로 믿는다.

여러 드라마가 쪽대본으로 제작되는 까닭으로 같은 주에 방송되는 현대극이나 역사극에 하나같이 눈이 내리는 장면이 등장하는 것은 눈이 내리던 날 쪽대본으로 찍었기 때문이다. 반대로 드라마 전체를 완성된 대본으로 찍으면 제작비의 3분의 1을 절약할 수가 있다. 이 사실을 알고 있으면서도 고치지 못하는 것은 드라마 제작비를 예산의 3배나 더 썼다는 결론에 도달한다. 실존하는 어떤 기업에서도 이 같은 손실을 알고도 고치지 않았다면 파면을 면치 못한다.

그럼에도 한국의 방송제작사들이 쪽대본 때문에 일어나는 막대한 손실을 구경만 하는 연유가 무엇인가. 이 터무니없는 일들이 개선되지 않는 까닭은 도대체 어디에 있는지를 알고 싶을 뿐이지만, 분명한 것은 각 방송사의 사장들을 문책해서라도 이 같은 원시적인 드라마 제작 환경을 고치지 않고서는 영상산업의 세계화라는 말은 하나의 공염불에 불과하다는 사실이 아니고 무엇인가.

방송국이 네 개나 더 생긴다는데

지난해의 마지막 날, 드디어 종합편성 방송채널사업자(PP)가 선정, 발표되었다. 아주 쉽게 표현하자면 지금의 SBS 규모의 새 민간방송국이 네 개나 더 생긴다는 뜻이다. 급변하는 뉴미디어 환경의 거센 바람이 마침내 우리에게도 불어올 모양이지만, 신문과 방송 등 전통적 미디어들의 생존 환경에 급격한 변화가 불가피해진 것만은 확실하다. 기존 매체와 신생 매체 간에 살아남기 위한 경쟁이 심화되면서 또 무슨 험한 꼴을 보게 될지 참으로 걱정스럽기 그지없다.

우리나라에서 방송되는 프로그램의 질에 대한 질문을 받으면 대단히 곤혹스러워진다는 것이 내 솔직한 심정이다. 방송 내용이 저질이더라도 시청률만 보장된다면 무슨 짓거리든 서슴지 않고 하겠다는 것이 기존 방송국의 행태이고, 심지어 공영방송마저도 이 같은 저급한 경쟁에 목숨을 건 듯한 꼴불견이 매일 계속되고 있기 때문이다. 어느 민간방송에서 여자 대통령을 소재로 한 드라마가 나가자, 그와 같은 시간에 남자 대통령의 이야기를 제작하여 방송을 할 정도로 천박해진 것이 이 땅의 방송 문화(문화랄 것도 없지만)이다.

필자의 솔직한 심정을 여기에 적자면 우리나라의 방송 프로그램에서는 해당 방송국이나 PD 들의 국가의 미래에 이바지한다는 최소한의 프라이드나 열정도 찾아보기가 어렵다. 제작 기간이 짧다, 예산이 부족하다 등의 불만은 있으되, 미래를 향해 전진하는 노고가 찾아지지 않는다면 앞으로의 일이 참으로 큰일이 아닐 수 없다. 아주 비근한 예를 든다면 어떤 시기에 실제로 눈이 내렸다면 그 주간에 방송되는 모든 드라마에는 사극이고 현대극이고 간에 눈이 내린다. 소위 말하는 쪽대본을 들고 당일치기 촬영을 한 결과이다. 여기에는 아무리 변명을 달아도 들어 줄 만한 명분도 까닭도 없다.

완전한 사전제작 제도가 정착된다면 제작비는 3분의 1정도가 줄어들고, 제작 기간도 단축된다. 이 엄연한 실익을 외면하는 까닭이 무엇인가. 작가가 원고를 늦게 쓴다는 방송국의 변명은 자가당착일 뿐 통할 수가 없다. 쪽대본이라도 좋으니 시청률만 높이면 된다는 것이 방송국의 안일한 생각이 아니던가.

드라마만 그런 것이 아니다. 편성도 마찬가지이다. 개그나 코미디가 섞인 토크쇼 프로그램을 필두로 나이 어린 소녀들로 구성된 음악 프로그램은 선정성이 넘쳐나고 있다. 그런데도 이에 대한 공중파 방송들의 경쟁적인 과대포장은 이미 도를 넘어선 지 오래이다.

이런 판국에 민간 방송국이 새로 네 개나 더 생기게 되었다면 어찌 되겠는가. 한 방송사에 적어도 250명 정도의 새로운 인적자원이 필요하다면 족히 1천 명의 새 인력이 필요하다. 어느 전문가의 말로는 기존 광고제작사나 드라마제작사에 그만 한 인력이 있다고 하면서도 그 '질'을 따진다면 할 말이 없다고 실토하는 것을 들었다. 참으로 암담한 노릇이 아닐 수 없다. 잘 훈련된 인적자원 없이 방송국만 늘어나면 지금의 저질 방송보다 더 저질의 방송이 판을 칠 위험은 불을 보듯 뻔한 노릇인데 여기에 대한 대책이 있는지. 시작도 하기 전에 숨부터 막히는 것을 어쩌랴.

새로운 방송 채널로 온 국민을 계도하게 될 〈조선일보〉, 〈중앙일보〉, 〈동아일보〉가 활자 매체를 통하여 지난 1세기에 가까운 세월 동안 온 국민과 함께 고락을 같이하여 왔다는 자부심에 대해 국민들은 공감하고 있다. 〈매일경제신문〉이라 하여 다를 것이 없다. 앞으로 이들 방송사가 뿜어내게 될 전파가 행여라도 시청률 위주의 저급하고, 선정적이며, 무가치한 전파 낭비로 기존 방송국들과의 경쟁에 나선다면 지난 한 세기 동안 국민과 함께한 노고가 도로에 그치게 되는 것은 물론, 우리 방송 문화를 더 저질의 구렁텅이로 몰아가는 선봉이 될 것이 분명하다. 엄중한 각성이 요구되는 시점이다.

역사란
무엇인가

제 5 장

역사 속에 길이 있다

우리 선현들은 어려서 《천자문》을 배우면서 문자를 익혔다. 그 문자를 익히는 과정에서 도덕과 인성이 도야되었다.

나에게 잘못이 있으면 반드시 고쳐야 하고,
내가 능히 할 수 있는 일이거든 잊지 마라.

이러한 구절을 읽고 또 읽으면 몸에 배게 마련이다. 너댓 살 된 아이들은 이런 구절을 마음에 새기면서 자라고, 다시 《명심보감》을 읽으면서 보다 아름다운 삶의 지표를 세운다. 더 자라서는 《논어》를 깨우치면서 사회의 책임 있는 일원이 되겠다는 신념으로 관직에 나갔던 탓으로 '공정한 사회'를 이루는 핵심 지식인이 될 수가 있었다.

1만 번 독서론

책을 읽는 순간 행복을 느낀다. 그 행복감 때문에 책을 읽게 되지만 속독, 남독 등 때문에 읽고는 곧 잊어버리고 마는 것이 일반적인 독서여서 고래로 그 결과에 대한 이견이 분분하였다.

조선 말의 대석학이자 위정척사衛正斥邪의 화신이었던 화서華西 이항로李恒老 선생의 독서론은 내가 접한 독서론 중에서 가장 준엄하다.

내가 《중용中庸》을 외기를 만 번까지 하였는데 욀 때마다 뜻이 달랐다.
죽기 전에 한 번을 더 읽는다면 무엇을 깨닫게 될지 심히 걱정된다.

한 가지 책을 만 번 외웠다는 화서 선생의 말이 처음에는 과장이 아닐까 의심스럽기까지 하였지만, 산발적으로라도 선현들의 독서론을 다시 접하게 되면서 '만 번까지'라는 말의 본뜻을 조금이나마 짐작이라도 하게 되었다.

터득한 선지식先知識은 실천하지 않고서는 학문이 되지를 않는다. 그러므로 조선 시대에 명망을 떨쳤던 지식인들은 읽고 또 읽어서 자기의 것을 만들고, 그것을 실천함으로써 만세에 명현의 이름을 남길 수가 있었다.

정유재란丁酉再亂을 고향인 전라도 영광에서 맞은 수은睡隱 강항姜沆 선생은 왜군들에게 잡혀 일본 땅으로 끌려가는 불운을 겪으면서도 《간양록看羊錄》이라는 명저에 당시 왜국의 문화를 눈에 본 듯이 적어 남겼다.

강항 선생은 세조 때의 큰 문장가였던 사숙재私淑齋 강희맹姜希孟의 5대손으로 1567년 전라남도 영광군 불갑면에서 태어났다. 자를 태초라 하고, 호를 수은이라 하였던 강항 선생은 일곱 살 때《맹자》한 질을 하룻밤 사이에 읽어 낼 정도의 신동이었다. 그는 27세에 문과에 급제하여 공조 좌랑을 거쳐 형조 좌랑이 되었을 때, 임진왜란의 참상을 체험하게 되었다.

불행하게도 강항 선생은 두 사람의 형과 함께 왜장 도도 다카도라藤堂高虎 군의 포로가 되어 일본 땅인 이요 주伊豫州(지금의 시코쿠 에히메 현)의 나가하마長浜로 끌려갔다가 곧 오즈 성大洲城으로 옮겨져 그곳에서 통한의 포로 생활을 하게 된다.

비록 고관대작은 아니었다 해도 조선 조정의 관원이고, 또 주자학에 통달한 기개 있는 선비인지라 강항 선생은 미개하고 보잘 것 없는 왜국 땅에서 포로 생활을 해야 하는 것이 죽기보다 싫었다. 이에 강항 선생은 여러 차례 탈출을 시도하게 되지만, 실패만을 거듭하다가 2년 뒤인 1598년에는 교토의 후시미伏見에 있는 번주의 별저로 이송된다. 도시로 진출한 셈이지만 치욕의 포로 생활은 계속될 수밖에 없었다. 이 같은 와중에 빼어난 제자를 두게 된 것은 그야말로 큰 행운이었다.

포로의 신분인 강항 선생의 문하로 입문을 자청한 사람이 그 고장에 있던 묘주인妙壽院의 승려 순수좌舜首座였다. 이 순수좌라는 승려가 후일 일본 주자학의 개조開祖가 된 후지와라 세이카藤原惺窩라면 두 사람의 인연은 한·일 간의 큰 가교가 되고도 남는다.

후지와라 세이카는 강항 선생의 강론을 들으면서 조선의 주자학에 빠져들게 된다. 참학문이 무엇인지 알게 된 그는 입고 있던 승복을 벗어던지고 유학자로 변신하게 된다. 그는 몸소 조선 유건을 만들어서 쓰고, 조선 도포를 마련하여 입고 서책을 대하는 것으로 조선 주자학의 진수를 온몸으로 터득하고자 하였다. 조선 주자학 탐구의 신봉자로 자처하던 후지와라 세이카는 마침내 강항 선생에게 사서오경 한 질을 써 주기를 요청하였고, 강항 선생은 그야말로 흔쾌히 응한다.

자, 지필묵은 고사하고 알몸으로 일본 땅에 잡혀간 30대의 강항 선생이 친필로 사서오경 아홉 책의 방대한 내용을 단 한 자도 틀리지 않고 쓸 수 있었던 비결이 무엇일까. 바로 이 비결이 이항로 선생이 말한 1만 번 독서론이 사실로 드러난 결과가 아니고 무엇인가.

후지와라 세이카는 강항 선생이 써 준 사서오경에 왜인들이 읽을 수 있도록 '왜훈(倭訓)'을 달아서 '일본 유학'을 싹틔웠다. 그것은 일본 땅에 퇴계학을 싹트게 한 씨앗으로, 이를 바탕으로 일본 유학이 정립되는 알찬 결과를 거두게 되었다. 그때 강항 선생이 외워서 쓴 사서오경은 지금도 일본 내각도서관에 그 원본이 보존되어 있다.

이러한 까닭으로 미루어 '1만 번 독서론'은 조금도 과장일 수가 없다. 조선의 명현들이 마지막 종명시(終命詩)를 남길 때 "나는 하늘의 이치를 거역하지 않았으며, 책 속의 말씀에 어긋남이 없었다."라고 쓸 수 있었던 것은 모두가 1만 번의 독서론에 담겨진 천금 같은 토로가 아닐 수 없다.

아름다운 사교육

　우리의 선현들은 어려서 서당에 다니면서 문자와 학문을 익혔다. 같은 서당에서 공부하는 생도들도 다양하여 네 살짜리 코흘리개가 있는가 하면 서른을 훌쩍 넘긴 장정들도 있었다. 또 배우는 내용도 다양하여 《천자문》을 익히는 아이들부터 《논어》나 《대학》과 같은 고전을 읽는 어른들까지 함께 섞여 있었다. 선생님이 각자 소리 내어 읽기를 청하면 생도들은 각기 다른 내용을 자신의 진도에 따라 비슷한 음률에 맞추어 큰 소리로 읽는다. 잘 훈련된 합창 소리와 같은 음률을 들으면서도 선생님은 누가 어디를 틀리게 읽는지를 어김없이 지적한다. 놀라운 일이 아닐 수 없다. 물론 일대일의 가르침도 있게 마련이어서 때로는 문자 그대로 족집게 과외를 방불케 하였다.

너댓 살 된 꼬마가 드디어 《천자문》이나 《명심보감》을 떼면 그 댁 부형들은 큰 함지박에 떡을 쪄 와서 선생님과 동료 학생들에게 한턱을 내게 된다. 이른바 '책 떼기'라는 자축 행사이다. 스승님에게는 성의를 다해 주신 은혜에 보답하는 것이며 형뻘인 장년의 학생들에게는 어린 자식을 위해 여러 가지 도움을 준 데 대한 고마움의 표시이다. 요즘의 학교나 학원의 현상에 비한다면 사람 냄새가 물씬 나는 아름다운 광경이 아닐 수가 없다.

스승의 날이 되면 교문을 닫아걸고 학생들을 학교에 오지 못하게 하는 서울 일부 고등학교의 한심한 작태는 예삿일이 아니다. 선생님에게 드리는 돈 봉투(촌지)가 두려워서 하는 소행이라면 참으로 눈 가리고 아웅 하는 격이 아닐 수 없다. 돈 봉투가 내왕하는 통로로 교문이 닫혀 있어도 다른 길이 얼마든지 열려 있다는 것 정도는 학부형들뿐만이 아니라 학생들까지도 알고 있을 것이기에 하는 소리이다.

서당에서 할 수 있는 글공부를 마친 사람들은 보다 더 큰 학문을 성취한 스승을 찾아 나선다. 이를테면 문묘에 위패가 봉안된 조선 시대의 열네 분의 명현과 같이 학문과 덕망을 고루 갖춘 스승들을 말이다. 그 스승들은 '기호학파'니 '영남학파'니 하여 당대의 문벌을 이끄는 국가의 동량이면서 또 자신의 뒤를 이어 줄 새로운 동량을 발탁하여 기르는 것을 평생의 보람으로 삼았다.

이들 큰 스승들을 찾아가 배우기를 청하는 제자들은 사서오경 정도는 모두 욀 수 있는 학문적 수준을 갖추고 있다. 이들에게는 더 배울 학문이 없을 수도 있다. 그러므로 학문의 행간에 담긴 스승들의 지고

한 인품과 실천의지를 배우게 된다. 큰 스승 밑에서 큰 제자가 태어난다는 진리는 우리 역사에서도 얼마든지 찾을 수가 있다. 예로부터 한 인재가 두각을 나타내면 우선 "누구의 문하던고?"라고 묻는 것은 그 때문이다.

1880년 12월 12일, 조선은 지난 5백 년 동안 유지해 온 의정부와 육조를 개편하여 선진국형 정부 조직인 통리기무아문統理機務衙門을 설치하여, 정부 조직을 혁명적으로 개편한다. 정부의 우두머리는 총리로 하고, 사대사, 교린사, 군무사, 통상사 등 13개 부서로 나누어지는 현대적인 정부 조직에 어학사가 포함되는 것으로 교육 제도의 근대화도 급속히 진행되었다. 이른바 공교육(학교 교육)의 길을 열게 된 셈이다.

그 공교육이라는 것도 잠시뿐, 곧 모든 관행과 제도가 일본식으로 바뀌면서 우리가 간직한 아름다웠던 사교육이 점차 쇠락하고 배제되기에 이르면서 식민지 교육으로서의 성패에만 매달리게 되는 획일적인 공교육이 자리를 잡게 된다. 불행하게도 그 여러 방책이 아직도 남아서 교육행정을 지배하고 있다면 참으로 한심한 노릇이 아닐 수 없다.

지금 우리 사회는 이른바 문벌門閥의 기둥(어른)이 사라진 지 오래되었다. 어디에 있는 어느 스승의 품안에서 어떤 미래의 주역들이 성장하고 있다는 이야기를 나는 아직 들어 본 일이 없다. 학문에 앞서 인성을 기르고, 유창한 입담에 앞서 실천의지를 갖춘 인재를 길러 내는 스승이 없다면 나라가 텅 비는 비극이나 다름이 없다.

스승을 신뢰하고 학생들이 서로 상부상조하는 서당에서의 교육은 철저한 사교육이면서도, 문자와 행실을 동일시하는 아름다운 사교육이었다. 지금의 학교 교육이 떠안은 지식 위주, 금전 위주의 얄팍한 방식을 고치지 않는다면 우리가 필요로 하는 젊은 인재들을 길러 낼 방도가 없다.

그렇다고 서당식 교육으로 돌아갈 수도 없다. 그러나 그 정신은 얼마든지 간직하여 이어 갈 수가 있고, 그 정신이 실행으로 옮겨진다면 지식이 아닌 시대가 필요한 사람을 길러 내는 참교육의 길이 트이지 않을까 싶기도 하다.

허상에 허덕이는 지식인들

'식자우환識字憂患'이라는 말처럼 절묘한 것은 없다. 글자대로 풀면 '아는 것이 병'이란 뜻이 되겠지만, 더 넓게 풀면 '선무당이 사람 잡는다'라는 뜻도 포함된다. 아는 것이 왜 병이 되는 것일까. 그 근원에는 잘못 아는 것을 진짜로 안다고 착각하면서, 그것을 기준으로 세상일을 살피기에 매사가 제대로 되는 일이 없다는 경고의 뜻도 포함되어 있다.

또 다른 뜻으로 풀이하면 잘못된 허상을 철통같이 믿은 탓에 제대로 된 '실상'을 부인하고 거부하면서 혼란을 자초하게 된다는 뜻이기도 하다.

"임진왜란이 발발하기 10년 전에 율곡 이이가 10만 양병설을 제기

했는데, 서애 류성룡이 반대하여 뜻을 이루지 못했고, 그 결과 임진왜란이라는 참화를 자초하게 되었다." 이 짤막한 허상이 무려 400여 년 동안이나 진짜인 것처럼 회자되면서 류성룡은 판단력 부족으로 국란을 자초한 사람으로 폄하되었고, 박정희 군사정권 시절에는 유비무환有備無患이라는 구호로 변질되면서 정권을 연장하는 수단으로 악용되는 지경에 이르렀는데도, 이 땅의 지식인들은 누구 하나 이이의 10만 양병설이 누군가에 의해 만들어진 허상임을 입에 담지 않은 채 그냥 입 다물고 있었던 탓에 정치를 한다는 지도층 인사들은 말할 것도 없고, 공부깨나 한 사람들도 그 허상을 '실상'으로 믿으면서 아는 척하고 나대는 통에 공부가 깊지 않은 사람들은 당연히 식자우환이라는 중병에 시달릴 수밖에 없었다.

이이의 10만 양병설은 그의 경륜과 정의로운 사회를 만들기 위한 방책(상소문)까지를 총망라한 《율곡전서栗谷全書》에도 나오지 않거니와 《조선왕조실록》에도 임금이 이 일을 하문하는 데도 떠도는 소문 정도로 언급이 되고 있을 뿐, 확실한 출전이 제시되지 않고 있다. 다만 율곡 이이의 제자 이정구가 스승의 행장行狀을 비문에 쓴 것이 사실로 회자되어 국가적, 국민적 대책으로 무려 4백여 년의 세월 동안 '실상'으로 자리 잡게 되었다.

얼마 전 연세대학교의 송복宋復 교수가 상재한 역저 《위대한 만남, 서애 류성룡》에 이르러 비로소 위에서 언급한 이이의 10만 양병설이 얼마나 허무맹랑한 허상인가를 세세하고도 분명하게 밝혀 놓았다. 이 지점에서도 한 가지 문제가 제기된다. 이런 당연한 일이 왜 4백 년이 지난 이제야 확실하게 논증이 되어야 하는지도 답답한 노릇이고, 또 역사학자가 아닌 사회학자에 의해서 그 잘못이 밝혀진다는 사실도 우스꽝스러운 노릇이 아니고 무엇인가. 혹자는 말할지도 모른다. 사실이 아닌 것을 굳이 사실이 아니라고 밝힐 게 무에 있느냐고. 그러나 많은 국민들이 허상에 빠져 허우적대고 있다면 서둘러 건져 내는 것이 학자의 몫이요, 지식인의 도리이다.

이이의 10만 양병설이 허상이라 하여도 그분의 학문과 경륜에 금이 가는 것은 아니다. 오히려 그런 허무맹랑한 주장을 하지 않았기에 이이의 지고한 나라 사랑이 더 빛나게 된다. 그는 조선을 대표하는 성리학자로, 뚜렷한 학통을 이루어 수많은 제자들을 길러 냈고, 그 제자들의 탐구로 인해 오늘에 이르기까지 그의 성리학이 꾸준히 연구되고 있지를 않은가. 그의 학문과 경륜은 국가관이라는 큰 기둥으로 형성된다. 그러기에 이이가 올린 550여 편의 상소문은 한결같이 국가의 미래를 걱정하고, 정의로운 사회를 구현하기 위한 충언으로 가득하다.

이이의 대표적인 상소문인 〈만언봉서萬言封書〉는 문자 그대로 '길고 긴 글이지만, 임금님만 보시라'는 뜻을 담고 있다. 그 긴 문장 중에서도 다음 구절은 읽는 사람들의 가슴을 서늘하게 하는 지식인의 사명감이 고스란히 담겨 있다.

오늘의 나라 형세는 마치 오랫동안 고치지 않고 방치해 둔 만간대하萬間大廈(여러 간의 큰 집)에 비유할 수 있습니다. 크게는 대들보에서 작게는 서까래에 이르기까지 썩지 않은 것이 없어, 근근이 날만 넘기며 지탱하고 있는 형국입니다. 동쪽을 수리하면 서쪽이 따라 기울고, 남쪽을 뜯어고치면 북쪽이 휘어 넘어져서 어떤 장인도 손을 댈 수가 없습니다. 오직 날로 더 썩어 붕괴할 날만 기다리는 그 집과 오늘의 나라꼴이 무엇이 다르다고 하겠습니까.

21세기를 살아가는 우리는 이 글을 읽으면서 한 번쯤 자신의 소임이 무엇인지를 살펴보아야 한다. 무려 4백여 년 전에 살았던 한 지식인의 나라를 걱정하는 마음을, 이토록 뼈아프게 적어서 임금에게 올렸다는 사실에 앞서 오늘 우리나라의 형편이 이런 지경이 아닌지를 살펴보아야 하고, 따라서 이 땅에 사는 지식인들이 모두 식자우환이라는 중병에 시달리고 있다는 중차대한 사실을 뼈아프게 통찰하지 않으면 안 된다.

글로벌이라는 함정

선무당이 사람 잡는다는 말이 실감나는 요즘이다. 학문에 전념해야 하는 곳에서도, 창작을 해야 하는 예술 분야에서도 '뉴스의 기호記號'로 변신하는 능력이 없으면 언제나 화제 밖으로 밀려나게 된다. 그렇다고 화제가 모든 것을 선행하는 것은 아니지만, 그 반대로 화제의 범위에서 벗어나 있으면 비록 정론正論이더라도 화두가 되지 못할 때도 허다하다. 그 결과 '정론'이 아닌 '화두'가 선무당의 칼자루가 되어 정론에 상처를 내면서 '잘못된 싹'을 키워 가게 되는 것은 비극일 수밖에 없지만, 지금의 우리 사회가 그렇게 흘러가고 있음을 우려하는 사람들이 많다. 위험하다는 사실을 잘 알면서도 고치지 않고 흘러가게 한다면 잘 정비되어 있어야 할 우리의 '정체성'을 혼란에 빠뜨리게 된다.

　21세기로 들어서면서 '글로벌리즘globalism'이라는 말이 모든 화두를 선점하면서 21세기의 세계는 하나의 '지구촌'이 되고, 그 '지구촌'의 일원이 되기 위해서는 '글로벌 스탠더드global standard'에 맞추어야 하고, 곧 각국의 고유한 전통이나 관행을 버려서라도 세계화라는 굴레로 들어가야 한다는 생각이 만연해졌다. 그래서 민족이나 국가라는 말의 의미를 격하하고 무력화시키는 것이 지식인이 걸어야 하는 정도正道인 것으로 착각하는 위험한 추세가 아직도 건재하게 나돌고 있는 것이 요즘의 우리 사회이다.

　유럽연합체라고 일컬어지는 EU를 생각해 보면 안다. 미국이라는 엄청난 시장에 맞서 나가기 위해서는 유럽 지역의 여러 국가들이 연합체를 이루어서라도 살 길을 열어야 한다는 것이 설립 취지였고, 처음엔 15개국 정도로 출발했었다. EU가 시도한 몇 가지의 담합은 순조로웠다. 첫째 국경의 개념을 없애 여권 없이도 자유로운 왕래를 허락하고, 둘째 '관세'를 철폐하여 생산품의 가치를 공유하게 하였다. 관세를 철폐하고 보니 '달러'나 '프랑'으로 된 화폐 단위가 불편하게 된다. 그리하여 셋째 화폐 단위를 통일하여 '유로화'를 사용하게 되었다. 여기까지는 잘살기 위한 방편이었으므로 어느 나라에서도 반대하지 않았다.

　그러나 모든 합의는 여기에서 멈출 수밖에 없었다. 화폐 단위까지는 통일했어도 각국의 고유한 언어 문제를 해결할 방법이 없다. 자존심 강한 프랑스 인들이 프랑스 어를 버릴 수가 없듯, 독일인들도 독일어를 버릴 수가 없으며, 영국인인들 영어를 버리고자 하겠는가. 또 스페인 인은 어떠하고, 네덜란드 인 역시 그들이 고유하게 지켜 온 언어와 문자를 버리고자 할 까닭이 없다. 언어와 문자를 버리는 것은 오랜 전통과 문화 그리고 국가적 정통성을 버리는 일임을 그들이 모를 까닭이 없다. 그리하여 언어의 통일은 미루어 둔 채, 통일된 '헌법'을 제정하자는 의견이 나왔다. 그러나 프랑스를 비롯한 몇몇 나라에서 국민투표로 이것이 부결되자, 통일헌법으로 문화가 다른 여러 나라를 하나로 묶어 보려는 꿈도 무산되고 말았다.

지난 날 세계 각국에서 쓰는 여러 언어들로 인해 통역 없이 의사소통이 이루어지지 않는다 하여 '에스페란토Esperanto 어'가 만들어진 일이 있었다. 폴란드 인 자멘호프가 만든 28자의 인공어이다. 그 에스페란토 어를 연구하여 박사가 된 사람도 있었고, 에스페란토 어로 시를 쓰고 소설을 쓴 작가들도 있었으나, 어느 누구도 어떤 취지로도 세간의 관심을 끌지 못했다. 이유는 간단하다. 에스페란토 어가 문화적, 역사적 배경을 갖추지 못했기 때문이다.

EU가 문화적, 정신적인 통일을 포기한다고 하더라도, EU 그 자체만으로도 거대한 미국 시장에 대적하는 파워를 유지할 수는 있다. 그리하여 날로 비대해지는 EU의 위력에 대비하기 위해 동북아시아도 AU라고 불리는 '아시아 연합'을 형성할 수 있다는 논리도 등장한다. 그런 취지에 한국, 일본, 중국이 동조하는 경우도 상정해 볼 수 있다.

이 세 나라도 국경의 개념을 없애는 일, 관세를 철폐하는 일, 그리고 화폐 단위를 통일하는 일까지는 합의할 가능성이 얼마든지 있다.

서로가 FTA의 체결을 필요로 하는 것과 조금도 다름이 없기 때문이다. 그러나 헌법을 통일한다는 것을 전제로 한다면 절대로 성사되지 않는다. 한국은 자유민주주의 국가이고, 일본은 입헌군주 국가이며, 중국은 공산주의 국가이다. 이 세 가지 상극이 어떻게 하나의 헌법으로 묶일 수 있을 것인가. 중국이 중국어를 버리고자 하겠는가, 일본이 일본어를 버리고자 하겠는가, 또 한국이 한국어를 버리면서까지 AU를 추진하겠는가. 미래를 예견하는 논객이 아니라 삼척동자라도 되지 않을 것을 알고 있다면, 결론은 이미 그렇게 나와 있음이나 다름이 없다.

21세기의 세계가 하나의 지구촌으로 살아야 되는 것을 거부할 생각은 없다. 그러므로 글로벌이라는 말이 갖는 넓은 의미는 나름대로의 설득력을 가지고 있으나, 이것이 국가 혹은 민족의 정체성을 내동댕이치게 한다면 절대로 성립되지 않는다는 사실이 명백해진 셈이다.

21세기의 화두는 다양성을 존중해야 한다는 것이다. 일본 사람들은 고래로부터 숟가락을 쓰지 않고 젓가락만 썼던 탓에 밥을 먹을 때면 밥그릇을 입가까지 들어 올려야 먹기가 편하다. 한국 사람들은 이러한 일본 사람들의 관습을 '거지가 밥 먹듯' 한다 하여 '고지키구이 こじき食い'라고 놀려대지만, 한국 사람들은 밥을 국에다 말아 먹는 까닭에 얼굴을 국 사발에 들이대고 먹을 수밖에 없다. 이 모양을 일본 사람이 보면 '개가 밥을 먹는 것'으로 보여서 '이누구이 犬食い'라고 비아냥거린다.

'거지처럼 먹느냐' 혹은 '개처럼 먹느냐'의 두 가지는 문화의 차이

일 뿐 우열로 평가될 수도 없거니와 또 평가되어서도 안 된다. 이 기묘한 문화적 양식은 어느 한 순간에 정해지는 것이 아니라 오랜 세월 동안 익어서 정착된 것들이어서 완벽한 독립성을 가지고 있다. 그래서 존중의 대상으로 존재한다.

  경박해진 지식인들에게 묻노니, 이 엄연한 현실을 전제하고서도 민족을 말하는 것, 국가의 정체성을 말하는 것이 '글로벌 스탠더드'에 어긋나는 일이라고 할 것인가. 이래도 세계화, 글로벌이 우리 것을 내다 버리면서라도 세계의 문화에 동화하는 것이라고 떠벌리고 다닐 것인가.

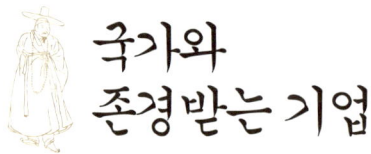
국가와 존경받는 기업

일본의 가전제품인 '내셔널NATIONAL' 하면 반드시 떠오르는 한 사람의 기업인이 있다. 모든 내셔널 제품을 생산하는 마쓰시타 전기松下電氣의 창업주 마쓰시타 고노스케松下幸之助가 바로 그 사람이다. 그의 국가관은 참으로 뚜렷하다. 그의 기업에서 생산되는 모든 전자제품은 그대로 '국가'라는 뜻에서 내셔널이다. 기업이 국가의 발전에 부응한다는 의지가 이보다 더 선명하고 강할 수가 없다.

필자와 가까이 지내는 일본인 시나리오 작가의 집에 갔을 때, 모든 가전제품이 내셔널이고 소니 제품은 눈 닦고 찾아도 없기에 그 까닭을 물어 본 일이 있다. 돌아온 대답은 명료하였다.

"내셔널은 국민 기업이니까."

누가 그렇게 정했는지를 다시 묻는 나에게 '일본 국민들의 이심전심以心傳心'이라는 대답이 돌아왔다. 창업주 마쓰시타 고노스케의 국가관이 알게 모르게 국민들의 마음을 사로잡았기 때문이다.

마쓰시타 전기의 창업주 마쓰시타 고노스케는 제품만으로 국가에 기여한 것이 아니라 국가의 미래를 늘 염두에 두고 있었다. 마침내 그는 21세기를 이끌어 나갈 국가적 인재 양성을 표방하면서 1979년에 70억 엔을 투자하여 특수대학원인 마쓰시타 정경의숙松下政經義塾을 설립하였다. 매학기 25세에서 35세까지의 젊은이들 중 7명에서 8명 정도의 소수정예를 뽑아 아침 7시부터 저녁 7시까지 하루 12시간이라는 혹독한 수업을 강행한다. 물론 국가관의 확립이 커리큘럼의 기둥이다. 그 대신 입학한 학생들에게는 매월 20만 엔의 급료를 지급한다. 가정을 갖고서도 공부에 매달릴 수 있는 환경을 만들어 주기 위해서이다. 개교한 1979년부터 오늘에 이르기까지 약 30년 동안의 성과는 실로 엄청나다. 2010년 현재 일본 중의원衆議院(우리의 국회의원)이 23명이나 배출되었으며, 집권당인 민주당 출신 장관도 2명이나 배출되었다.

기업의 이윤이 국가로 돌아가야 한다는 설립자의 창업의지는 온 일본 국민들을 감동하게 하였다. 그가 일본 최고의 훈장을 받던 날 일본 천황은 그가 탄 휠체어를 밀면서 식장으로 들어왔다. TV로 생중계되는 이 화면을 지켜보면서 수많은 일본인들이 눈물을 흘렸다고 한다. 많은 일본인들의 가슴에 천황 다음으로 존경하는 인물이 마쓰시타 고노스케라고 새겨지게 된 까닭이 바로 국가와 기업의 상관관계에서 나왔음을 잘 보여 주고 있음이다.

　지금 우리나라에는 세계를 경영하는 기업이 하나둘이 아니다. 그 기업들의 매출액과 순이익은 내셔널의 수십 배, 아니 수백 배가 넘는다. 그럼에도 국민들은 그 기업의 총수에 대한 존경심이 없다. 존경심이 없는 정도가 아니라 불법 상속이나 탈세에만 매달리는 사람으로 매도한다. 기업이 국가관을 확립하고, 나라의 정체성에 이바지할 수 있어야 국가는 더 힘차게 뻗어나갈 수가 있다.

　우리 기업의 경영자들은 언제쯤 국민들의 가슴에 존경의 대상으로 떠오를지, 정말로 안타까운 노릇이 아닐 수 없다.

우리가 사는 형편도 없는 나라

　지난 7월 22일, 중앙선거관리위원회는 대선 예비후보로 등록한 사람이 무려 73명이라고 발표하였다. 어차피 이들 중의 한 사람이 대통령이라는 국가원수의 자리에 올라 무소불위의 권세를 누릴 것이요, 차점자는 통한의 눈물을 흘리면서 절치부심할 것이 분명하다. 그렇다고 하더라도 인구가 5천만 남짓한 작은 나라의 대통령 선거에 73명의 후보가 나섰다면 대통령의 자리를 동장이나 이장의 자리쯤으로 착각한 것이 아닐까 싶다가도, 결국 염치를 모르는 사람들의 소행이라는 생각을 하게 된다. 염치를 모른다는 것은 '창피한 것'을 모른다는 뜻이나 다름이 없다.

　이와 같은 현상이 일어나는 것은 사회의 여러 계층이 알게 모르게 전 시대에 빚어진 적폐의 굴레에서 벗어나지 못한 데서 기인한다. 고위 관직에서 물러나면 공기업의 감사나 이사로 가는 것은 이미 적폐의 수준을 넘어서 전관예우로 제도화되었다고 해도 과언이 아니다. 금융감독원에서 근무한 임원은 은행의 감사직이 보장되고, 판사나 검사의 자리에서 물러나면 유명 로펌의 고문으로 초빙되어 연봉 몇십 억이라는 예우를 받는다. 이같이 뻔뻔스러운 일에 동원되는 사람들은 하나같이 초일류 대학을 나온 지식인이고, 정부의 고위 관직에 머물면서는 청렴함을 외치며 떵떵거리던 지식인들이다.

대통령이 몇 번씩 바뀌어도 이 부도덕한 행태는 개선될 기미가 보이지 않은 채 오히려 도를 더해 갈 뿐이다. 대통령의 임기 중 혹은 레임덕이라고 불리는 기간 중에 매번 대통령의 친인척이 비리에 연루된 혐의를 받고, 측근 보좌 세력이 감옥에 가는 등의 악순환은 도대체 언제까지 되풀이될지 가늠할 수가 없다. 조선 시대와 같이 윤기와 강상을 소중히 하였던 시절에는 이 같은 형상을 나라에 망조가 들었다고 하였다.

나라가 망하는 것은 전쟁에 패하여 국토를 상실하는 것만을 의미하는 것이 아니다. 그 나라에 사는 사람들이, 특히 지식인들이 사람 구실을 제대로 못하고 짐승과도 같이 천박한 몰골로 전락한다면 이미 망조가 든 나라와 무엇이 다르겠는가. 지금 우리의 처지가 바로 그렇다.

지금 우리가 해야 할 가장 큰일이란 무엇인가. 대한민국의 선진화이다. 대한민국의 선진화는 정신적 근대화를 조건으로 성립된다. 온 국민이 '정신적 근대화'를 이루지 아니하고서는 선진국의 대열에 들어가기가 어려운데, 한미FTA의 반대를 외치는 시위대가 롯데마트를 점령했다. 여기까지는 얼마든지 용인이 된다. 그러나 쇠고기 판매대에 쇠똥을 뿌리고, 축사에 드나들 때 신었던 쇠똥 묻은 장화를 던진 것은 깨어 있는 사람들의 행동이라고 볼 수 없다. 그래서 한심하고 천박하다는 비판을 받게 된다.

군부대의 이전을 반대하는 시위대는 수많은 사람들이 지켜보는 앞에서 살아 있는 돼지의 사지를 찢어서 죽였다. 군부대의 이전을 명령한 군인을 그렇게 능지처사陵遲處死로 죽여야 한다면서. 이것은 동물애호의 차원이 아니라 국가의 위신과 국민의 가치를 의심받게 하는 야만적인 행위가 아닐 수 없다.

자식을 때린 사람에게 보복한다면서 몸소 가죽장갑을 끼고 몽둥이질을 한 유명 재벌의 총수는 사건의 수사를 지연하거나 무마하기 위해 물경 13억 원을 썼다고 보도되었다. 그중의 5억 8천만 원이 조직폭력배의 두목에게 전해졌다는 사실이 무엇을 의미하는가. 조직폭력배의 두목이 경찰 고위층과 통하는 가장 안전한 파이프라인이라면 더 이상 무엇을 말해야 할지 망연자실해진다.

마침내 그 재벌의 총수가 재판정에 섰다. 그때 검사와의 대화(심문)는 개그 콘서트를 방불케 했다.

"검사님, 복싱 아시죠. (복싱하는 시늉을 하고 나서) 이렇게 아구를 몇 번 돌렸습니다."

"원투, 원투로 말씀입니까?"

"그렇습니다."

재판 과정에서 판사와 피고인이 주고받은 대화의 수준은 고사하고, '아구'가 무슨 뜻인가. '아구'는 일본어의 '턱'을 잘못 발음하였다는 사실은 알고 있었을까. 턱을 일본어로 'あご'라고 한다. '아고'를 '아구'로 잘못 배우고, 그게 무슨 뜻인지 모르고 사용하는 회장님의 교양도 문제지만, 이 사실을 검사님이 점잖게 지적해 주는 아름다운 광경이 왜 우리에게는 없을까 하는 과한 욕심도 부려 본다.

대통령에 출마하겠다는 어느 후보는 상대 후보를 비난하면서 '무데뽀'라는 일본어를 태연히 반복해 사용하다가 상대 후보의 핀잔을 듣기도 하였다. 무뎃포無鐵砲는 문자 그대로 총이 없다는 의미의 일본어이다. 글자는 총이 없다고 썼지만 그 뜻은 "총도 없는 놈이 까불고 나댄다!"라는 비속어이다.

세계의 많은 사람들이 대한민국을 가고 싶지 않는 나라 중에서도 최하위권에 둔다는 해외 토픽도 있다. 불친절하고, 말이 통하지 않고, 살 것이 없기 때문이라는 게 공식 견해라고 소개되었다. 더 창피한 것은 대통령의 품격과 정치·지식인 사회의 현실 참여 등 가장 신뢰할 수 없는 나라 중에서는 꼴찌에서 네 번째로 지목되었다. 그런데도 관광객으로 들끓고 있는 현실이어서 문제의 핵심이 어딘지를 짚어 나갈 수가 없다.

아, 대한민국은 12월에 있을 대선을 무슨 장난처럼 생각하는 못난 이들만이 모여 사는 나라가 아니다. 글줄이나 읽은 사람, 말발을 세울 줄 아는 사람들이 모두 입 다물고 앉아 있으니 별 이상한 사람들이 다

나와서 나대지 않는가.

  그렇더라도 그중의 한 사람이 '나는 전 시대에 쌓인 적폐를 해소하겠노라'고 공약이라도 해 주었으면 좋으련만, 그런 공약을 발설하면 그대로 낙선으로 이어질 것이 뻔하다. 유권자의 반 이상이 그 적폐와 관련되었기에 적폐를 해소하면 편한 삶을 누릴 수가 없기 때문이다.

  우리 이웃들의 날로 천박해지는 행실, 하루가 다르게 참담해지는 현실을 알고 있다면 몽둥이라도 들고 나서야 하는데, 매를 맞아야 하는 사람들이 더 설치고 다니는 세상이라 참으로 해괴하기 그지없다.

스물두 살의 지성

 전국을 돌아다니며 강연을 하면서 가끔 리더십에 관한 이야기를 입에 담을 때가 있다. 그런 기회가 있을 때마다 나는 세계 역사상 가장 훌륭한 리더십을 갖춘 지도자는 단연 성군 세종이라고 목청을 높이곤 한다. 그러나 세계의 사람들은 고사하고 우리나라 사람들조차도 성군 세종을 입에 담으면 겨우 '한글'을 만들었다는 정도만 알고 있다.

 일이 이런 지경이 된 데는 역사학자보다 사회학을 전공했거나 철학을 전공하신 분들이 성군 세종의 행적을 사회학적인 시각에서 혹은 철학적인 안목으로 우리에게는 물론 세계인에게 부각시키지 못한 때문이라는 핀잔도 있다.

 세종대왕은 스물두 살의 젊은 나이에 아버님 태종의 뒤를 이어 보위에 올랐다. 아무리 학문을 좋아하고 천성이 어질다고 하더라도 스물두 살이면 아직 약관弱冠(20세를 일컫는 말)이나 다름없다.

세종은 태종이라는 거목 아래에서 어려운 시대를 이끌어 갈 위엄과 지혜를 배웠고, 그 아버지로부터 완벽한 검증을 받았다. 그렇다고 하더라도 아직 한 나라를 다스릴 만한 능력이 있다고 단정하기에는 어린 나이가 분명하다. 더구나 세종이 거느려야 했던 정승과 판서 들의 면면은 그야말로 기라성이나 다름없다. 영의정 황희, 좌의정 맹사성, 우의정 박은, 대제학 유관, 예조 판서 변계량, 병조 판서 조말생 등을 비롯하여 김종서, 정인지, 신숙주, 성삼문 등 당대의 석학들을 다스리고 거느려야 했다. 이 다스림과 거느림에는 식견識見과 표준標準이 필수 요건이었다.

세종의 식견은 한 권의 책을 1만 번씩 읽어 낸 풍부한 독서량에서 비롯된다. 세종이 몸소 같은 책을 1만 번 읽었다고 말한 일은 없지만, 그의 독서를 이야기할 때마다 책을 묶을 가죽끈이 닳아서 끊어지곤 하였다는 일화는 흔하게 찾을 수 있다. 책을 묶은 가죽끈이 닳아서 끊어질 정도면 1만 번 독서량으로 보아도 무관하지 않을까 싶다.

숙독에 숙독을 거듭하면 얻어지는 수확도 같아진다. 다시 말하면 읽은 내용을 반드시 실천에 옮기게 된다는 뜻이다. 이이가 "아무리 큰 학문도 실천이 따르지 않으면 아무 쓸모가 없다."라고 술회한 대목은 우리가 간직해야 할 덕목이고도 남는다. 그러므로 세종의 표준은 이른바 "하늘의 가르침을 외면하지 않았고, 책 속의 말씀을 거역하지 않은" 데서 비롯되었다. 다시 말하자면 배우고 익힌 바는 반드시 실행으로 옮겨야 한다는 조선 주자학의 근본을 실천한 데서 시작된다.

세종의 완벽한 지도력은 '행동을 수반한 지식인'의 귀감이 되었다. 이는 재위 32년 동안 단 한 번도 변치 않았기에 신료들은 그에게 한없는 신망을 보냈다. 이른바 리더십이라고 일컬어지는 지도력은 '위엄'과 '신망'을 갖춤으로써 소기의 성과를 다할 수가 있다. 세종대왕의 식견과 표준에 의한 실천력이야말로 지도력의 표본이라고 아니할 수 없다. 그는 임금의 자리에 오른 후 불운하게도 무려 7년 동안을 혹독한 가뭄에 시달린다. 역사는 이때의 일을 '세종 7년의 대한大旱'이라고 적는다. 백성들의 운명이 오직 농사에 달려 있던 시절, 요즘과 같이 수리와 관개 시설마저 넉넉하지 못했던 처지에 내리 7년 동안 농사를 망쳤다면 백성들의 살길이 막연해지는 것은 당연하다.

세종은 육조관아의 큰 길(지금의 광화문 거리)에 가마솥을 내다 걸게 하고 도성 백성들에게 죽을 끓여서 먹이게 했다. 그때 할 수 있었던 최선의 진휼賑恤임이 분명하다. 세종은 배고파 허덕이는 백성들의 참상을 지켜보다가 경복궁으로 무거운 발걸음을 옮긴다. 경회루 근처에 이른 세종은 따르는 신료들에게 시름에 가득한 목소리로 당부한다.

이때의 일을《세종실록》은 다음과 같이 적고 있다.

> 임금이 경회루 동쪽에 버려둔 재목으로 별실 두 칸을 짓게 하였는데, 주초柱礎도 쓰지 않고 모초茅草로 덮게 하였으니 장식은 모두 친히 명령하여 힘써 검소하게 하였다. 임금은 이때에 와서 정전正殿에 들지 않고 이 별실別室에서 기거하였다.

백성들의 고초를 함께하려는 세종의 실행의지가 여기에 이르자 신료들은 당황하지 않을 수가 없었다. 정승과 판서 들은 연일 세종이 기거하는 초가마당에 꿇어앉아 사정전思政殿(집무실)으로 옮겨 주실 것을 진언하였고, 왕비 소헌왕후는 석고대죄의 복장으로 꿇어앉아 침전에서 주무실 것을 눈물로 호소하였다. 경회루 옆 초가에서 침전인 교태전까지의 거리는 4, 50미터에 불과하다. 낮에는 초가에서 정무를 보시더라도 잠자리만은 침전에서 편히 쉬시라는 신하들의 주청에 젊은 세종은 성인의 경지나 다름없는 대답을 내렸다.

　"백성들이 끼니를 잇지 못하는데, 어찌 내가 호화로운 침전에 누워 편한 잠을 잘 수가 있겠는가."

　참으로 놀라운 솔선수범이 아니고 무엇인가. 요즘의 정치 지도자들이 이런 귀감을 알고나 있는지 자못 걱정스러운 것은 우리의 정치 환경이 날로 폐단의 질곡으로만 달리고 있기 때문이다. 지금의 나이로 치면 아직 대학생에 불과했을 젊은 지성, 세종의 선정이 학문과 실천을 기반으로 하고 있었다는 사실이야말로 눈여겨 살펴야 할 대목이다.

> 정치를 잘하기 위해서는 지난 시대의 치란治亂의 자취를 살펴보아야 한다. 지난 시대 치란의 자취를 살피기 위해서는 역사를 상고하는 것이 최선이다.

젊은 지성 세종이 우리에게 전하는 무엇보다도 값진 메시지이다.

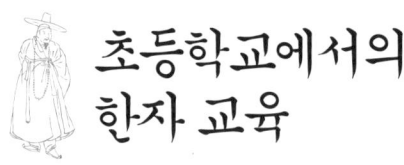
초등학교에서의 한자 교육

나라를 다스리는 근본은 기본을 튼튼히 하는 일이 으뜸이다. 정치고, 경제고, 사회 혹은 교육에 이르기까지 다스림의 원칙은 기본을 튼튼히 하는 일에서부터 시작되어야 한다. 그러나 우리의 여러 현실을 세세히 살펴보면 기본을 무시한 채 현실의 여러 문제를 마치 땜질을 하듯 그날그날 넘기고 보자는 식의 안일무사로 일관되어 있다. 그러므로 공개된 토론을 시끄럽게 여기게 되고, 밀실에서 일을 꾸며서 발표하는 식으로 현실의 문제를 해결하려고 한다.

2009년 2월, 사단법인 전국한자 교육추진총연합회의 진태하陳泰夏 이사장이 생존해 있는 역대 국무총리 21명 중 20명을 찾아가 초등학교에서의 한자 교육이 시급하다는 사실을 호소하면서 대통령에게 건의하는 문건에 서명해 줄 것을 요청하였다. 그리하여 전직 국무총리 20명의 서명을 받은 〈초등학교한자교육촉구건의서〉를 청와대에 제출하였다. 더 구체적인 내용을 여기에 거론할 겨를이 없지만, 강력한 두 가지 의문점이 솟구쳐 올랐던 기억이 생생하다.

그 첫 번째는 살아 있는 전직 국무총리 모두가 초등학교에서의 한자 교육이 필요하다고 생각하였다면, 왜 총리 재직 중에 그런 의견(신념)을 제기하지 않았느냐 하는 의구심이다. 여기에 우리 지식인들의 식견과 행실의 불일치가 명백히 드러나 있다. '정답正答'을 알고 있으면서도 행동으로 옮기지 않았다는 뜻이다.

조선 시대의 지식인들이나 공직자들은 나라의 미래가 걸린 일이라면 자신의 불이익을 감내하고서라도 실천에 옮겼으며, 그 뜻이 관철되지 않는다면 미련 없이 공직에서 물러나는 것을 지식인의 도리라고 여기면서 실천하였다. 이것이 우리가 배워야 할 역사인식이다.

그리고 두 번째는 살아 있는 전직 국무총리 20명이 초등학교에서 한자 교육이 절실하다는 건의서를 청와대에 제출하였다면 대통령의 의사가 피력되어야 마땅한데도 아무 반응이 없었다는 사실이다. 이에 대한 대통령의 답변으로 인해 사회의 여론이 두 갈래로 갈라지면서 그 찬반이 이론적으로 대립되고, 그 대립이 마치 국론의 분열처럼 느껴질 위험이 있다고 생각했을지도 모른다. 그러나 이는 찬반의 토론을 겪어서라도 반드시 국민 교육의 진로를 가려야 하는 중대 사안이다. 이 비켜 갈 수가 없는 중차대한 일을 토론이 무서워 피하려 하는 것이야말로 소통疏通의 부재를 실감하게 하는 대목이 아닐 수가 없다.

조선 시대에는 진정서(의견서)나 건의서를 상소문이라고 했다. 승정원(지금의 청와대 비서실)에서는 올라온 상소문을 추리거나 요약할 수가 없다. 원문 그대로를 임금에게 올려야 하고, 임금은 읽은 상소문에 대해 반드시 비답批答을 내려야 한다. 그것이 임금의 책무이다. 열다섯 살짜리 기생이 올린 상소문에도 비답을 내렸다는 기록은 선정의 아름다움이다. 아무리 임금이 절대적인 권력을 가진 군주라고 하더라도 백성의 뜻을 존중하는 것이 정치의 바른 길임을 우리는 알고 있다.

이어 전국한자교육추진총연합회에서는 초등학교 학부형의 뜻을 물어보기로 하였다. 초등학교에 다니는 귀애하는 자녀들에게 한자를 가르치는 것을 어찌 생각하느냐는 질문에, 놀라지 마시라, 89퍼센트의 학부형들이 한자를 가르쳐 주기를 희망하였다. 이것은 소문이 아니라 문건으로 남아 있는 기록이다.

이명박 대통령은 전직 국무총리 전원(20명)이 초등학교에서의 한자교육을 건의하였고, 초등학교 학부형 89퍼센트가 자녀들에게 한자를 가르쳐 주기를 요청하고 있는 데 대한 대통령으로서의 의견을 밝혀야 한다. 그것이 옳은 정치의 기본을 지키는 일이다. 물론 이에 대한 찬반토론은 극렬하게 전개될 것이 분명하다. 국가의 백 년 앞을 내다보는 토론을 국론의 분열이라고 생각하는 것을 정치의 정도라고 할 수는 없지 않겠는가. 정부의 결단을 촉구하면서 이 글을 쓰지만 또 마이동풍馬耳東風이나 우이독경牛耳讀經쯤으로 여겨질까 걱정된다.

배려의 문화

일본 문화의 특징을 배려配慮의 문화라고 정의하기도 한다. '배려'에는 나보다 남을 먼저 생각한다는 의미가 포함된다. 다른 말로는 남에게 폐를 끼쳐서는 안 된다는 불문율이 생활 속에 용해되어 있다는 뜻이기도 하다. 그런 법도는 그들이 쓰는 말에도 잘 나타나 있다. 일본어에는 '메이와쿠迷惑'라는 단어가 있다. 영어나 우리나라 말로는 그 본뜻을 설명하기가 도무지 쉽지를 않다. 이를테면 '메이와쿠오 가케루迷惑をかける.'라고 표기한다면 "남에게 폐를 끼친다."라는 단순한 뜻이 되지만, 일본 사람들에게는 절대로 해서 안 되는 그야말로 엄중히 지켜야 하는 법도가 된다.

남을 배려하는 일본 사람들의 생활습관은 이론의 한계를 훨씬 넘어

서 법도와도 같다. 모든 일본 사람들이 가장 많이 쓰는 말이 '도죠どう
ぞ'라는 말과 '도모どうも'라는 말이다. '도죠'는 상대를 배려하여 '먼저
하시라'는 뜻이 되고, '도모'는 상대의 양해를 고맙게 받아들이겠다는
뜻이 포함되어 있다. 이 두 마디는 모든 경우, 모든 장소에서 습관적
으로 사용되는 배려의 문화를 상징하는 말이기도 하다. 그래서 어떤
사람들은 '도모'와 '도죠'만 제대로 쓰면 일본 어디에서든지 예절을
갖춘 사람으로 인정받을 수 있다고까지 말한다.

일본열도를 강타한 '동북관동대진재東北關東大震災'로 일본인들이 겪
는 고통은 참으로 헤아릴 길이 없다. 우리는 진도 9의 지진으로 일본
열도가 요동치고, 20미터 높이의 쓰나미로 인해 멀쩡했던 도시가 순
식간에 뻘밭으로 돌변하는 참혹한 광경을 TV 화면으로 지켜보았다.
《조선왕조실록》에서는 쓰나미 대신 '해일海溢'이라고 적고 있지만, 온
세계가 모두 해일 대신 '쓰나미'라는 일본어를 쓸 수밖에 없는 까닭을
가차 없이 보여 준 참변이기도 했다. 설상가상이라고 했던가, 후쿠시
마 원전의 폭발로 인한 피해도 헤아릴 길이 없이 커지고 있다. 간 나
오토 일본 수상은 일본의 '동북 지역이 없어질지도 모른다'라며 극도
의 우려가 담긴 말을 입에 담기까지 하였다.

피해 지역인 센다이 지역 인근의 초등학교가 피난처(수용소)로 지정
되었다. 집을 잃고, 가산을 잃고, 가족을 잃은 사람들이 학교로 밀려
들었고 그 수가 무려 1천여 명을 상회하는 것이 보통인데 아우성치는
소란도 없고, 선후를 다투는 흉한 꼴도 보이지 않는다. 그런 와중에서
수용소가 된 한 초등학교에서 조촐한 졸업식이 거행되기도 하였다.

졸업장을 받아 든 어린아이의 어머니가 학교와 선생님에 대한 감사의 인사와 학교에 수용된 사람들에게 위로의 인사를 하는데, 그 말에 담긴 배려의 뜻은 그대로 눈물이었다. 졸업식을 마친 30여 명의 선생님들은 학교에 수용된 1천여 명의 이재민들을 돌보는 일에 거침없이 다시 나서고 있었다.

한국에서 간 어느 특파원은 교통편이 마땅치 않아 택시를 타고 먼 길을 돌아서 사고 현장으로 가는데 문을 연 휴게소도 없고, 편의점에는 간식거리도 없었다. 아무 부탁도 하지 않았는데 택시 운전기사가 기자를 자신의 집으로 데려가 밥이 없어 미안하다면서 과자를 대접하더라는 기사를 읽으면 '배려의 문화', 사람답게 사는 것이 무엇인지를 여실하게 알게 된다.

후쿠시마 원전의 위기는 일본의 위기와 직결된다는 기사는 결코 과장일 수가 없다. 우리는 이미 체르노빌의 비극을 경험하였기 때문이다. 정년을 앞둔 59세의 전력회사 사원은 '죽을 자리를 찾았다'면서 후쿠시마 원전 복구에 자원하였다. 그의 아내와 딸은 눈물로 아버지의 장도를 빌었고, 떠나는 아버지는 '익명'으로 해 줄 것을 기관과 언론에 요청하고 후쿠시마로 향했다.

모두가 배려의 문화가 빚어내는 감동적인 아름다움이다. 나를 희생해서라도 남에게 폐를 끼치지 않겠다는 일본인들의 인식은 참으로 고귀하기 그지없는데, 하늘은 왜 이리도 잔혹한 시련을 그들에게 주시는지 참으로 야속하고 안타깝다. 하루라도 빨리 지진과 해일의 피해가 수습되기를 바라는 마음 간절하다.

대학생들의 자살

　수재들만 모였다는 카이스트의 재학생들이 학업 성적을 따라가지 못해 네 사람이나 자살을 했다는 기사는 충격이 아닐 수 없다. 학업 진도를 따라가지 못해 스스로 목숨을 끊는 것이 상식이라면 살아남을 대학생이 과연 몇 사람이나 되겠는가. 그런데도 언론이나 여론은 카이스트의 교육방식을 나무라고, 서남표 총장의 개혁의지를 도마 위에 올려놓고 난도질하고 있다.

　학업 성적을 따라가지 못해 스스로 목숨을 끊는 잘못된 현상은 누가 뭐라 해도 그 첫 번째 책임이 자살한 본인에게 있고, 그다음은 그렇게 나약하고 공리적인 자식들을 길러 낸 부모들에게 있다. 어리고 소중한 자식들에게 꿈을 심어 주지 아니하고, 호연지기浩然之氣를 심어 주지 아니한 결과이기 때문이다.

　조선 시대의 교육은 문자를 익히는 일보다 행실을 아름답게 하는 데 목적을 두었다. 그 모든 것이 어머님의 지혜에서 나왔다. 조선 시대의 어머님들은 지금의 어머님들보다 학문이 깊지는 않아도 자식을 훈도하는 일에는 일가견이 있었다. 바로 된사람의 행실이 어떤 것인지를 명확히 알고 있었기 때문이다. 그리고 귀애하는 자식들의 가슴에 꿈과 호연지기를 심어 주는 일을 무엇보다도 소중히 여겼다.

> 예禮로 가르치면 나라가 평온해지고, 법法(지식)으로 가르치면 나라가 시끄러워진다.

　이 엄연한 조선 시대의 교육관을 고리타분한 옛것이라고 생각하는 이 나라 지식인 사회에 근원적인 문제가 있었음이 이번 대학생들의 자살 사건으로 명백하게 드러난 셈이다.

　언론이나 여론은 왜 지금의 유소년 교육의 문제점을 지적하여 개선해 나가고자 하지를 않고 지엽 말단에만 매달리려 하는가. 심지어 국회의 청문회에서까지 서남표 총장의 교육개혁 방식을 일방적으로 나무라면서 트집 잡으려고만 한다. 왜 그들은 잘못된 가정 교육과 공교육의 문제점을 지탄하지 않고 카이스트의 교육 방식만 트집하는가. 지식인 사회의 무지와 한계를 보는 것 같아 서글프기 한량없는 노릇이고도 남는다.

　지금 우리 대한민국이 갖추어야 할 가치는 무엇인가. 바로 영국의 미래학자 존 스튜어트 밀의 말처럼 '국민들의 가치'이다. 국민들이란 또 무엇인가. 국가를 구성하고 있는 중심체, 다시 말하자면 국민 한 사람 한 사람의 식견과 표준이 대한민국의 가치가 된다는 뜻이다.

지금 우리나라에는 가정은 있는데 집안의 법도가 없다. 그런 가정들이 즐비하고서는 사회의 기강이 온전할 수가 없다. 근본이 잘못되어 있는데도 구멍 난 곳만 땜질하는 것이 우리의 교육이고, 정치라고 생각한다면 앞으로도 젊은 대학생들의 자살 충동을 막아 낼 방도가 없다. 결단코 말하거니와 엄격한 아버지가 있어야 집안의 내력이 유지되고, 지혜로운 어머니가 있어야만 집안의 격조가 갖추어진다. 그러므로 가정에서 배우는 가치관과 학교에 다니면서 배우는 가치관 그리고 공직에 나가서의 가치관은 일치되어야 하는 것이지만, 지금 우리의 현실은 가정에서의 가치관과 학교에서의 가치관이 서로 다르고, 출세한 사람들의 가치관이 또 다르다는 데 문제가 있다.

천만다행으로 카이스트의 학생회에서는 동료의 자살이 카이스트 개혁과는 아무 상관이 없음을 공식적으로 천명하였다. 세상을 보는 눈이 대학생들만 못한 여론과 국회의원들의 한심한 작태가 카이스트의 학생들에 의해 백일하에 드러난 셈이다. 이러한 과정을 거치면서 우리가 가야 하는 정도가 찾아진다면 얼마나 다행한 일인가. 수재들은 아름답고 냉정하였다. 그 젊은 지성에 박수를 보낸다.

분사와 순국

　3·1절이나 광복절과 같은 경축일의 기념식에는 '애국가 제창' 다음에 '순국선열에 대한 묵념'의 순서가 있다. 조국을 위해 순국한 선열들이 계셨기에 오늘 우리가 누리는 행복에 대하여 감사의 뜻을 묵념에 담아서 올리는 순서임을 모르는 사람들은 없다. 순국선열에는 안중근, 윤봉길, 유관순 의사와 같이 조국의 독립을 위해 투쟁하다가 왜적들에게 목숨을 잃은 사람, 또는 6·25 전쟁과 같은 전쟁터에서 초개같이 목숨을 던진 장병들 혹은 월남전에 참전하여 목숨을 잃은 젊은 용사들이 모두 포함된다. 그러나 나라 되어가는 꼴이 하도 한심하고 기막혀서 스스로 목숨을 끊은 선열들도 뜻밖으로 많다. 그 같은 분사憤死도 '순국殉國'이기에 우리는 그분들의 영혼에도 묵념을 올린다. 자

살은 어떠한 경우에도 미화될 수 없다는 종교적이면서도 일반적인 관념도 그 죽음이 순국에 이르게 되면 명예로움이 더해지게 된다.

1905년 을사늑약이 강제 체결되자, 77세의 조병세趙秉世가 노구를 이끌고 대한문 광장으로 달려 나가 따르는 특진관들과 함께 통렬한 상소문을 올렸다. 고종 황제는 이들의 충정이 대견하여 인견을 허락하였다. 고종 황제를 배알하고 덕수궁을 물러 나오던 조병세 일행을 기다리고 있던 것은 일본 헌병들이었다. 그를 체포하기 위해서였다. 조병세는 그들을 향해 일갈한다.

"대한국 정부의 고관이니라. 당장 물러서지 못하겠느냐!"

조병세의 호령 소리가 쩌렁하게 울렸으나 일본군 헌병들은 실로 맹랑하기만 하였다.

"너희가 일본군의 허락 없이 황제를 만났으니 중벌을 받아 마땅할 것이니라!"

대한제국 정부의 고관이 일본군의 허락을 받고 제 나라의 황제를 배알한대서야 말이 되는가. 그러나 일본군 사령부로 강제 연행된 조병세 일행은 그로부터 이틀 후 석방되기는 하였으나, 일본군 헌병에게 시달린 정신적, 육체적인 고통을 이기지 못한 조병세는 다량의 아편을 먹고 자진自盡(스스로 목숨을 끊는 일)하였다. 대한문 광장으로 나가 상소문을 올린 날로부터 닷새째 되는 날이었다.

이를 계기로 시종무관장 겸 육군부장인 민영환閔泳煥까지 자결함으로써 고종 황제를 비롯한 수많은 사람들을 통곡하게 하였고, 경연관 송병선, 전 참찬이자 갑신정변의 주역이었던 홍영식의 형인 홍만식洪

萬植, 학부주사 이상철李相哲, 평양의 이름 없는 병사 전봉학全奉學까지도 스스로 목숨을 끊어 매국조약의 체결에 항거하였다. 그런 분사가 계속되는 와중에서도 한 인력거꾼의 자결은 진실로 우리의 가슴을 뜨겁게 하고도 남는다. 그 인력거꾼은 많은 사람들이 지켜보는 앞에서 매국조약 체결의 부당성을 절규하면서 스스로 목숨을 끊었다.

고종 황제도 그들의 분사를 안타까이 여겼다. 후일에 공개된《덕수궁이태왕실기德壽宮李太王實記》에 보면 당시 고종 황제의 아픈 내심이 상세히 기록되어 있다. 우선 민영환의 자결을 안타까이 여겨 모든 장례 비용을 국고에서 지출하게 했으며, '충정忠正'이라는 시호를 내려 그의 순국을 애도하였다. 또한 조병세에게도 '충문忠文'이라는 시호를 내렸고, 그밖의 분사한 사람들에 대해서도 벼슬을 추증하는 등의 예우를 아끼지 않았다.

위정척사의 화신이요, 반일의 불꽃이나 다름없었던 선비의 대명사 면암勉菴 최익현崔益鉉은 적지 대마도에서 단식으로 목숨을 버리면서 절명시絶命詩의 마지막 구절을 적어 간다. "평생을 읽은 책이 노나라의 춘추라네一生長讀魯春秋." 참으로 절창이 아닐 수 없다. 평생을 역사책을 읽었기에 '신하 노릇, 자식 노릇, 제자 노릇, 아비 노릇, 스승 노릇을 빈틈없이 할 수 있었다'는 자신감 넘치는 역사인식을 입에 담고 있기 때문이다.

그리고 5년 뒤인 1910년 8월, 일본은 대한제국을 강제 합병한다. 소식을 접한 매천 황현은 더 살아 있어야 할 이유가 없다고 다짐하면서 자신의 절명시에 다음과 같이 적었다.

짐승들도 슬피 울고 강산도 찡그리네.
　　무궁화 이 나라가 망해 버렸네.
　　가을 등불 아래 책 덮고 역사를 생각하니
　　지식인 노릇하기가 참으로 어렵다네.

　매천 황현은 스스로 '지식인 노릇하기 참으로 어렵다'라면서 자진하기로 결심하고 가족들에게 그 유명한 〈유자제서遺子弟書〉를 남긴다.

　　내게 꼭 지금 죽어야 할 의리는 없다. 그러나 조선이 선비를 기른 지 5백 년이 되었는데도 나라가 망하는 날 한 사람도 목숨을 끊는 이가 없다면 가슴 아픈 일이고도 남는다. 내가 위로는 하늘이 지시하는 아름다운 도리를 저버리지 아니하였고, 아래로는 평소에 읽은 책 속의 말씀에 어긋나지 않았다. 이제 깊이 잠들려 하니 참으로 통쾌하기 그지없다. 그러니 너희들은 너무 슬퍼하지 마라.

　몇 번을 읽어도 가슴이 뭉클해지는 참지식인의 준엄함이 배어 있는 감동적인 글이어서 나는 이 글을 수없이 읽고 또 읽는다.
　조병세, 민영환, 최익현, 황현의 죽음은 그것이 분사라고 하더라도 자살임이 분명하다. 스스로 목숨을 끊었다고 하더라도 나라를 위해 자신을 버린다는 대의명분이 있기에 그분들의 지고한 분사에 순국이라는 명예가 따른다는 사실을 명심해야 할 일이다.

미완의 픽션이 된 국민장

    2009년 5월 23일 이른 새벽, 노무현 전 대통령이 봉하마을의 부엉이바위에서 뛰어내린 것은 온 국민들을 참담하게 하는 일대 충격이 아닐 수 없었다. 게다가 이 사건이 처음 발표될 때의 TV나 신문의 머릿기사는 모두 한결같이 '노무현 전 대통령 자살'로 표기되었다. 어떻게 이런 일이 일어날 수가 있는가. 임기를 무사히 마친 전직 대통령이 자살로 목숨을 끊다니 말이 되는가. 세계의 역사에서도 유례를 찾을 수 없는 참으로 부끄럽고, 참으로 한심하여 입에 담기조차 민망한 일을 우리 국민들은 겪고야 말았다.

    봉하마을의 마을회관에 노무현 전 대통령의 분향소가 마련되었다. 조문행렬은 순식간에 장사진을 이루었으나 있어서는 안 될 일도 함께 일어나기 시작하였다. 현직 국회의장은 찬물 세례를 받으면서 뒤돌아서야 했고, 어느 정당의 총재는 계란 세례를 받으면서 쫓겨났다. 집권 여당의 간부들도 분향소에 들어서지 못한 채 욕설을 감내하며 뒤돌아서게 되었고, 마침내 현직 대통령이 보낸 화환이 부서지고 짓밟히는 지경에까지 이르게 되었다.

물론 분향소의 관리를 비롯한 장례에 대한 모든 절차는 노무현 전 대통령이 거느렸던 국무총리, 대통령 실장, 장·차관들로 구성된 '장례위원회'의 소임이다. 지도력의 결핍, 리더십의 부족, 위기관리 능력의 부재는 그들 재임 중의 모습을 보는 것 같아 착잡하기 그지없었다. 그래도 우여곡절 끝에 노무현 전 대통령의 영결식은 '국민장'으로 결정되었다.

국민장은 현직 국무총리가 장례위원장이 되고 행정자치부 장관이 집행위원장이 되어 국가의 예산으로 집행되는 국가 주도의 장례식이다. 그런데 전직 국무총리가 장례위원장에 추가되는 특례도 있었고, 경복궁 뜰에서 국가가 주도하는 국민장이 진행되는 동안 덕수궁 근처에서는 민간이 주도하는 또 다른 장례식이 버젓이 진행되었다. 중구난방이어도 분수가 있어야지, 불행하게도 우리는 전직 대통령의 장례를 치르면서 국법이 무용하다는 최악의 사태까지 목격하게 되었다.

고故 노무현 전 대통령의 영결식에 참석한 현직 대통령이 헌화를 행하던 중 소란이 일었다. 29일 오전 11시 서울 경복궁에서 열린 고 노무현 전 대통령의 영결식장에서 대통령이 헌화를 하려고 나가자 민주당 백원우 의원이 이를 제지하려고 시도했다. 백 의원은 "여기가 어디라고!" 하고 외치며 영정이 있는 쪽으로 나아가려 했지만 경호원에 의해 곧바로 제지당했다. 백 의원은 "이 대통령은 사과하라.", "정치 보복으로 살해됐다."라고 외쳤다. 참석자들 가운데 일부도 "사과하라."라고 같이 외쳤고, 백 의원은 "정치적인 살인"이라면서 계속 소리를 지르다 민주당 김현 부대변인이 나와 제지하자 진정하고 자리에 앉음으로써 불미한 상황은 3, 4분 만에 진정되었다.

5월 29일 자 인터넷 〈서울신문〉의 기사 중의 일부를 다시 읽어 본다.

> 국민장에는 외국에서 온 조문 사절도 참석한다. 이날의 경복궁 영결식장에도 많은 외국인 조문 사절이 참석했지만, 리더십의 부재가 빚어내는 참담한 현상이 나라의 위신을 떨어뜨리는 지경에까지 이르게 되었다.

해외의 여러 매체들도 노무현 전 대통령의 자살과 장례식에 관해 관심을 쏟아 냈다. 미국의 〈뉴욕 타임스〉는 "노 전 대통령은 자살로 운명을 반전시켰다."라고 적었다.

> 일부 친척과 보좌진은 수뢰 혐의로 투옥되었고 노 전 대통령의 명예가 훼손된 상황이었지만 자살 후 그는 명성을 지키기 위해 자살을 선택한 존경할 만한 사람, 가족과 참모들을 보호하기 위해 희생한 영웅, 억울하게 죽은 한맺힌이 되었다.

그리고 덧붙이기를 "이번 사건으로 무엇이 범죄이고, 사법이 어떻게 이루어지고 있는가에 대한 의문이 제기되었다."라고 적었다. 참으로 경청할 만한 대목이 아닐 수 없다.

노무현 전 대통령의 국민장은 처음부터 2개의 장례위원회가 있었다. 하나는 대한민국 정부가 주도하는 장례위원회이고, 또 하나는 노무현 전 대통령의 측근으로 구성된 이른바 봉하마을의 장례위원회이다. 그러나 이 두 장례위원회가 뛰어넘지 못하는, 보이지 않는 유령의 장례위원회가 또 하나 있었다. 아니, 그것은 정부의 힘도 미치지 못하는 거대한 그림자이기도 했다.

죽은 장수와 비슷하게 생긴 사람으로 가짜 장수 노릇을 하게 하는 일본 사무라이 영화의 제명이 〈가케무샤影武者〉(그림자 사무라이)가 아니었던가.

결국 우리는 정부가 주도하는 전직 대통령의 국민장을 보면서 허점투성이의 픽션을 볼 때처럼 아슬아슬해졌다가 불현듯 깨어난 꼴이 되었다.

공정한 사회로 가는 길

이명박 대통령이 8·15 경축사에서 '공정한 사회'를 천명하면서 우리 사회의 잘못된 관행에 급변을 예고하는 듯한 소신을 발표하여 파장이 일고 있다. 국회의 인사청문회에서는 국무총리 후보자와 장관 후보자들이 줄줄이 낙마하는가 하면, 유명환 외교통상부 장관은 딸을 특혜로 채용하였다 하여 장관직에서 물러나는 망신살을 겪기도 했다.

이 같은 사태를 지켜보면서 어떤 야당인사는 이명박 대통령이 천명한 공정한 사회는 결국 부메랑이 되어 그 자신에게 돌아갈 수도 있을 것이라는 비판도 서슴지 않고 내뱉었다.

우리 사회가 공정한 사회여야 하는 것은 너무도 당연한 것이지만,

참으로 오랜 세월 동안 불공정한 사회로 일관하였던 탓에 지금은 공정한 사회로 들어서기가 그야말로 낙타가 바늘귀를 지나가야 할 정도로 어려운 지경에 있다는 사실에 유념할 필요가 있다. 노무현 전 대통령도 취임과 동시에 "반칙이 없는 사회"를 지향하겠다고 소리 높여 외쳤지만 워낙 반칙이 많은 사회였던 탓에 흐지부지되고 말았다는 사실에도 유념할 필요가 있다.

반칙을 능사로 여기고, 불공정이 상식으로 굳어진 사회는 그 근본을 뜯어고치고 개선하는 일이 우선되지 않고서는 공정한 사회로 들어설 수가 없다. 예컨대 고등학교 2, 3학년 교실에서는 대부분의 학생들이 책상에 엎드려 잠을 자고 있어도 선생님은 아무 제재도 하지 못한 채 혼자서 수업을 하는 지경이다. 잠을 자는 학생들은 그렇게라도 잠을 자서 정신을 맑게 하고 난 다음 학원에 가야 한다고 태연히 말한다. 학원의 인기강사는 욕설과 비속어로 강의를 하는데도 날로 그 예우가 높아만 진다는 것이 불공정한 우리 사회의 실태이고, 젊은 판사가 연상의 피고인들에게 반말지거리를 해도 그만인 것이 우리 사회의 부도덕한 현실이다. 이 같은 현실이 엄연한데도 대통령이 공정한 사회를 표방한다 하여 성공할 가능성이 있을까, 없어야 정답이다.

조선 시대는 공정한 사회가 꽃피었던 시대이다. 물론 다소의 불공정한 일이 있었다고는 해도 궁극적으로는 공정한 사회로 정착되었던 시절이다. 그 원인은 어디에 있는가, 예치禮治를 국가경영의 이상으로 삼았기 때문이다.

예로 가르치면 나라가 평온해지고, 법으로만 가르치면 나라가 어지러워
진다!

이미 5백여 년 전에 제시되었던 치세의 중심 과제지만, 마치 오늘
우리의 병폐를 예견하고 있었다는 지적 같기도 하여 숙연해진다. 모
든 교육이 입시만을 위한 지식 전달을 교육의 지표로 삼은 탓에 우리
사회가 불공정하고 어지러워졌다면, 지금이라도 예를 가르쳐서 사람
의 본분을 지키게 하는 것이 '공정한 사회'로 가는 지름길이다. 이 명
백한 가르침에 따라야만 나라가 평온해진다는 가르침을 철저하게 외
면하면서 '공정한 사회' 운운한다면 결국 그것은 또 다른 국무총리를
비롯한 고위 공직자를 징계하다가 지치게 되는 결과를 초래할지도
모른다.

우리의 선현들은 어려서 《천자문》을 배우면서 문자를 익힌다. 그
문자를 익히는 과정에서 도덕과 인성 도야를 습득하게 된다.

나에게 잘못이 있으면 반드시 고쳐야 하고知過必改.
내가 능히 할 수 있는 일이거든 잊어버리지 마라得能莫忘.

이러한 구절을 읽고 또 읽으면 몸에 배게 마련이다. 너댓 살 된 아
이들은 이런 구절을 마음에 새기면서 자라고, 다시 《명심보감》을 읽
으면서 보다 아름다운 삶의 지표를 세우게 된다. 그리고 더 자라서는
《논어》를 깨우치면서 사회의 책임 있는 일원이 되겠다는 신념으로 관

직에 나갔던 탓으로 공정한 사회를 이루는 핵심 지식인이 될 수가 있었다.

이명박 대통령이 진실로 공정한 사회를 이루고자 한다면 초·중등학교의 커리큘럼 개편부터 서둘러야 한다. 자라는 청소년들에게 예의염치를 일깨우면서 성장하게 하는 것이 공정한 사회로 가는 지름길이기 때문이다. 지금 당장 초·중등학교의 교육과정 개편을 서두른다 해도 그 효과는 15년쯤 뒤에야 나타난다. 효력이 더디다 하여 기초를 무시하거나 뒤로 미루는 것은 정도가 아니다. 교육이 국가 백 년의 대계라는 사실을 명심하고서야 공정한 사회로 가는 길도 자연스럽게 열린다는 사실은 상식의 범주에 드는 일이다.

40대 총리론

요즘의 화두는 단연 '40대 총리론'이다. 대통령제 아래에서의 총리에게 무슨 권한이 얼마나 있는지는 잘 모를 일이지만, 총리가 40대라 하여 소통을 중심으로 한 친서민 정책이 빛을 볼 것이라는 말은 아무래도 성급하다.

더구나 이명박 대통령과 같이 사사건건 모든 일을 대통령이 챙겨야 성이 차고 안심이 된다는 판국이면 대통령의 권한을 얼마나 총리에게 위임하였느냐를 확실히 해 두어야 총리의 능력을 시험할 수가 있다. 그렇지 않고 다만 40대 총리니까 우리는 기대를 걸어 보겠다는 논리에는 일고의 가치도, 타당성도 없다.

정치에 '친서민'이 붙는다 하여 40대 총리론이 합당하고, 'IT 시대'

를 열어 가고 '녹색혁명'을 이끌기 위해서는 60대 총리가 걸맞지 않는다는 논리는 단순함을 넘어서 무식한 경우에 해당된다.

젊어서 남다른 총기가 발견되고, 그 사고나 실천궁행이 남들보다 더 빛나는 사람들이 보다 빠르게 성장하여 대성한 예는 얼마든지 있지만, 그들이 40대여서 사고가 유연했다는 실질적인 증거는 거의 없다.

고려 후기에 태어나 조선 초기를 살면서 명재상의 이름을 아낌없이 휘날렸던 방촌 황희의 능력과 인품이 시사하는 총리론이야말로 지금 우리가 골똘히 생각해 볼 만한 화두가 아닐까 싶다.

황희는 14세에 음관으로 등용되었다. 21세 사마시, 23세에 진사시, 27세에 문과에 급제하여 요직을 두루 거쳤고, 47세에 지신사가 되었다. 지신사가 도승지와 같은 지위라면 요즘의 말로 '40대 청와대 비서실장'이 되었던 셈이다. 이후의 승승장구는 놀라운 지경이어서 육조의 판서는 말할 것도 없고 평안도 순문사 등 모든 벼슬자리를 두루 거치면서 조선 초기의 문물을 정비하는 데 크게 이바지하였다. 그러나 태종이 맏아들 양녕대군을 폐할 때는 단호히 반대하며 원칙의 편에 섰다. 격노한 태종은 총신 황희의 벼슬을 박탈하고 전라도 남원으로 축출하였다.

마침내 태종의 뜻으로 세종이 보위를 이었고, 상왕으로 물러나 있던 태종은 전라도 남원 땅에 쫓겨나 있던 황희를 다시 불러 모든 죄를 불문에 부치고 관직을 회복해 주었다. 그리고 세종을 불러 황희를 중용해 쓸 것을 각별히 당부하였다. 양녕대군을 물리치고 충녕대군(세종)을 세자로 옹립하는 일에 목숨을 걸고 반대하였던 황희는 아이러니하게도 세종 시대에 다시 관직으로 돌아오게 되었다.

그리하여 황희가 영의정에 오른 해가 세종 13년이면, 68세가 되던 해이다. 요즘 말로 하면 '60대 말의 총리론'이거나 '70대 총리론'이 된다. 인간 정신의 성숙은 많은 연륜을 필요로 하며 정신적, 육체적인 좌절을 극복하고 나서 자신도 모르게 서서히 이루어지는 것이라고 설파한 생텍쥐페리의 말은 그래서 명언이다.

황희가 영의정이 되어 서정을 장악하면서 세종대왕은 꼭 자신이 해야 했던 한글의 창제, 음악의 정비, 과학의 진흥 등 조선의 르네상스를 이끌어 가는 찬란한 업적을 하나하나 완성해 나간다. 그 세월이 장장 18년이다. 영의정 황희는 스스로 나이 들었음을 빌미로 세종에게 모든 공직에서 물러날 것을 눈물로 청한다. 그때가 세종 31년, 황희의 나이 86세 때였다. 18년 동안 영의정의 소임을 다하였다는 자부심이다.

5년 임기의 대통령이 4번 바뀌는 18년 동안 단 한 사람이 5백 년 조선 시대의 가장 위대했던 르네상스 시절을 홀로 영의정의 소임을 다했다는 사실, 그것도 68세에서 89세에 이르는 세월이었다면 오늘 우리가 40대 총리론을 거론하면서 종전과는 다른, 뭔가 판타지컬할 정도의 신선함이 있을 것이라는 여론의 호도는 여러 분야의 경박함을 드러내는 안타까운 모습이 아닐 수 없다.

아름다운 노년이고 싶다

　도연명의 〈귀거래사歸去來辭〉는 수많은 사람들의 심금을 울린 글이다. 젊어서 떠나온 그리운 고향으로 돌아가면서 〈귀거래사〉와 같은 명문을 남길 수 있다면 정말로 부러운 노릇이 아닐 수 없다. 그러나 세상일이란 뜻과 같지 않아서 한 편의 글을 남기는 것은 고사하고, 고향으로 돌아가고 싶어도 돌아가지 못하는 사람들이 태반이다. 〈귀거래사〉가 읽는 사람들의 심금을 울리는 것은 그 때문인지도 모른다.

　나는 시인이 되겠노라면서 고향을 떠났다. 아는 사람 하나 없는 서울 땅에서의 40여 년은 자식들이 태어나서 자라는 세월이었고, 또 문필을 업으로 하면서는 내가 쓰는 작품보다 나 자신이 문자 그대로 좋은 작품이 되기를 염원하는 각고의 세월이나 다름이 없었다. 그렇게

50대 중반에 이르러서야 겨우 〈귀거래사〉를 노래할 수가 있게 되었다. 고향을 떠난 지 사십 수년이 지나고서야 떠나온 고향으로 돌아가 그간의 삶을 정리할 곳을 찾았다는 뜻이기도 하지만, 스스로 대견하게 여길 만큼 장하고 아름다운 일이 아닐 수가 없다.

강원도 강릉시 초당동, 환상의 여류 시인 난설헌 허초희와 그녀의 아우이자 저항의 지성인이었던 교산 허균이 태어나서 자란 곳이면 유서 깊은 고장이라 해야 마땅하다. 내 아호가 초당(草堂)인 것도 그런 연유가 깃들어 있다.

주변의 경관도 나무랄 데가 없다. 아름드리 소나무 숲이 빽빽이 들어선 이곳에 아담한 집 한 채를 마련하고 젊어서 떠나온 고향으로 돌아가 평생의 삶을 뒤돌아볼 수 있게 되었다고만 생각하였는데, 여기에서 삶의 심오함을 다시 배우게 되었다.

내 초당동 2층 서재의 창문 밖으로는 쭉쭉 뻗어 올라간 소나무 떼가 즐비하게 서 있는 모습이 한눈에 들어온다. 그 감동이 얼마나 컸던지는 20여 년 전에 상재한 내 첫 시집의 제명이 《초당동 소나무 떼》인 것만 보아도 알 수 있지만, 그 멋에 넘치는 외양에만 감동한 것이 아니라 실상은 그 소나무들이 지닌 삶의 처연함이 나를 감동하게 하였다.

소나무의 삶처럼 처연한 것은 없다. 아무리 작은 미물도 살기 위한 방편을 탐색하여 실행하는 데 게으름을 피울 수가 없듯, 하나의 생명이 탄생하면 탄생하는 그 순간부터 천지자연의 섭리를 반복하여 실행하고서야 삶의 이치를 터득하게 된다. 자신에게로 밀려오는 도전에 대한 응전을 게을리하면 곧 천적에 잡아먹히거나, 현실이라는 환경에 적응하지 못한 채 죽음을 불러들이게 된다.

  소나무는 스스로 뿌리내릴 자리를 선택하지 못한다. 봄이면 노란 송화가루를 바람에 실어 보내는 몸부림을 쳐야 한다. 여름 비바람과 가을 무서리를 겪고서야 솔방울이라는 삶의 열매를 얻게 된다. 여문 솔방울은 어떤 경우에도 어미 소나무의 곁을 떠나야 한다. 떠나는 것이 종족을 번창하게 하는 자연의 순리이다. 그러나 어버이 소나무는 떨어져 나간 솔방울을 자신의 주변에서 싹트지 못하게 한다. 큰 소나무가 많은 곳에 작은 소나무가 없는 것은 바로 그런 자연의 섭리가 작용하는 까닭이다. 식물학자들의 말에 의하면 어버이 소나무가 자신의 주변에 떨어진 솔방울에게는 싹을 트지 못하도록 독을 내뿜는다고 한다.

  세상의 모든 생명체가 모성의 자애로움을 천명으로 삼는다는데, 소나무만은 그렇지가 않다는 것이 무슨 까닭인지 나는 아직도 모른다. 그러므로 어버이 소나무의 밑에는 아무리 많은 솔방울이 떨어져 굴러도 말라죽을 수밖에 없다. 내 초당동 소나무 떼의 주변에 작은 소나무가 눈에 뜨이지 않는 것은 천지자연의 섭리가 빚어내는 '법도'라는 사실을 알게 되었다.

  자연의 순리는 이토록 엄연한 것이지만 사람만이 순응을 거역하고자 발버둥치면서 살아갈 뿐이다. 사람들이 천지자연의 순리를 거역하는 것을 능사로 여기게 된 것은 옷을 만들어 입으면서 부끄러운 곳을 가릴 줄 알면서 시작되었고, 문자를 만들어서 삶 그 자체를 거짓으로 꾸미면서는 아예 오만으로 빠져들게 되었다.

그 처연하고 숙연한 생존의 현장을 지켜보면서 문득 노자의 명구가 떠올랐고, 그 명구는 내 노후를 감싸는 삶의 지표가 되었다.

아무리 애써 살았어도 얻는 열매는 소유하지 말아야 하고生而不有,
설혹 이루어 놓은 것이 있다 해도 거기에 기대지 말아야 하며爲而不恃,
쥐꼬리만 한 성공을 이루었어도 그 안에 머물지 말아야 한다功成而弗居.

노자의 이 같은 가르침을 자연스럽게, 아름답게 그리고 초연하게 지켜 가는 삶이야말로 얼마나 지고至高한 삶이겠는가. 어느새 망팔望八(여든을 바라보는 나이)의 지경에 들어와 있다. 인간의 수명이 아무리 길어졌다 하더라도 짊어진 세월의 무게를 감당할 수 있는 사람은 흔치 않다.

아름다운 노년이 되고 싶다.

초당동의 소나무 떼가 지켜 가는 하늘의 이치와 노자의 가르침을 내 〈귀거래사〉의 중심에 두는 것이 나의 마지막 화두이다.

* 이미지 제공처
 · 국립중앙박물관 소장 : 김홍도 〈신임관리의 행차〉, 김홍도 〈서당〉, 신윤복 〈전모를 쓴 여인〉
 · 규장각 한국학연구원 소장 : 〈도성도〉

신봉승의 역사 바로 읽기
역사란 무엇인가

신봉승 지음

초판 1쇄 발행 · 2011. 8. 25.
초판 2쇄 발행 · 2012. 2. 10.

발행인 · 이상용 이성훈
발행처 · 청아출판사
출판등록 · 1979. 11. 13. 제9-84호
주소 · 경기도 파주시 교하읍 문발리 출판문화정보산업단지 507-7
대표전화 · 031-955-6031
팩시밀리 · 031-955-6036
홈페이지 · www.chungabook.co.kr
E-mail · chunga@chungabook.co.kr

Copyright ⓒ 2011 by 신봉승
저자의 동의없이 사진과 내용의 일부를 인용하거나 발췌하는 것을 금합니다.

ISBN 978-89-368-1017-7   03900

＊ 값은 뒤표지에 있습니다.
＊ 잘못된 책은 구입한 서점에서 바꾸어 드립니다.
＊ 본 도서에 대한 문의사항은 홈페이지나 이메일을 통해 주십시오.